Sylvia Breckl Auslandsberichterstattung im Deutschen Fernsehen über die Dritte Welt am Beispiel von *Weltspiegel* und *auslandsjournal*

Internationale und Interkulturelle Kommunikation
Herausgegeben von Kai Hafez, Band 2

Sylvia Breckl

Auslandsberichterstattung im Deutschen Fernsehen über die Dritte Welt am Beispiel von *Weltspiegel* und *auslandsjournal*

Frank & Timme
Verlag für wissenschaftliche Literatur

ISBN 978-3-86596-025-2

Herstellung durch Atelier für grafische Gestaltung, Leipzig.
Printed in Germany.
Gedruckt auf säurefreiem, alterungsbeständigem Papier.

www.frank-timme.de

„Ausland als Entdeckung – das muss uns weder ‚relaxen' noch belehren, sondern nur andere Wahrheiten zeigen, damit unser Verstand und Herz reicher werden."

Sonia Mikich

Für alle, die reisen, um ihre Vorstellungen mit der Wirklichkeit auszugleichen.
Ein DANKE an alle, die mich in dieser Zeit ertragen und unterstützt haben, insbesondere für meine Mutter, Paula und Luis.

Inhaltsverzeichnis

1. Einleitung

„Ausland muss knallen – dramatisch oder bunt. Viele Berichte wollen nicht relevant sein, sondern menscheln."[1] „Ausland light" nennt die Journalistin Sonia Mikich die „geistige Provinzialisierung" der Auslandsberichterstattung.[2] Ausland werde „trivialisiert", klagt sie an.[3] Die großen tragischen „K's" dominieren in der „Dritten-Welt-Berichterstattung": Krisen, Kriege, Katastrophen, Krankheiten, Kriminalität, Korruption.[4] Will man Randthemen in den Medien platzieren, kommt man um deren Nachrichtenfaktoren nicht herum. Ohne verständliche und spektakuläre Aufmachung keine Chance.[5] Hintergründe und Zusammenhänge würden viel zu selten dargestellt und überhaupt sei der Umfang der Berichterstattung über die „Dritte Welt" zu gering. Auslandsberichterstattung fungiere nicht als Frühwarnsystem, sondern als Reaktion auf Ereignisse.[6] Um Kontinuität und Kompetenz sicherzustellen, verweisen ARD und ZDF ausdrücklich auf Magazine wie *Weltspiegel* und *auslandsjournal*. Sie gelten als die „Flaggschiffe" der öffentlich-rechtlichen Auslandsberichterstattung.

1.1 Forschungsstand

Seit dem Entstehen der Zeitungen im 17. Jahrhundert ist das Wissen um fremde Kulturen medienvermittelt. Der Blick auf fremde Länder und Völker ist dabei schon immer von den eigenen Wertvorstellungen, Absichten und Projektionen geprägt gewesen, was sich besonders in der medialen Darstellung der „Dritten Welt" äußert, die sich mit wechselnder Interessenlage der jeweiligen Beobachter im Laufe der Jahrzehnte permanent gewandelt hat:

> *„Erscheint die Dritte Welt im deutschen Kulturfilm und frühen Fernsehreportagen noch vorwiegend als exotischer Raum für koloniale Abenteuer, Naturvölker und wilde Tiere, so wird sie spä-*

---

[1]Mikich, Sonia: Geistige Provinzialisierung. Eine Zustandsbeschreibung, in: Cippitelli, Claudia/Schwanebeck, Axel (Hg.): Nur Krisen, Kriege, Katastrophen? Auslandsberichterstattung im deutschen Fernsehen. München 2003, S. 119.

[2]Vgl. ebd., S. 121.

[3]Vgl. ebd., S. 119.

[4]Vgl. ebd., S. 118.

[5]Vgl. Göttsche, Angela: Ohne Hungersnot keine Aufmerksamkeit. Betrachtungen über die 3.-Welt-Berichterstattung, in: Journalistik, 5. Jg./Nr. 1, Frühjahr 2002, S. 26 f.

[6]Vgl. Mikich (2003), S. 120 f.

ter unter Aspekten wie der Ost-West-Konfrontation, dem Nord-Süd-Konflikt oder auch der Krisen- und Elendsberichterstattung sowie der ökologischen Problematik dargestellt."[7]

Seit den dreißiger Jahren ist die Auslandsberichterstattung in den Massenmedien immer wieder Thema der Kommunikationswissenschaften gewesen.[8] Im Zusammenhang mit der Diskussion über eine neue Weltinformationsordnung erfuhr dieser Forschungsbereich seit den späten 60er Jahren erneute Beachtung. Politische Umstände wie der Ost-West- oder Nord-Süd-Gegensatz sowie die Entkolonialisierung, andererseits aber auch die Überzeugung, dass Frieden und Völkerverständigung entscheidend von der journalistischen Darstellungsweise in Presse und Rundfunk abhängen, trugen so immer wieder zu Forschungsergebnissen bei. Mit zunehmendem Einfluss von Antiglobalisierungsbewegungen, Terrorismus und weltweiten Interdependenzen von Arbeit, Kapital und Krieg rückt das Interesse an der „südlichen Hemisphäre" wieder verstärkt in den Mittelpunkt.[9] Aus den Untersuchungen der letzten Zeit sind im Wesentlichen zwei Publikationen herauszuheben, deren Ergebnisse bedeutend zu Erkenntnissen in dieser Arbeit beigetragen haben. Dies sind die „21. Tutzinger Medientage" der Evangelischen Akademie mit dem Titel „Auslandsberichterstattung im deutschen Fernsehen", eine Fachtagung, bei der Journalisten und Medienwissenschaftler die gegenwärtigen und zukünftigen Entwicklungen des Fernsehens in Deutschland analysieren.[10] Außerdem die Untersuchung, die Kai Hafez in seiner Habilitationsschrift „Die politische Dimension der Auslandsberichterstattung" und „Das Nahost- und Islambild der deutschen überregionalen Presse"[11] 2002 vorgelegt hat, und die als das „wichtigste Werk der letzten Zeit bezeichnet werden kann, das sich mit der Thematik der Auslandsberichter-

---

[7]Ertel, Dieter u. Zimmermann, Peter: Television und Projektion. Der Blick auf die Dritte Welt, in: Ertel/Zimmermann (Hg.): Strategie der Blicke. Zur Modellierung von Wirklichkeit in Dokumentarfilm und Reportage. Konstanz 1996, S. 147.

[8]Vgl. Schmidt, Dagmar/Wilke, Jürgen: Die Darstellung des Auslands in den deutschen Medien: Ergebnisse einer Inhaltsanalyse 1995. In: Quandt, Siegfried/Gast, Wolfgang (Hg.): Deutschland im Dialog der Kulturen. Medien, Images, Verständigung. Konstanz 1998, S. 167.

[9]Vgl. Wimmer, Jeffrey: Das Ende der „Dritten Welt"? Ein Vergleich der Berichterstattung über Afrika in der deutschen Presse 1991 und 2001, in: Hömberg, Walter, u. a. (Hg.): Communicatio Socialis. Internationale Zeitschrift für Kommunikation, Religion, Kirche und Gesellschaft. 36. Jahrgang 2003, Heft 4, S. 339.

[10]Dokumentiert in Cippitelli, Claudia; Schwanebeck, Axel (Hg.): Nur Krisen, Kriege, Katastrophen? Auslandsberichterstattung im deutschen Fernsehen. München 2003.

[11]Hafez, Kai: Die politische Dimension der Auslandsberichterstattung. Band 1: Theoretische Grundlagen. Baden-Baden 2002; Hafez, Kai: Die politische Dimension der Auslandsberichterstattung, Band 2: Das Nahost- und Islambild der deutschen überregionalen Presse. Baden-Baden 2002.

stattung [...] befasst."[12] Was die Sekundärliteratur zu den beiden Auslandsmagazinen *Weltspiegel* und *auslandsjournal* betrifft, so endet diese quasi im Jahr 1977.[13] Ausnahme bildet eine aus dem Jahre 1997 stammende Inhaltsanalyse über die Auslandsberichterstattung der Magazine von Scharf und Stockmann,[14] die sich aber nicht im Spezifischen mit der Analyse über „Dritte-Welt-Länder" befasst, wie es das Vorhaben dieser Arbeit ist. Seit Jahrzehnten konstatieren Organisationen wie z. B. das „Dritte Welt Journalistennetz", Foren der UNESCO sowie Kommunikationswissenschaftler, dass die Berichterstattung über die „Dritte Welt" (sowohl in Presse als auch Rundfunk) quantitativ als auch qualitativ unzulänglich ist.[15] Die Wahrnehmung insbesondere der sogenannten „Dritten-Welt-Länder" erweist sich als äußerst selektiv. Das „Bild von Welt" ist vielen Studien[16] zu Folge immer wieder beherrscht von stereotypen Klischees und Negativismen, die bis zur Feindbild-Konstruktion reichen. Die „Dritte-Welt-Berichterstattung" ist geprägt von Euro- und Ethnozentrismus, der von der Selektion und Gewichtung der Themen bis zu deren journalistischen und filmischen Aufbereitung und Wertung geht.[17] Regionalismus erweist sich ebenso als ausschlaggebend für die Berichterstattung.[18] Dabei wird „Nähe" als wichtigster Nachrichtenfaktor weniger geographisch, sondern vielmehr wirtschaftlich, politisch und kulturell gesehen. Weltregionen, die sich außerhalb der politischen Machtzentren (USA, Europa, Russland, Japan) befinden, bleiben an der globalen Nachrichtenperipherie, es sei denn sie geraten durch Naturkatastrophen, Terroranschlägen oder anderen „bad news" in den Fokus des Weltinteresses. Eine Untersuchung von Media Perspektiven stützt die Befunde, dass es sich vor allem um Kriege, Konflikte und innere Unruhen, gefolgt von Be-

---

[12]Rezension von Kunczik, Michael, in: Publizistik. Vierteljahresheft für Kommunikationsforschung, 48. Jg (2003), S. 99.

[13]Vgl. z. B. Neudeck, Rupert (Hg.): Den Dschungel ins Wohnzimmer. Auslandsberichterstattung im bundesdeutschen Fernsehen. Frankfurt am Main 1977 oder vgl. Hübner, Heinz Werner: *Weltspiegel* – die Story einer erfolgreichen Sendung. Freiburg 1974.

[14]Vgl. Scharf, Wilfried u. Stockmann, Ralf: Zur Auslandsberichterstattung von „Weltspiegel" und „Auslandsjournal" in: Quandt, Siegfried/Gast, Wolfgang (Hg.): Deutschland im Dialog der Kulturen. Medien, Images, Verständigung. Konstanz 1998, S. 73-85.

[15]Vgl. Wimmer (2003), S. 399.

[16]Die meisten Studien stammen aus den 80er Jahren und deren Aussagewert ist natürlich abhängig von den untersuchten Medien, Stichproben und der Art der Kodierung. Hafez hat die wichtigsten untersucht, verglichen und entscheidende gemeinsame Merkmale herausgestellt. Vgl. Hafez (2002), Bd. 1, S. 56ff., vgl. auch Kapitel 3.

[17]Vgl. Schmidt/Wilke (1998), S. 167-181.

[18]Kamps, Klaus/Meckel, Miriam (Hg.): Fernsehnachrichten. Prozesse, Strukturen, Funktionen. Opladen/Wiesbaden 1998, S. 278.

richten über Regierungen, Wahlen und Wirtschaftsbeziehungen handelt, wenn über Auslandspolitik und internationaler Politik berichtet wird. Positive Eigenleistungen der „Dritten Welt“ werden hingegen nur ausnahmsweise erwähnt.[19] Auf diese Weise wird insbesondere die Berichterstattung über die „Dritte Welt“ in großem Maße zu Krisen- und Elendsberichterstattung.[20] Renate Wilke kritisiert das geringe Interesse an Alltags- und Entwicklungsproblemen in den Ländern der „Dritten Welt“ sowie den Hang zur exotischen Darstellungsweise fremder Kulturen. Die bunten Bilder der Auslandsberichterstattung seien oftmals nicht mehr als „gehobene Reisetipps“ ohne Tiefgang.[21] Exotische Landschaften dominieren die „Dritte-Welt-Berichterstattung“. Ein Überblick über weltweite Ereignisse und Entwicklungen sowie Völkerverständigung werde auf diese Weise eher verhindert als gefördert.[22]

1.2 Erkenntnisinteresse und Zielvorstellung der Arbeit

Luhmann sagt: *„Alles, was wir über unsere Gesellschaft, ja über die Welt, in der wir leben, wissen, wissen wir durch die Massenmedien.“*[23] Mediale Auslandsberichterstattung nimmt einen zentralen Platz innerhalb der vielfältigen Möglichkeiten des Informationsaustausches zwischen Individuen, Organisationen und Nationen ein. Problematisch ist die Ausrichtung der Medien an die unmittelbare Aktualität und mangelnde Kontinuität. Daraus resultiert entweder Unsicherheit im Umgang mit anderen Kulturen – wie war das noch mit Sunniten und Schiiten? – oder ein dualistisches Weltbild, in dem muslimische Mitbürger oder afrikanische Flüchtlinge nur noch als Bedrohung der eigenen Lebenswelt empfunden werden. *„Die fehlende Kontinuität der Berichterstattung aber macht es immer schwerer, Hintergründe und Konflikte zu verstehen und angemessen zu beurteilen.“*[24] Doch nicht nur der Anteil, auch die Gewichtung von Auslandsthemen verändert sich. Krisen, Kriege und Katastrophen schaffen es weiterhin auf die Medien-Agenda und verdrängen politische, soziale und kulturelle Themen. *„Dabei ist [...] fast alles, was im ‚Mohrenlande' passiert, von Bedeutung für die Gesellschaft in den Indust-*

[19]Krüger, Udo Michael: Politikvermittlung im Fernsehen, *Media Perspektiven* 2/2002, S. 81.
[20]Zimmermann , Peter: Auslandsberichterstattung zwischen Projektion und dokumentarischer Recherche, in: Ertel, Dieter/Zimmermann, Peter (Hg.): Strategie der Blicke. Zur Modellierung von Wirklichkeit in Dokumentarfilm und Reportage. Konstanz, S. 163.
[21]Mikich (2003), S. 121.
[22]Vgl. auch die weiterführenden Literaturhinweise zu den verschiedenen Studien in: Zimmermann (1996), S. 170.
[23]Luhmann, Niklas: Die Realität der Massenmedien. Opladen 1996, S. 9.
[24]Zschunke, Peter: Agenturjournalismus. Nachrichtenschreiben im Sekundentakt. Konstanz 2000, S. 92.

riestaaten – angefangen bei Armut und Hunger mit der Folge einer verstärkten Zuwanderung von Elendsflüchtlingen [...] bis zum Raubbau der Natur, der sich langfristig auf das weltweite Klima auswirkt.'[25] Medien sind jene Vermittlungsinstanzen, durch die wir etwas von dem „Fremden“ erfahren oder auch nicht; sie bestimmen die Themen im öffentlichen Diskurs. Die Art und Weise der medialen Darstellung eines Landes kann die inner- wie auch außergesellschaftspolitische und wirtschaftliche Zukunft der Länder entscheidend mitbestimmen.[26] Den Einfluss, den gerade das Medium Fernsehen auf unsere "Weltbilder" hat, ist nicht zu unterschätzen: *„Jeder Bewohner der westlichen Industrienationen hat heute ein medienvermitteltes Bild der Welt im Kopf, was seit der Zunahme des Fernsehens und seiner Funktion als Leitmedium im Hinblick auf das Ausland tatsächlich ein visuelles Bild geworden ist.'*[27] Aufgrund der Breitenwirkung des Fernsehens verantwortet die Vermittlungsarbeit von Journalisten einen Großteil der massenmedialen Konstruktion von Wirklichkeit. Als „Medium der sozialen Manipulation“[28] und als Leitmedium[29] trägt das Fernsehen einen großen Teil der Verantwortung für unser Wissen und unsere Vorstellungen über entfernte Ereignisse, Länder und Kulturen. Doch je entfernter die Geschehnisse, desto leichter fallen sie durch das *agenda setting* der Medien, desto stärker entziehen sie sich der Überprüfung durch den Rezipienten und desto größer ist die Gefahr, Stereotype zu erzeugen bzw. weiterzutransportieren. Es stellt sich die Frage, inwieweit Zuschauer anhand der Präsentationsweisen einer „Konflikt- und Elendsdramaturgie“ die Zusammenhänge von internationalern Ereignissen überhaupt noch nachvollziehen können. Die Bedeutung der Massenmedien für das Entstehen von für ein Millionenpublikum ausgewählten Welt- und Feindbildern und die Gefahr einer Polarisierung ganzer Kulturkreise

---

[25]Ebd.

[26]Besonders bei internationalen Vorgängen vertrauen auch viele Entscheidungsträger der Politik auf die Auslandsberichterstattung der Medien, um sich außenpolitisch zu orientieren. Vgl. Kamps (1999), S. 113.

[27]Kretzschmar, Sonja: Fremde Kulturen im Europäischen Fernsehen. Zur Thematik der fremden Kulturen in den Fernsehprogrammen von Deutschland, Frankreich und Großbritannien. Wiesbaden 2002, S. 144.

[28]Faulstich, Werner: Medienästhetik, in: Faulstich, Werner (Hg.): Grundwissen Medien. München 2000, S. 94.

[29]Fernsehen dominiert als Leitmedium im post-literarischen Zeitalter die gesellschaftliche Kommunikation. Fast jeder zweiter Haushalt in Deutschland verfügt über ein Zweitgerät und einen Videorecorder. Das Fernsehen ist damit das am intensivsten genutzte Massenmedium und weist so gut wie 100 Prozent Verbreitungsgrad auf. Es gilt als besonders glaubwürdig, so dass die von dem Medium geschaffenen Erfahrungswelten von den Rezipienten häufig als objektive Realität wahrgenommen werden. Neben der Komplexität von Welt tritt die des medialen Angebots. Kamps, Klaus: Politik in Fernsehnachrichten. Struktur und Präsentation internationaler Ereignisse: Ein Vergleich. Baden-Baden 1999, S. 142.

wird so offensichtlich.[30] Die vorliegende Magisterarbeit widmet sich den Strukturen und den Funktionen der Auslands- und insbesondere „Dritte-Welt“-Berichterstattung im deutschen öffentlich-rechtlichen Fernsehen. Darüber hinaus soll ein Beitrag zur Bedeutung einer medialen „Dritte-Welt-Vermittlung“ für die Völkerverständigung geleistet werden. Die Stellung der Medien in der transkulturellen Kommunikation erweist sich nämlich trotz des hohen Wirkungspotentials als wenig erforschtes Problem.[31] Am Beispiel der Auslandsmagazine *Weltspiegel* und *auslandsjournal* soll die „Dritte-Welt-Berichterstattung“ anhand einer quantitativen und qualitativen Inhaltsanalyse untersucht werden. Anhand exemplarischer Fallstudien wird schwerpunktmäßig die Krisen- und Kulturberichterstattung analysiert.

1.3 Inhaltsleitende Fragestellungen

Es soll untersucht werden, welches „Dritte-Welt-Bild“ die Massenmedien, insbesondere die beiden Auslandsmagazine von ARD und ZDF, dem (deutschen) Rezipienten aufgrund der Konstruktion von „Fremden“ anbieten. Von besonderem Interesse werden dabei der Konfliktbegriff, die Alltagskultur und der Eurozentrismus sein.[32] In der Arbeit werden im Wesentlichen die folgenden Fragen untersucht:

- Unter welchen Kriterien erfolgt Auslandsberichterstattung im Allgemeinen und im Besonderen die „Dritte-Welt-Berichterstattung“ bei *Weltspiegel* und *auslandsjournal*?
- Welchen Stellenwert hat Auslandsberichterstattung für die Völkerverständigung und den Dialog der Kulturen? Werden aus differenzierter Sicht Hintergrundinformationen geliefert, erfolgt eine globale Einordnung von Problemen und werden mögliche Lösungsansätze diskutiert?

1.4 Vorgehensweise

Um diese Fragen zu beantworten, gliedert sich die vorliegende Arbeit in zwei Teile: Teil I befasst sich mit den Funktionen und Strukturen der Auslandsberichterstattung sowie mit verschiedenen individuellen, berufsspezifischen, medieninhärenten und kulturhistorischen Faktoren, die auf den medialen Darstellungsprozess einwir-

---

[30] Man denke an das Feinbild Islam im globalen Antiterrorismuskampf.

[31] Vgl. Hafez (2002), Bd. 1, S. 12 und S. 167 f.

[32] Diese Begriffe werden im Verlauf der Arbeit (Kapitel 3) und in den Kriterienkatalogen 6.4.1 und 6.5.1 definiert.

ken können. Außerdem werden die entscheidenden internen und externen „Media-guidelines" für eine „angemessene" Berichterstattung über fremde Kulturen vorgestellt. In Teil II erfolgt dann die quantitative und qualitative Inhaltsanalyse der „Dritten-Welt-Berichterstattung" von je 12 *Weltspiegel*- und *auslandsjournal*-Sendungen aus dem Sommer 2003 anhand der im ersten Teil entwickelten und dargestellten Kriterien, die im Vergleich bewertet werden. In Kapitel 2 des ersten Teils wird zum besseren Verständnis des globalen Kontextes die Auslandsberichterstattung zunächst im Rahmen der Debatten um eine „Neue Weltinformations- und Kommunikationsordnung" betrachtet. Wesentliche (Forschungs-)Ergebnisse, wie der MacBride-Bericht und die UNESCO-Mediendeklaration von 1978 (Abschnitt 2.2), werden für den weiteren Verlauf dieser Arbeit festgehalten. Kapitel 2.3 befasst sich mit der Auslandsberichterstattung im deutschen Fernsehen, Abschnitt 2.3.1 stellt das Genre „Magazin" als „fernsehgerechte Präsentation" und Abschnitt 2.3.2 das Auslandskorrespondentennetz von ARD und ZDF. Die wesentlichen Aufgaben der Auslandsberichterstattung, wie sie Wissenschaftler und die öffentlich-rechtlichen Rundfunkanstalten propagieren, werden in Kapitel 2.4 aufgezeigt. Dabei wird untersucht, inwiefern Korrespondenten ihre Informations-, Interpretations- und politische Funktion wahrnehmen können. In Abschnitt 2.4.3 wird die Verankerung des Kulturdialogs in den Programmgrundsätzen untersucht, denn gerade ARD und ZDF verschreiben sich einer der Völkerverständigung dienenden Berichterstattung, ohne diese näher zu definieren. Im anschließenden Kapitel wird daher das Kulturverständnis im Rahmen inter- und transkultureller Kommunikationsprozesse betrachtet (Kapitel 2.5) und für die Auslandsberichterstattung definiert (Abschnitt 2.5.1). In Anlehnung an Stuart Hall werden die Prozesse der Kodierung und Dekodierung kultureller Zeichen in Abschnitt 2.5.2 vorgestellt, um die Positionierung des Journalisten zwischen den Kulturen zu beleuchten. Kapitel 3 setzt sich mit den Kriterien der Nachrichtenselektion auseinander. Es werden Forschungsergebnisse bisheriger Studien zusammengeführt und wesentliche deskriptive und wertende Nachrichtenfaktoren und Strukturmerkmale der Auslands- bzw. „Dritte-Welt-Berichterstattung" aufgezeigt, die auch als Kriterien für die Inhaltsanalyse im zweiten Teil der Arbeit herangezogen werden. Das medial vermittelte „Dritte-Welt-Bild" lässt häufig auf ein historisch verankertes System der Wahrnehmung der Menschen der „Dritten Welt" als die „Anderen" schließen. In Kapitel 4 geht es daher um die Stereotypisierung von Fremdheit, die in die Konstruktion von Feindbildern umschlagen kann. In Abschnitt 4.2 wird die kulturhistorische Verankerung einer eurozentristischen dichotomen Weltsicht in Verbindung mit dem Faktor Macht (4.3) untersucht. Die Rolle der Medien in internationalen Krisen betont den friedensjournalistischen Ansatz von Medien als konfliktmindernder Vermittler in Kapitel 5. Im zweiten Teil der Arbeit wird in Kapitel 6 zunächst eine Reflexion der Methodik vorgenommen und dann der Untersuchungsgegenstand, die Auslandsmagazine *Weltspiegel* und *auslandsjournal* sowie die Hypothesen vorgestellt. In Abschnitt 6.4.1 wird der Kriterienkatalog für die quantitative Analyse präsentiert. Hier werden ausgewählte deskriptive Kriterien für die anschließende quantitative Inhaltsanalyse definiert und z. B. auch begründet, welche Länder mit in die Analyse der „Dritten-Welt-Berichterstattung" eingehen. Die Ergebnisse der quantitativen Untersuchung werden in Abschnitt 6.4.2 präsentiert. Die qualitative Untersuchung (Kapitel 6.5) examiniert anhand exemplarischer Fallanalysen die Krisen- und Kulturkommunikation (Abschnitt 6.5.2 und 6.5.3). Zusätzlich werden Besonderheiten der film-ästhetischen Umsetzung auf sprach- und bildlicher Ebene bewertet. In einem abschließenden Fazit in Kapitel 7 wird geklärt, inwiefern die Magazinberichterstattung von *Weltspiegel* und *auslandsjournal* eine eurozentristische Perspektive einnimmt, inwiefern dem Zuschauer bei Problemen auch Lösungsansätze angeboten werden und ob das medial vermittelte Kulturverständnis zur Völkerverständigung beitragen kann. Anschließend werden in Kapitel 8 Vorschläge für eine qualitative Auslands- bzw. Dritte-Welt-Berichterstattung gegeben. Der Abschluss dieser Arbeit bildet das Kapitel „Aussichten", in dem die Relevanz öffentlich-rechtlicher Fernsehanbieter im Vergleich zu den Interessen und Tendenzen der Privatsender deutlich gemacht wird.

Teil I

2. Auslandsberichterstattung und grenzüberschreitende Kulturkommunikation

Unter Auslandsberichterstattung wird die journalistische Informationsübermittlung verstanden, die nationale Grenzen überschreitet. Die zusätzliche Terminologie des Titels „grenzüberschreitende Kultur-Kommunikation“ weist gleichzeitig darauf hin, dass nicht nur staatliche Grenzen, sondern vielmehr kulturelle Grenzüberschreitungen eine Rolle spielen.[33] Dieses Kapitel soll unter anderem zur Klärung folgender Fragen beitragen: Welche Möglichkeiten für eine völkerverständigende Berichterstattung bietet das Fernsehen? Welche Funktionen erfüllt die Auslandsberichterstattung und welche Prozesse beeinflussen die mediale Darstellung zwischen den Kulturen? Zunächst wird eine Einordnung der internationalen Kommunikationsordnung vorgenommen und wesentliche Forschungsergebnisse des MacBride-Berichts bezüglich der Defizite der „Dritten-Welt-Berichterstattung“ festgehalten. Anschließend werden wichtige Punkte der UNESCO-Mediendeklaration vorgestellt, da sie den Handlungs- und Organisationsrahmen für die Medienpolitik der BRD vorgeben.

2.1 New World Information and Communication Order und MacBride Bericht

Im Rahmen der UNESCO-Debatten der späten 70er und frühen 80er Jahre wurde über eine „Neue Weltinformations- und Kommunikationsordnung“ (NWICO) diskutiert.[34] Die Entwicklungsländer hatten seit dem zweiten Weltkrieg begonnen, sich massiv gegen die Dominanz westlicher Nachrichtenagenturen[35] und Kontrolle der

---

[33]Vgl. Hafez (2002), Bd.1, S. 24 f.
[34]Vgl. z. B. Kamps (1999), S. 105
[35]Mit der Zeit übernahmen die Industrieländer die Macht und Kontrolle über das Kommunikationssystem. Die weltweit fünf größten Agenturen in den Händen von Industriemächten: AP, AFP UPI, Tass und Reuters dominieren auf dem Nachrichtenmarkt gegenüber der „Dritten Welt“. Den Agenturen wird vorgeworfen, *„verlängerter Arm imperialistischer westlicher Machtinteressen“* (Meier 1984, S. 47) zu sein, da die Auswahlkriterien ihrer Meldungen sich an den „westlichen Wertvorstellungen“ der politischen und ökonomischen Elite der mächtigen Industrienationen orientiert. Diese Weltagenturen sind im Zusammenhang mit Berichterstattung über „Dritte-Welt-Länder“ immer wieder ins Kreuzfeuer der Kritik geraten, da sie quantitativ einseitig und unausgewogen sowie qualitativ verzerrt berichten würden. Die Nachrichteninhalte seien tendenziell eurozentris-

Informations- und Kommunikationstechnologien[36] zu wehren. Sie forderten eine Verbesserung der „Dritten-Welt-Berichterstattung" sowohl in quantitativer als auch in qualitativer Hinsicht, um verzerrte, negative, oberflächliche und konfliktorientierte Darstellungen zu vermeiden. Es fände kaum interkulturelle Kommunikation statt und die westliche Berichterstattung sei voller „abendländischer Vorurteile und Stereotypen".[37] Die „Dritte-Welt-Länder" widersetzten sich damit auch dem Konzept des „freien Flusses von Information", in dem die Industrieländer eine freie und ungehinderte Berichterstattung aus den Ländern der „Dritten Welt" verlangen.[38] Begründet wird diese Informationsfreiheit mit dem Artikel 19 der UNO-Menschenrechtsdeklaration, der besagt:

---

tisch und sogar latent rassistisch, katastrophenorientiert, an Regierungsverlautbarungen angelehnt, auf die Bedürfnissen der politischen Elite ausgerichtet und am Prinzip der „spot-news" ausgerichtet (d. h. wenig strukturelle Nachrichten). Vgl. Vaillant, Kristina: Themen und Topoi in der Berichterstattung aus der Dritten Welt am Beispiel der „Tagesschau" - Die Inszenierung der Katastrophe. Coppengrave 1995, S. 7, hier sind die Ergebnisse zahlreicher empirischer Studien zusammengefasst von Jörg Becker. Außerdem strukturieren die Nachrichtenagenturen Themen und Ereignisse vor und betreiben somit *agenda setting* für zahlreiche Medien. Die Weltagenturen fungieren somit als Hauptlieferanten für Auslandsmeldungen und üben eine hohe Strukturierungs- und Steuerungsfunktion auf die nachgelagerten Massenmedien aus. Vgl. Hafez (2002), Bd. 1, S. 94 f.

[36]Die weltweite Dominanz der US-Medienindustrie zeigt sich hinsichtlich der Satelliten- als auch Trägersysteme (Raketentechnologie, ISDN-Kommunikation etc.). Durch die verstärkte Konzentration auf wenige exportierende Mediengiganten wie AOL Time Warner und Disney u. a. ist die Kommunikation in der „Dritten Welt" stark kommerzialisiert. Diese Kontrolle der weltweiten Kommunikation wird von einigen als Manifestation ökonomischer Macht verstanden bzw. als „kultureller Imperialismus". Vgl. z. B. Orrego, Salamanca; Daniel Frederico: Medienpolitik für die Dritte Welt. Bochumer Schriften zur Entwicklungsforschung und Entwicklungspolitik. Band 31. Frankfurt am Main 1993, S. 278.

[37]Kleinsteuber, Hans J.:Nationale und internationale Mediensysteme, in: Merten, Klaus, Schmidt Siegfried J., Weischenberg, Siegfried (Hg.): Die Wirklichkeit der Medien. Eine Einführung in die Kommunikationswissenschaft. Opladen 1994, S. 564.

[38]Die Forderung der Industrieländer nach einem „free flow of information" geht historisch auf das Recht nach Presse- und Informationsfreiheit zurück, das sich Ende des 18. Jahrhunderts in Amerika und Anfang des 19. Jahrhunderts in Europa durchgesetzt hat. Ursprünglich beabsichtigte man durch internationalen und ungehinderten Kommunikationsaustausch zwischen der Ersten und der „Dritten Welt" Friedensabsicherung und mehr Völkerverständigung zu erreichen. Die Entwicklung der Weltraum- und Kommunikationstechnologien in den 60er Jahren gab optimistischen Anlass für einen möglichen Dialog zwischen dem Norden und dem Süden. Vgl. Kamps (1999), S. 103 f.; vgl. auch Bäbler, Heinz: Das Bild der Dritten Welt im Neuen Deutschland und in der Neuen Zürcher Zeitung. Saarbrücken 1984, S. 35-45; Informationsfreiheit erzeugt(e) bei den Ländern der Dritten Welt jedoch Misstrauen aufgrund ihrer historischen Erfahrung mit den Industrieländern, die nach ihrer Überzeugung nur die Privilegien der Begüterten zu wahren suchen, um ihre wirtschaftliche Machtstellung zu behaupten. Vgl. Pohl, Manfred: Kultur und Entwicklung, in: Opitz, Peter J.: Grundprobleme der Entwicklungsregionen: der Süden an der Schwelle zum 21. Jahrhundert. München 1999, S. 185.

„Jeder hat das Recht auf Meinungsfreiheit und freie Meinungsäußerung; dieses Recht schließt die Freiheit ein, Meinungen ungehindert anzuhängen sowie über Medien jeder Art und ohne Rücksicht auf Grenzen Informationen und Gedankengut zu suchen, zu empfangen und zu verbreiten.“[39]

Im Auftrag der UNESCO wurde das Prinzip der *NWICO* durch den sogenannten MacBride-Bericht von 1980[40] gefestigt, der auf das Ungleichgewicht im internationalen Kommunikationssystem hinweist, das aufgrund der „Einbahnstraße der Information“ jeglichen Dialog behindere:

„Zwischen den westlichen Industrie- und den Entwicklungsländern besteht demnach eine ‚Einbahnstrasse' oder ‚Nord-Süd-Ausrichtung' des Flusses von ‚Daten, Botschaften, Medienprogrammen und kulturellen Erzeugnissen', wobei Informationen primär von Industrieländern und von den dortigen Metropolen und Eliten in die strukturschwächeren Gebiete und zu der politisch nur bedingt partizipierenden Bevölkerung fließen.“[41]

Die MacBride-Kommission stellte eine Unausgewogenheit zwischen den politischen und den gesellschaftlich-kulturellen Nachrichten der „Dritte-Welt-Länder“ sowie zwischen den „bad“ und den „good“ news fest. Demnach überwiegen Meldungen über Katastrophen und Konflikten während Informationen über wichtigen Themen aus dem täglichen Leben der Völker und Nationen vernachlässigt werden.[42] Weitere Defizite der Auslandsberichterstattung nach dem MacBride-Bericht sind:

- Unbedeutende Ereignisse werden hervorgehoben, die Anekdoten zum Gegenstand haben oder den Reiz des Exotischen vermitteln (overemphasizing news)
- Es werden isolierte Ereignisse herausgegriffen und als artifizielles Tatsachenbild präsentiert (making news)

---

[39]Allgemeine Erklärung der Menschenrechte der Vereinten Nationen, abrufbar unter: www.uno.de/menschen/index.cfm?ctg=udhr (15.08.2003).

[40] Viele Stimmen – eine Welt: Kommunikation und Gesellschaft heute und morgen. Bericht der internationalen Kommission zum Studium der Kommunikationsprobleme unter dem Vorsitz von Sean MacBride an die UNESCO, Konstanz 1981.

[41] Hafez (2002), Bd. 1, S. 52.

[42]Vgl. MacBride-Bericht, in: Meier A. Werner: Ungleicher Nachrichtenaustausch und fragmentarische Weltbilder. Eine empirische Studie über Strukturmerkmale in der Auslandsberichterstattung. Bern/Frankfurt/New York 1984, S. 115-116.

- Fakten werden so vermittelt, dass sie interessengeleitete Suggestion und fehlerhafter Schlussfolgerungen erlauben (misinterpretation by implication)
- Fakten werden so präsentiert, dass sie unbegründete oder übertriebene Befürchtungen auslösen: Feindbildproduktion als Legitimation und Handlungsanleitung von Individuum, Gesellschaft und Politik
- Nichtdarstellung bedeutsamer Entwicklungen, Länder und Sachverhalte, die für das Publikum der Agenturen als uninteressant eingeschätzt werden und somit völlig aus dem Blick der Weltöffentlichkeit geraten.[43]

Hafez weist darauf hin, dass sich der MacBride-Bericht stark an der Kritik des Zentrum-Peripherie-Modells[44] orientiert und sich daher lediglich bedingt als Grundlage eines empirischen Erklärungsmodells eigne.[45] Nichts desto trotz bewertet er ihn als „komplexe Strukturanalyse medial kommunizierter Auslandsbilder" und als bedeutsame Orientierungshilfe für den Wissenschaftsdiskurs.[46] Dies betrifft im wesentlichen die hervorgehobene Kritik an der ursprünglichen Nachrichtendefinition (gekennzeichnet durch Anormalität, Aktualität, Neuigkeit, etc.), die durch die sozio-politische Relevanz für die Gesellschaftsentwicklung eines Landes ersetzt werden müsse: *„Nachrichten im globalen Kommunikationsprozess werden als Informationen betrachtet, die Problembewusstsein und- Interesse wecken sollen, indem Ereignisse im Kontext ihrer Entstehung und Entwicklung weitergegeben werden."*[47] Außerdem begründe die Anomalitätsdefinition der Nachricht die Berichterstattung über Krisen, Katastrophen und Konflikte. Negativereignisse würden dadurch im Vergleich zum globalen Real-

---

[43]Die Defizite von Auslandsbildern nach dem MacBride-Bericht, zusammengefasst in Hafez (2002), Bd.1, S. 56, Vgl. auch Zschunke (2000), S. 91 und Meier (1984), S. 48.

[44]Der Zentrum-Pheripherie-Ansatz wird in der Literatur auch als Dependenztheorie bezeichnet. Demnach ist die globale Medienordnung (ebenso wie die ökonomisch-politische Wirtschaftsordnung) asymmetrisch und trägt zur Vertiefung bestehender Entwicklungsunterschiede bei. Probleme der globalen Massenkommunikation werden als Kommunikations- und Kulturimperialismus betrachtet, denn die Hochindustriestaaten beherrschen die Medieninhalte. Die Auslandsberichterstattung der Zentrumsstaaten ist selektiv und wenig orientiert an den Bedürfnissen der Peripherienationen. Nach Hafez ist diese „strukturelle Theorie des Imperialismus" eine der wenigen Theorien der globalen Informationsbeziehungen, die die Informationsbeziehungen und die Darstellungsprozesse der Massenmedien in der Auslandsberichterstattung berücksichtigt. Seiner Meinung ist dieses Erklärungsmodell jedoch nicht differenziert genug, um als Grundlage für eine empirische Untersuchung zu dienen. Vgl. Hafez (2002), Bd. 1, S. 27 f.

[45]Zur Kritik des MacBride-Berichts vgl. Hafez (2002), Bd. 1, S.52 f.

[46]Vgl. Hafez (2002), Bd., S. 52 f.

[47]Ebd., S. 55.

geschehen im internationalen Informationsvermittlungsprozess überpräsentiert.[48] Das Festhalten am „freien Fluss der Informationen“ bedeutet faktisch Meinungs-, Informations- und Konsummacht in und über die „Dritte Welt“.[49] Der MacBride-Bericht wurde 1980 zwar mit Interesse zur Kenntnis genommen, getan wurde hinsichtlich der Ungleichheiten im Informationsaustausch jedoch wenig.[50] Wenn diese Debatten in den Hintergrund geraten sind, so liegt das vor allem auch an dem von eigenen Interessen geleiteten *agenda setting*[51] der westlichen Medien.[52]

2.2 Die UNESCO-Mediendeklaration

Ergebnis der zahlreichen Diskussionen um eine neue Weltinformationsordnung ist die UNESCO-Mediendeklaration von 1978 mit dem Titel „Deklaration über die grundlegenden Prinzipien bezüglich des Beitrages der Massenmedien zur Stärkung des Friedens und der internationalen Verständigung, der Förderung der Menschenrechte und zum Kampf gegen den Rassismus, die Apartheid und die Aufhetzung zum Krieg“.[53] Mediale Auslandsberichterstattung verstand sich damit erstmals als Beitrag zur interkulturellen Verständigung. Diese Mediendeklaration bildet die bis heute gültige und anerkannte Grundlage für nationale und transnationale Medien-

---

[48]Zu der Frage nach dem Verhältnis zwischen Medieninhalt und „Realität“ und wie „realistisch“ Auslandsberichterstattung informieren kann, vgl. ebd., S. 15-23: Hafez entwickelt daher – in Anlehnung an Benteles „Rekonstruktivismus“- einen neuen Ansatz zur Analyse der Strukturen, Entstehungsbedingungen und Wirkungspotenzen der Auslandsberichterstattung, den er als sozial- und kulturwissenschaftlichen Rekonstruktivismus-Dekonstruktivismus einordnet und die Theorie der Auslandsberichterstattung in ein Dreischrittverfahren integriert, das aus der Medieninhaltsanalyse, regionalwissenschaftlicher Expertise und angewandter Medientheorie besteht.

[49]Eine Weiterentwicklung der UNESCO-Debatten bietet Walter Rohn: Regelung versus Nichtregelung internationaler Kommunikationspolitik. Das Beispiel der UNESCO-Kommunikationspolitik. Wien 2002.

[50]Thiele, Martina: Medien zwischen Dominanz und Toleranz. Zur Universalität der Menschenrechte, in: Luger, Kurt, Renger, Rudi (Hg.): Dialog der Kulturen. Die multikulturelle Gesellschaft und die Medien. Wien 1994, S. 418.

[51]Nach der Theorie des Agenda-Setting wirken Massenmedien vor allem dadurch, dass sie durch Auswahl, Strukturierung, Platzierung, Wiederholung etc. von bestimmten Themen die Aufmerksamkeit der Zuschauer lenken. Nach Faulstich gibt es an der politischen Bedeutung im Zusammenhang mit der Medienmacht des Agenda-Setting keine Zweifel. Vgl. Faulstich, Werner (Hg.): Grundwissen Medien. München 1998, S. 64/80.

[52]Zimmermann (1996), S. 173; Der Machtaspekt des Mediendiskurses wird noch einmal in Kapitel 4.2 aufgegriffen.

[53]Mediendeklaration der UNESCO verabschiedet im Plenum der 20. Generalkonferenz am 22. November 1978 über die Grundprinzipien für den Beitrag der Massenmedien zur Stärkung des Friedens und der internationalen Verständigung, zur Förderung der Menschenrechte und zur Bekämpfung von Rassismus, Apartheid und Kriegshetze in: Handbuch für Internationale Zusammenarbeit, 153. Lieferung – Februar 1979.

politik der Völkergemeinschaft, an der sich die Medien messen lassen dürfen.[54] Im Folgenden werden einige für diese Arbeit als relevant erachteten Punkte der insgesamt elf Artikel umfassenden Mediendeklaration vorgestellt: Artikel I fordert den freien und umfassenden Austausch von Informationen zur Stärkung der internationalen Völkerverständigung:

> *„Die Stärkung des Friedens und der internationalen Völkerverständigung, die Förderung der Menschenrechte und die Bekämpfung von Rassismus, Apartheid und Kriegshetze erfordern einen freien Austausch und eine umfassendere und ausgewogenere Verbreitung von Informationen. Hierzu haben die Massenmedien einen wichtigen Beitrag zu leisten. [ ]"*[55]

Artikel II betont die Verschränkung der Menschenrechte mit der Meinungs- und Informationsfreiheit und fordert den freien Zugang zu Informationsquellen und deren Vielfalt:

> *„Der Zugang der Allgemeinheit zu Informationen soll durch die Vielfalt der ihr zur Verfügung stehenden Informationsquellen und –mittel gewährleistet werden, um so jedem einzelnen die Überprüfung der Richtigkeit von Tatsachen sowie die objektive Bewertung von Ereignissen zu ermöglichen. Dazu müssen Journalisten das Recht zur freien Berichterstattung und weitestmöglichen Zugang zu Informationen haben."*[56]

Weiterhin wird die Wichtigkeit der Massenmedien hinsichtlich der Förderung der Menschenrechte und ihren Beitrag im Kampf gegen Kolonialismus und Rassendiskriminierung unterstrichen. Besonders im Hinblick auf die Stärkung des Friedens und der Völkerverständigung, ist es wichtig, dass die Massenmedien auch auf Anliegen von Völkern und Einzelpersonen eingehen, so dass

> *"[...] die Massenmedien in aller Welt wegen der ihnen zukommenden Bedeutung wirksam zur Förderung der Menschenrechte bei (tragen), insbesondere indem sie den unterdrückten Völkern ihre Stimme leihen, die gegen Kolonialismus, Neokolonialismus, ausländische Besetzung und alle Formen der Rassendiskriminierung und Unterdrückung kämpfen und die nicht in der Lage sind, sich in ihren eigenen Ländern Gehör zu verschaffen."*[57]

---

[54]Hörburger, Christian: Massenmedien zwischen Kriegs- und Friedensjournalismus. In: Vogt, Wolfgang (Hg.): Friedenskultur statt Kulturkampf. Baden-Baden 1999, S. 159.

[55]Artikel 1 der Mediendeklaration der UNESCO, in: Handbuch für Internationale Zusammenarbeit, 1979.

[56]Ebd., Artikel II 2).

[57]Artikel 1 der Mediendeklaration der UNESCO, in: Handbuch für Internationale Zusammenarbeit, 1979, Artikel II 3).

Artikel III fordert die Stärkung des Friedens durch die Massenmedien und nennt als weitere Ziele die Bekämpfung des Rassismus, der Kriegshetze, der Armut und Krankheiten etc. Die Massenmedien tragen durch Verbreitung von Information über Bedürfnisse, Kulturen und Bestrebungen aller Völker dazu bei, Vorurteile abzubauen sowie Unwissenheit und Missverständnisse zwischen den Völkern zu beseitigen, die zu Angriffskriegen und anderen Menschenrechtsverletzungen führen. Artikel V fordert die Darstellung der Standpunkte derjenigen, die meinen, *„dass die über sie veröffentlichten [...] Informationen ihren Bemühungen um die Stärkung des Friedens und der internationalen Verständigung [...] oder die Bekämpfung von Rassismus, Apartheid und Kriegshetze ernstlich Abbruch getan haben.“*[58] In Artikel VI wurde das Konzept des „free flow of information“ durch das Konzept des „free and balanced flow of information“ ersetzt:

> *„Zur Schaffung eines neuen Gleichgewichts und größerer Gerechtigkeit beim Informationsaustausch, die zur Herstellung eines gerechten und dauerhaften Friedens und zur wirtschaftlichen und politischen Unabhängigkeit der Entwicklungsländer beitragen, ist es erforderlich, die Ungleichheiten im Informationsfluß nach und aus den Entwicklungsländern sowie zwischen diesen Ländern zu berichtigen [...]“*[59]

Artikel VII spricht von der Unterstützung der Ziele der verschiedenen Organe der Vereinten Nationen und in Artikel VIII sollen die Inhalte dieser UNESCO-Erklärung als Grundlage für journalistische Standesregeln und ethische Normen deklariert werden, die bei der Ausbildung von Journalisten berücksichtigt werden sollen. Artikel X fordert *„die Achtung der Verschiedenartigkeit von Kulturen, aus denen das gemeinsame Erbe der Menschheit besteht, [...] insbesondere zwischen denjenigen mit unterschiedlichen wirtschaftlichen und sozialen Systemen“*[60]

Während es im deutschen öffentlich-rechtlichen Rundfunksystem den Anschein hat, dass die elf Artikel erfüllt sind, weisen Diktaturen wie z. B. die Volksrepublik China erhebliche Defizite auf. Doch auch in Rundfunkdemokratien besteht immer noch erheblicher Handlungsbedarf bei der Umsetzung einiger Artikel.[61] Privatisierung von Mediengesellschaften und politischer Druck haben ebenso in öffentlich-

---

[58] Ebd., Artikel V.
[59] Ebd., Artikel VI.
[60] Ebd., Artikel X.
[61] Vgl. Hörburger (1999), S. 160 f.

rechtlichen Medienanstalten die Unabhängigkeit und Vielfalt des Journalismus beeinflusst. Auch ARD und ZDF stehen unter relativem Einfluss politischer Kontrolle.[62] Die Diskussion um die Forderung nach einem (Informations-)Gleichgewicht zwischen Industrie- und Entwicklungsländer und unverzerrten Medieninhalten der Berichterstattung ist aktueller denn je und hat kaum an Relevanz verloren.

2.3 Auslandsberichterstattung im deutschen Fernsehen

Während bis zum Zweiten Weltkrieg politisch-militärische Berichterstattung dominierte und internationale Berichterstattung quasi mit Kriegsberichterstattung synonym war, fand mit der Zeit eine inhaltliche Diversifikation statt und auch andere Sachgebiete traten verstärkt hervor.[63] Die wachsende Interdependenz des Weltgeschehens verlangte verstärkt nach sachlicher und analytischer Berichterstattung. Politische Zusammenhänge und zeitgeschichtliche Ereignisse erfordern heute eine erläuternde Darstellung in informativen Sendungen. Es gibt heute eine große formale Vielfalt an Sendungen mit Auslandsthemen. Auf der Ebene der kurzfristigen Berichterstattung dominieren tagesaktuelle Ereignisse, die jedoch aufgrund der kurzen und knappen Meldungen der Oberflächlichkeit verhaftet bleiben und keinen Raum für das Aufzeigen globaler Strukturen lassen. Empirische Studien haben gezeigt, dass Völkerverständigung von den Nachrichtenmedien kaum betrieben wird. Ein gemeinsames, nationenübergreifendes Interesse werde selten kommuniziert und bestimmte Probleme und Länder fänden höchstens im Zusammenhang mit Gewaltkonflikten Beachtung.[64] Auf der Ebene der langfristigen Berichterstattung

---

[62]Betrachtet man die Struktur der Aufsichtsgremien der ARD beispielsweise, sieht man, dass Landesregierungen und –parlamente die Vertreter des ARD-Rundfunkrates bestimmen, die neben der Programmüberwachung und Budget auch den Verwaltungsrat und den Intendanten bestimmen. Die Entscheidung in wichtigen Personalfragen wie Programmdirektoren und Redaktionsleiter erfolgt meist mit Rücksicht auf einen parteipolitischen Proporz. Vgl. Schäffner, Gerhard: Fernsehen, in: Faulstich, Werner (Hg.): Grundwissen Medien. München 2000, S. 189.

[63]Vgl. Meckel, Miriam: Internationales als Restgröße? Strukturen der Auslandsberichterstattung im Fernsehen. In: Kamps (1998), S. 259.

[64]Vgl. Kamps (1998), S. 281; Eine Langzeituntersuchung des Journalisten Walter Michler über die Hauptausgabe der *Tagesschau* um 20.00 Uhr und die *Tagesthemen* hat bezüglich der Berichterstattung über die „Dritte Welt" folgendes ergeben: Der Anteil der Berichterstattung über Entwicklungsländer beträgt 4,5 Prozent. Die Berichterstattung beschränkte sich auf 13 Staaten aus der Dritten Welt, das sind weniger als zehn Prozent aller Entwicklungsländer. An sieben von 31 Tagen erfolgt keinerlei Berichterstattung über die Dritte Welt. Über die zentralen Probleme Weltwirtschaftssystem, Verschuldung und Nord-Süd-Konflikt wurde überhaupt nicht berichtet. Die Berichterstattung über gewaltsame Auseinandersetzungen, Unglücks- und Katastrophenfälle weist mit einem Anteil von 46% an den gesamten Dritte-Welt-Nachrichten einen relativ hohen

gibt es die meist 45-minütigen Dokumentationen und Features, deren anspruchsvolle und langfristige Produktionsverfahren fast gänzlich dem Zwang zur Aktualität enthoben sind und auch den Raum für die Auseinandersetzung komplexerer Probleme bieten. Allerdings haben sie dadurch auch an Attraktivität für die Zuschauer verloren. *„Die wichtigste, weil allein die Hintergrundberichterstattung voll ermöglichende Form bleibt die der Dokumentation oder des Features. Es ist bezeichnend, dass die Auslandsberichterstattung auf dieser dritten Ebene die gravierendsten Einbussen hinnehmen musste. Der latente Aktualitätsterror wirkt sich auf allen drei Ebenen aus.“*[65] Die gegenwärtigen technischen Kommunikationsmöglichkeiten schaffen zwar die Vorrausetzungen für die Verbreitung von Meldungen und - zumindest theoretisch - deren Konsum. Paradoxerweise aber ist das Interesse in Deutschland an außenpolitischen Themen zurückgegangen und liegt heute auf dem Niveau der 50er Jahre.[66] Die Zuschauerzahlen für die beiden wichtigsten Hintergrundsendungen, den *Weltspiegel* (ARD) und das *Auslandsjournal* (ZDF), sind seit Ende der 80er Jahre kontinuierlich zurückgegangen, haben sich aber seit einigen Jahren relativ stabil bei rund 3 Millionen Zuschauern eingependelt.[67]

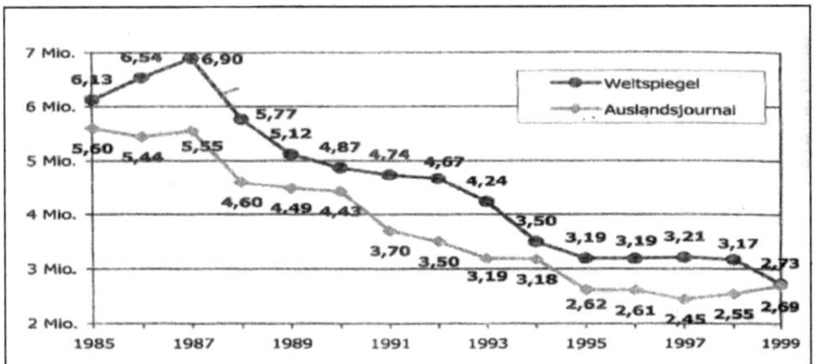

Abbildung 1: Akzeptanzentwicklung von *Weltspiegel* und *auslandsjournal* (1985-1999), in: Kretzschmar (2002), S. 146

Wert auf. Untersuchungsergebnisse zusammengefasst nach Lennartz, Veit: Verteufelt und vergessen. Die Dritte Welt im Spiegel elektronischer Medien, in: Ertel/Zimmermann (1996), S. 210.

[65]Neudeck (1977), S. 17.

[66]Vgl. Kamps (1998), S. 266; darüber hinaus dokumentieren jüngste Medienforschungen, dass in der Berichterstattung die Bereiche Außenpolitik, Auslandspolitik und Internationale Politik im Vergleich zu der Innenpolitik Deutschlands zu wenig berücksichtigt werden. Nach der Erhebung von Udo Michael Krüger über “Politikvermittlung im Fernsehen” verteilen sich lediglich rund 30% der gesendeten Beiträge auf die deutsche Außenpolitik, Auslandspolitik sowie Internationale Politik. Vgl. Krüger (2002), S. 77-87.

[67]Vgl. Kretzschmar (2002), S. 146.

ZDF-Korrespondent Peter Frey versucht dieses Paradox – auf der einen Seite das wirtschaftliche und kulturelle Zusammenwachse der Welt, auf der anderen Seite das Desinteresse am „Anderen“ – mit der Konzentration auf das Naheliegende zu erklären. *„[...] Natürlich liegt das vor allem daran, dass wir Deutschen seit 1989 stark mit uns selbst beschäftigt waren [...]“.*[68] Dazu kommt: *„Live schlägt heute den Hintergrund, das Dabeisein die Erklärung.“*[69] Die Information, was wo passiert wird immer schneller; für die Frage, warum etwas passiert, bleibt hingegen kaum Zeit noch Sendeplatz. Mikich bezeichnet diesen Geschwindigkeitsdruck der Medien als „die Tyrannei der Aktualität“: *„Wir haben keine Zeit mehr zu zweifeln. Ambivalenzen, Grautöne, Widersprüche – sie werden in den Schlagzeilen und Sondersendungen ignoriert.“*[70] Solch eine Entwicklung der Auslandsberichterstattung steht einem möglichen Dialog eher kontraproduktiv gegenüber.[71]

Den öffentlich-rechtlichen Fernsehsendern wird nichts desto trotz eine wesentlich höhere Kompetenz für qualitativ hochwertige Sendungen über fremde Kulturen zugestanden als den privaten Fernsehsendern, die – so die Autoren der Studie – Ausländerthemen in einer eher oberflächlichen Art und Weise präsentieren.[72] ARD und ZDF sind zudem die einzigen Sender in Deutschland, die sich einen regelmäßigen Programmplatz für die kostenintensive[73] Auslandsberichterstattung leisten.[74] Doch auch die öffentlich-rechtlichen Fernsehanstalten werden von zwei Strömungen beeinflusst: Zum einen durch eine Marginalisierung der Politik im Fernsehprogramm aufgrund steigender Politikverdrossenheit. Dadurch haben es außenpoliti-

---

[68]Vgl. Frey, Peter: Die Welt aufschließen. Warum wir das „auslandsjournal“ auch nach 25 Jahren noch brauchen. In: ZDF-Jahrbuch 1998. Mainz 1999, S. 124; vgl. auch Nachrichtenfaktor „Regionalismus“ in Kapitel 3.

[69]Ebd.

[70]Andererseits trägt gerade die schnelle Kommunikations-Technologie dazu bei, Menschenrechtsverletzungen anzuprangern oder Katastrophenhilfe zu leisten. Mikich (2003), S. 123.

[71]Vgl. Kretzschmar (2002), S. 160.

[72]Zusammenfassung der Studie von Eckhardt/Thorn (1995) in: Ruhrmann, Georg: Mediendarstellungen von Fremden. Images, Resonanzen, Probleme. In: Quandt (1995), S. 39.

[73]„Maintaining a full-time foreign correspondent abroad is an extremely expensive proposition for a medium. It takes a decent salary, considerable surcharges to enable the correspondent and family to have social security and a lifestyle comparable to that in the home country, office and documentation costs, communication and travel allowances.” Ginneken, van Jaap: Understanding Global News. A Critical Introduction. London 1998, S. 133.

[74]Obwohl die Programmplätze für Auslandssendungen im öffentlich-rechtlichen System im Vergleich zum Privatfernsehen relativ stabil geblieben sind, kam es auch hier zu Kürzungen aufgrund der relativen Kostenintensität der Auslandsberichterstattung. Hafez (2002), Bd. 1, S. 92.

sche Themen noch schwieriger als innenpolitische einen Bezug zum Bürger herzustellen. Zum anderen findet aufgrund des Konkurrenzkampfs mit dem privaten Fernsehen und den damit verbundenen wandelnden Sehgewohnheiten vor allem jüngerer Zuschauer eine zunehmende Entertainisierung statt.[75]

2.3.1 Auslandsmagazine als „fernsehgerechte" Präsentation

Die Entwicklungen hin zu einer „fernsehgerechteren"[76] Präsentation waren die wöchentlich oder monatlich ausgestrahlten Magazine[77] auf der Ebene der mittelfristigen Berichterstattung. Die Magazinform[78] ermöglicht eine Vielzahl von Darstellungsformen (z. B. Kommentar, Reportage, Interview, Feature usw.) und ein breites Themenspektrum. Die Länge der einzelnen Beiträge in den Magazinen beträgt fünf bis zehn Minuten und gibt damit Raum für kurze Dokumentationen oder Reportagen. Die Magazine gewannen in Deutschland seit den 60er Jahren durch ihre abwechslungsreichere, unterhaltendere Form an Sympathien – eine Entwicklung, die vielerorts beklagt wird,[79] denn – so die Kritik – leiste das Magazin auch dem

[75]Kretzschmar (2002), S. 147, vgl. auch Meckel (1998), S. 266.

[76]Fernsehgerecht, weil das Magazin besonders dem Fernsehzuschauer „Wechsler" entgegenkommt, der solange „rumzappt", bis ihn etwas interessiert. Bei einer Magazinsendung wird der Zuschauer eher als bei einer anderen Präsentationsform dazu neigen, bei dem entsprechenden Sender zu verweilen, weil es raschen Wechsel verspricht und ihn ja der nächste Beitrag interessieren könnte. Vgl. Schumacher, Heidemarie: Magazine im Fernsehen: Geschichte – Formen – Funktion, in: Ertel/Zimmermann (1996), S. 329-340.

[77]Die Magazingeschichte ist geprägt durch eine historische Variabilität und wechselnden Konstellationen. Magazine gibt es in Gestalt historischer Gattungstypen der politisch-zeitkritischen Magazine der 60er, Kulturmagazine der 70er, Infotainment-Magazine der späten 80er und frühen 90er. Der Begriff „Magazin" taucht in der Publizistik erstmals im 18. Jahrhundert in England auf. Historisch betrachtet sind Fernsehmagazine auf eine für den Hörfunk entworfene Sendeform zurückzuführen. Der Hintergrund war ökonomischer Natur: durch die Aufteilung des Programms in verschiedene kleine Bestandteile konnte man Werbeträger gewinnen. Anfang der 50er wurde das Magazin-Konzept zunächst von der US-Gesellschaft NBC angewandt. Daraufhin folgte in Amerika ein Magazinboom, dem viele Sender weltweit folgten. Vgl. Waffenschmidt (1989), S. 83-86.

[78]Magazine kennzeichnen sich durch periodisches Erscheinen, einen festen Sendeplatz und Titel sowie Personalisierung durch den Moderator. Vgl. z. B. Schult, Gerhard/Buchholz, Axel (Hg.): Fernsehjournalismus. Ein Handbuch für Ausbildung und Praxis. München 1993, S. 300, vgl. auch Schumacher, Heidemarie: „Durch die Sendung führt": Überlegungen zur Moderation im Magazin, in: Kreuzer/Schuhmacher (1988), S. 129-140.

[79]Die allerdins nichts weiter als die vom Medium selbst provozierte Reaktion auf den Ausbau seiner technischen Möglichkeiten und die Art ihrer Nutzung darstellt. Die Ansprüche der Zuschauer an das Medium werden von diesem selbst entscheidend mitbestimmt. Die Möglichkeiten des schnellen Informierens in Wort und Bild, das „Dabeisein" und Live-Übertragung sind Aspekte der Aktualität, die das Medium Fernsehen immer wieder als seine großen Vorzüge im Ver-

„Trend zur Verharmlosung des Gesamtprogramms“[80] Vorschub, denn umfassende Information sei unter den formalen Bedingungen nicht mehr möglich. Die Sendung sei geprägt durch unterhaltende Züge und durch das abwechslungsreiche „Potpourri“ der Inhalte sei der Zuschauer nicht mehr gefordert sich tiefergehend mit einem Thema zu beschäftigen.[81] Aufgrund der additiven, kleinteiligen Struktur der Magazinsegmente, kritisieren Medienpädagogen die zunehmende Tendenz der „Magazinierung als Häppchenkultur“, „Baukastenprinzip“, „fragmentierte Scherbenwelt“ und „elektronisches Warenhaus“, da alles unabhängig und kontextlos von einander angeboten werde.[82] Andererseits erschien der öffentlich-rechtliche Programmauftrag (Information, Bildung, Unterhaltung) durch eine Mischung aus persuasiven, informierenden, bildenden als auch unterhaltenden Sendeteilen im Magazin verwirklicht werden zu können.[83] Das offene Konzept wird bewusst als populäre Form der Vermittlung eingesetzt.

> *„Bei der Einführung der politischen Magazine war aber bereits absehbar, dass sich das Fernsehen zu dem Massenmedium entwickeln würde [...] Erst die Magazine institutionalisierten Sendeplätze für aktuelle, nicht auf vorweg definierte Programmeinheiten festgelegte journalistische Themenbearbeitung.“*[84]

Die Auslandsmagazine der ARD und ZDF, *Weltspiegel* und *auslandsjournal*, sind auf der Ebene der mittelfristigen Berichterstattung angesiedelt. Hier liegt das große Potential der Auslandskorrespondenten, ungeachtet der Einflüsse der Agenturen eigenständige Impulse in der Auslandsberichterstattung zu setzen. Während im Bereich der kurzfristigen Berichterstattung die Initiative stärker von der Heimatredak-

---

gleich zu den Printmedien hervorhebt. Vgl. Scholl-Latour, Peter: Leistung zum Prinzip erhoben. In: Neudeck (1977), S. 49.

[80]Hall, Peter Christian zit. nach: Waffenschmidt (1989), S. 85.

[81]Vor allem der Fernsehkritiker Neil Postman beanstandete die „Und-jetzt...“-Struktur des Programms, deren Ereignisse ihrem Inhalt und ihrem Kontext nach mit dem Vorangegangenen nichts gemein haben. Damit sich die Zuschauer nach Belieben zuwenden oder abwenden können, sind die Sendungen so strukturiert, dass jedes Segment als geschlossenes Ereignis für sich stehen kann. Eine Information überlagere bereits die nächste und entwertet damit die singuläre Bedeutung eines Beitrages. „Nur selten wird von dem Zuschauer verlangt, einen Gedanken oder eine Empfindung von einem Segment ins andere mit hinüberzunehmen.“ Die Informationen seien zerstückelt, hätten keinerlei Kontext und seien folgenlos wie wertlos, da es ihnen an wirklicher Ernsthaftigkeit fehlen würde. Gerade Nachrichten seien daher nichts als bare Unterhaltung. Vgl. Postman, Neil: Wir amüsieren uns zu Tode. Frankfurt/Main 1985.

[82]Vgl. Kreuzer, Helmut: Zur Beschreibung, Kritik und Geschichte bundesdeutscher Fernsehmagazine in: Helmut, Kreuzer/Schumacher Heidemarie (Hg.): Magazine audiovisuell. Politische und Kulturmagazine im Fernsehen der Bundesrepublik Deutschland. Berlin 1988, S. 9-19.

[83]Ebd., S. 10.

[84]Hall, Peter Christian zit. nach: Waffenschmidt (1989), S. 84.

tion ausgeht, ist es bei der mittelfristigen (besonders bei der langfristigen) Berichterstattung üblich, dass die Korrespondenten Themen vorschlagen. Mit ihren längeren Beiträgen können sie abseits von den Nachrichten Ansatzpunkte für eine Auseinandersetzung mit fremden Kulturen bieten.[85] Der allwöchentliche Sendeplatz und die geringere Notwendigkeit zur Rücksichtnahme auf die Schlagzeilen des Tagesgeschehens ermöglichen vor allem in diesen Magazinen die Herstellung von Kontinuität im Sinne einer erweiterten und beständigen Darstellung zum Verständnis aktueller Vorgänge und Sachverhalte oder auch langfristiger Entwicklungen. Anhand welcher Kriterien die Berichterstattung bei den Auslandsmagazinen von ARD und ZDF erfolgt und wie deren Selbstverständnis aussieht, wird im zweiten Teil der Arbeit vorgestellt. In den folgenden Kapiteln wird zunächst das Auslandskorrespondentennetz von ARD und ZDF vorgestellt und danach – unter Berücksichtigung diverser Einflüsse auf den medialen Darstellungsprozess - die entscheidenden Funktionen der Auslandsberichterstattung und die Arbeit der Korrespondenten.

2.3.2 Das Auslandskorrespondentennetz von ARD und ZDF

Der internationale Trend in der medialen Auslandsberichterstattung geht weg von festen Auslandsbüros- und Korrespondenten hin zu Reisekorrespondenten, den sogenannten Fallschirmkorrespondenten, die von Krisenherd zu Krisenherd jetten.[86] Dieser „Ad-hoc-Journalismus" hat qualitative Konsequenzen: kurze Live-Einspielungen mit einem „Aufsager" des Korrespondenten vor Ort ersetzen immer mehr die ausgiebigen Dreharbeiten vor Ort, die für eine Einordnung komplexer Vorgänge nötig sind.[87] Fest stationierte Korrespondenten bieten daher einen großen Vorteil gegenüber den „konventionellen" Informationsquellen, wie den Nachrichtenagenturen[88] oder den Einsatz von Reisekorrespondenten. Die Einrichtung

---

[85]Natürlich ist auch hier das Zeitargument zu nennen: auch in Beitragslängen von fünf bis maximal zehn Minuten ist es schwierig, tiefergehendes Wissen zu vermitteln.
[86]Vgl. Ulrich Wickert in: Kretzschmar (2002), S. 16.
[87]Vgl. Kretzschmar (2002), S. 145.
[88]Die Weltagenturen „sind zu einem zentralen Mechanismus der nationalen und internationalen Instrumente der Aufrechterhaltung des Status quo und zur Verhinderung echter Veränderung geworden". Vgl. Meier 1984, S. 48. Der Agenturjournalismus sei „rasch und oberflächlich. Es [Er (der Journalismus, Anm. S. B.) verleitet dazu, die Welt in Extremen zu zeichnen, schwarz – weiß, gut – schlecht, revolutionär – reaktionär. Am wichtigsten ist die Kürze, und das verführt zu Vereinfachungen. Der komplexe Reichtum des Lebens verliert sich in den Idiomen unserer Nachrichten." Einstiger Agenturjournalist Ryszard Kapuscinski zit. nach: Behmer (2003), S. 363.

von festen Korrespondentenplätzen, die Präsenz eines ständigen Beobachters, der die Entwicklungen seines Berichtslandes mitverfolgt und Kenntnis und Verständnis bezüglich der Lebensweisen der Menschen besitzt, schuf erst die Möglichkeit, der (Hintergrund)- Berichterstattung Kontinuität zu verleihen.

> *„Durch ihre (die Auslandskorrespondenten, Anm. S. B.) ständige Präsenz vor Ort entwickeln sie gute Kontakte und verfügen über ein gewachsenes Wissen über das Berichterstattungsgebiet. Dies ist die Basis für eine glaubwürdige und seriöse Berichterstattung und sie sind in der Lage, jederzeit aktuell zu berichten, bei politischen oder gesellschaftlichen Umwälzungen kompetent die Hintergründe zu analysieren und zu kommentieren sowie auch langfristige Veränderungen wahrzunehmen und darzustellen.“*[89]

Das öffentlich-rechtliche Fernsehen als glaubwürdigstes Massenmedium hat immense Anstrengungen unternommen, um eine eigenständige und von externen Nachrichtenlieferanten unabhängige Auslandsberichterstattung zu gewährleisten. Insgesamt sei die Beachtung der Weltregionen schon wesentlich adäquater geworden. *„People's maps of the world are probably more accurate today than at any time in history.“*[90] Aber bedeutet dies zwangsläufig auch eine umfassendere und weniger verzerrte Berichterstattung über das Weltgeschehen? Die ARD begann bereits in der Nachkriegszeit ihr Auslandskorrespondentennetz kontinuierlich auszubauen[91], das heute mit über 26 Auslandsstudios das weltweit größte Berichterstattungsnetz für Hörfunk und Fernsehen darstellt.[92]. Das ZDF unterhält 20 feste Auslandsstudios und ist damit kleiner als das der ARD, im internationalen Vergleich aber immer noch sehr umfangreich. Die Auslandsstudios des ZDF befinden sich in: Brüssel, Istanbul, Johannesburg, Kairo, London, Moskau, Nairobi, New York, Paris, Peking, Rio

---

[89]Beispielhaft sei hierfür auf die website des NDR verwiesen: http://www.ndr.de/ndr/derndr/abisz/lexikon/a/index.html (12.03.04).

[90]L. Erwin Atwood und Stuart J. Bullion zitiert nach Wilke, Jürgen: Auslandsberichterstattung und internationaler Nachrichtenfluß im Wandel, in: Publizistik 31/1986, S. 85.

[91]Allerdings ist dieses System eines weltumspannenden Korrespondentennetzes nicht ohne Mängel, wie sich am Beispiel der ARD-Anstalten zeigen lässt: Der Globus ist in verschiedene geographische Gebiete aufgeteilt, denen jeweils eine ARD-Fernsehanstalt für die Berichterstattung zugeordnet ist. Dieses föderale Prinzip der ARD lässt allerdings nicht viel Flexibilität bezüglich eines adäquaten Einsatzes personeller Ressourcen zu, da die verschiedenen ARD-Sender die ihnen zugewiesenen Gebiete nicht tauschen können, auch wenn Journalisten einer anderer Anstalt beispielsweise hinsichtlich Sprachkenntnissen oder landeskundlichem Wissen wesentlich kompetenter wären, um über eine bestimmte Situation in einem bestimmten Land zu berichten. Vgl. Schwanebeck, Axel: Die Welt im Wohnzimmer. Was leisten Auslandsberichte im deutschen Fernsehen? In: Cippitelli (2003), S. 16.

[92]ARD (Hg.): ABC der ARD. Baden-Baden 1999, S. 22.

de Janeiro, Rom, Singapur, Skandinavien, Tel Aviv, Teheran, Tokia, Warschau, Washington und Wien. [93] Die folgende Tabelle gibt eine Übersicht über die ARD-Auslandsstudios sowie ihre zuständigen Berichtsgebiete:

Algier/Rabat	Die Maghreb-Staaten, Algerien, Marokko, Tunesien
Beijing	Volksrepublik China einschl. Hongkong und Tibet
Brüssel	Benelux-Länder und Institutionen der EU
Buenos Aires	Südamerika mit Ausnahme einiger Länder im Norden
Genf	Schweiz und ansässige UN-Organisationen
Istanbul	Türkei und Iran
Johannesburg	8 Länder des südlichen Afrika
Kairo	fast die gesamte arabische Welt von Libyen bis Oman
London	Großbritannien und Irland
Madrid	Die iberische Halbinsel: Spanien und Portugal
Mexiko City	Mittelamerika, Karibik, nördliches Südamerika
Moskau	die 15 Staaten, die aus der ehemaligen Sowjetunion vorgingen
Nairobi	Ost-, Zentral- und Westafrika, insgesamt über 40 Länder
New Delhi	Südasien von Afghanistan bis Bangladesh
New York	New York City, Kanada, UN
Paris	Frankreich, Monaco, Andorra, Französich-Guyana
Prag	Slowakische Republik, Tschechische Republik
Rom	Italien, Griechenland, Malta, San Marino, Vatikan
Singapur	Großteil Südostasiens, Australien, Neuseeland
Stockholm	Ganz Skandinavien, Island, die drei baltischen Staaten
Straßburg	Europäisches Parlament, Europarat, Eur. Gerichtshof für Menschenrechte
Tel Aviv	Israel, Gaza, Westjordanland, Zypern
Tokio	Ostasien, Philippinen, südpazifische Inselstaaten
Warschau	Polen
Washington	USA
Wien	Südosteuropa mit weiteren Büros in Sarajevo und Belgrad

Tabelle 1: ARD-Studios (und ihre zuständigen Berichtsgebiete)[94]

Die Wichtigkeit und Bedeutsamkeit der westlichen Länder für die Auslandsberichterstattung des deutschen Fernsehens im Vergleich zu den Ländern der „Dritten Welt“ kann anhand der ungleichmäßigen Verteilung des Auslandskorrespondentennetzes der beiden Fernsehanstalten abgelesen werden. Die Metropolen der westlichen Länder sind überbesetzt, die afrikanischen, südamerikanischen und asiatischen Staaten dagegen unterbesetzt. Dies lässt befürchten, dass insbesondere Hin-

[93] vgl. www. zdf.de/ZDFde/inhalt/0/0,1872,2000672,00.htm.
[94]Vgl. ARD-Korrespondentenwelt: Berichtsgebiete: www.ard.de/korrespondentenwelt/berichtsgebiete/index.htm (03/09/03)

tergrundinformationen über bestimmte Gebiete in der Welt vernachlässigt und andere wiederum zu häufig im Fernsehen behandelt werden.[95] Diese Verteilung der Auslandsbüros mag sich mit Kosten- und logistischen Gründen begründen lassen, lässt aber auch Rückschlüsse an einer ethnozentristischen Ausrichtung der Industrieländer für deren politischen und wirtschaftlichen Interessen zu. Die gezielte Platzierung journalistischer Beobachter orientiert sich an einer Informationsstrategie, *„die auf die nach dem Zweiten Weltkrieg entwickelte außenpolitische, militärische und wirtschaftliche Blockpolitik und damit eng verbundenen Interessen der Bundesrepublik abgestimmt ist."*[96] Aber auch aus anderen Gründen existieren nach wie vor „weiße Flecken" im Korrespondentennetz. Die NDR-Redakteurin Juliane Eisenführ nennt einige Beispiele:

> *„Zum Beispiel Burma: Es gehört bei uns zu Singapur, Drehgenehmigungen für politische Themen sind quasi nicht zu bekommen. Zum Beispiel Libyen: Es gehört zu Kairo. Aber für unabhängige Filme bekommt man keine Genehmigungen [...]. Das macht manche Gegenden zu quasi-weißen Flecken [...]."*[97]

Darüber hinaus ergibt sich das Problem, dass die zu bearbeitenden Länder in ihrer geographischen Ausdehnung als auch in ihrer politischen wie kulturellen Beschaffenheit viel zu groß und heterogen sind, um von einem einzigen Redaktionsteam angemessen dargestellt werden zu können.[98] Damit werden die bereits angedeuteten Verzerrungen und Proportionen erkennbar, die bewusst berechnet und nicht zuletzt im Hinblick auf das Interesse für den deutschen Zuschauer begründbar sind, denn von Bedeutung für diesen ist zunächst einmal, was im Umfeld geographischer und soziokultureller Nähe passiert. Der Medienwissenschaftler Peter Zimmermann bezeichnet die Auswahl und Gewichtung der Länder auch als „imaginäre Ethnographie" des Fernsehens, die die aus (west)-deutscher Sicht irrelevan-

---

[95]Dafür müsste man sicher über einen längeren Zeitraum den Sitz der Auslandsstudios mit den Ländern/Städten/Orten vergleichen, über bzw. aus denen berichtet wird.
[96]Zimmermann (1996), S. 153.
[97]Eisenführ zit. nach einer Studie der Universität Bonn: Internationale Berichterstattung in deutschen Medien – Empirische Studien zu Presse, Hörfunk und Fernsehen. Das ARD- Auslandsmagazin Weltspiegel. Wintersemester 1998/1999, S. 20.
[98]Beispiel: Der afrikanische Kontinent mit seinen 54 Ländern ist durch die ARD mit lediglich fünf Fernsehstudios vertreten: Algier, Rabat, Kairo, Johannisburg, Nairobi. Die personellen Kapazitäten sind knapp. Allein das Studio in Nairobi berichtet aus fast 40 Ländern südlich der Sahara. Das ZDF-Büro in Rio de Janeiro z. B. informiert über ganz Lateinamerika mit über 400 Millionen Einwohnern. Auch die ARD hat nur ein einziges Büro in Buenos Aires. Für das riesige Land China (9,6 Mio. km^2) stehen zwei Studios in Peking zur Verfügung. Vgl. hierzu: www.ard.de/korrespondentenwelt/berichtsgebiete.

ten Länder und Kontinente schrumpfen lässt.[99] Zimmermann beschreibt diese „imaginären Landkarten" als disproportional, flexibel und diskontinuierlich, deren Bruchstücke sich als „globales Puzzle" ständig verändern und nie zu einem einheitlichen Ganzen fügen, letztendlich aber unser „Weltbild" bestimmen. *„Ein Kosmos flüchtiger Bilder [...] Und dennoch hinterlassen sie ihre [...] Spuren in unserer Erinnerung und prägen feste Konnotationsketten und Stereotype aus, die unsere Vorstellung vom Ausland und vom Weltgeschehen [...] beeinflussen."*[100]

Nichts desto trotz wird Auslandsberichterstattung durch eigene Korrespondenten immer bedeutsamer: Laut ARD-Korrespondent Robert Hetkämper reiche es nicht aus, *„sich aus den Angeboten internationaler Agenturen (zu) bedienen, kurzfristig eigene Reporter zu Krisenherden (zu) schicken und damit [...] den Anschein (zu) erwecken, fundiert aus aller Welt zu berichten."*[101] Der öffentlich-rechtliche Auftrag kann nur durch die relative Größe des Korrespondentennetzes erfüllt werden:

> *„Mit ihrem Auslandskorrespondentennetz ist die ARD in der Lage, ihrer medialen Verantwortung in einer sich wandelnden Welt gerecht zu werden. Das öffentlich-rechtliche Fernsehen bietet die Voraussetzungen zu unabhängiger Berichterstattung und zur Erfüllung professioneller Standards. Es liefert spezifische Informationen für diese Gesellschaft und deren Bedürfnisse, und es ist gleichzeitig in der Lage, das Fremde in seiner eigenen kulturellen Bedingtheit zu vermitteln, die zum Verständnis notwendige ‚Übersetzungsarbeit' zu leisten."*[102]

Durch die ungleichmäßige Verteilung der Studios auf die Kontinente können allerdings Zweifel bezüglich der adäquaten „kulturellen Übersetzung" aufkommen. Im weiteren Verlauf der Arbeit werden daher weitere Einflüsse genannt, die auf die „Übersetzungsarbeit"[103] der grenzüberschreitenden Kulturkommunikation einwirken können. Zuvor werden die wesentlichen Sendeformate vorgestellt, die sich mit Auslandsthemen und „Dritter-Welt-Berichterstattung" befassen, insbesondere die mittelfristige Form der Magazin-Korrespondentenberichterstattung, auf deren Ebene *Weltspiegel* und *auslandsjournal* angesiedelt sind.

---

[99]Die fragmentarischen Bilderwelten einer medial rekonstruierten Ereignisgeographie im Verhältnis zu den Proportionen der Weltkarte lässt zum Beispiel den afrikanischen Kontinent auf die Größe Englands schrumpfen. Umgekehrt ermöglichen aber auch permanente Krisenregionen wie der Nahe Osten „medialen Landgewinn" in der Ausdehnung Nordamerikas. Vgl. Zimmermann (1996), S. 150.

[100]Vgl. Zimmermann (1996), S. 152.

[101]Hetkämper, Robert: Der fremde Blick: Auslandskorrespondenten berichten in einer sich wandelnden Welt. In: ARD-Jahrbuch 1995, S 124.

[102]Ebd., S. 131.

[103]Vgl. ausführlich dazu Kapitel 2.5.2.

2.4 Die Funktionen der Auslandsberichterstattung und der Korrespondenten

Metaphern wie „Fenster zur Welt" und „Weltspiegel" drücken den Mythos des Fernsehens aus, das Leben außerhalb des eigenen Wohnzimmers „wirklichkeitsgetreu" widerzuspiegeln.[104] Reinhard Appel, ehemaliger Chefredakteur des ZDF, sah das Selbstverständnis der Auslandsberichterstattung in der Beseitigung der nationalen und geistigen Grenzen, die durch ihre „weltoffene Orientierung" den menschlichen Horizont erweitert und uns mit fremden Kulturen und Traditionen vertraut macht.[105] Berichte aus dem Ausland werden *„in einer Welt, in der immer mehr Völker voneinander abhängen, internationale Zusammenhänge immer schwerer zu durchschauen sind"* immer wichtiger.[106]

> *„Noch nie waren Deutsche so verflochten mit dem Ausland, wirtschaftlich und politisch. Noch nie so abhängig vom Verstehen des Weltgeschehens. Die Frage nach globaler Gerechtigkeit wird zur Überlebensfrage des 21. Jahrhunderts. Europa erweitert und vertieft sich. Die interessantesten neuen sozialen Bewegungen [...] sind international vernetzt. Fruchtbare Zeiten für Korrespondenten [...] also? Nicht zwingend."*[107]

Im Hinblick auf die Selektion und Interpretation von Nachrichten und Ereignissen zu den unterschiedlichsten Begebenheiten aus den entlegensten Teilen der Erde kommt der TV-Auslandsberichterstattung eine entscheidende Bedeutung zu. *"Die beherrschende Attraktion von Fernsehbilder"* bringe eine moralische Verpflichtung mit sich, behauptete Rupert Neudeck schon 1977.[108] Die Auslandskorrespondenten sollen es den Zuschauern ermöglichen, sich ein möglichst präzises Bild von den Ereignissen auf der Welt zu machen. Gemäß dem Selbstverständnis der öffentlich-rechtlichen Fernsehanstalten, besteht deren zentrale Aufgabe darin, über die politischen, sozialen und kulturellen Entwicklungen des Auslandes umfassend und ausführlich zu berichten.

> *„[...] Sofortige umfassende Information über Ereignisse überall auf der Welt ist eine zentrale Leistung des öffentlich-rechtlichen Rundfunks [...] In Fernsehen und Hörfunk informieren die*

---

[104]Das deutsche Fernsehen versprach nach dem Propagandamissbrauch des Dritten Reiches eine sachliche und objektive Berichterstattung. Vgl. Zimmermann (1996), S. 149.
[105]Vgl. Appel zit. nach: Zimmermann (1996), S. 149/150.
[106]Appel zit. nach: Waffenschmidt, Ute: Spanische Kontraste. Zum Verhältnis von Zeitgeschichte und Fernsehen in der Auslandsberichterstattung des ZDF. Frankfurt 1989, S. 14.
[107]Vgl. Mikich (2003), S. 119.
[108]Neudeck (1977), S. 26.

Auslandskorrespondenten der ARD und des NDR ebenso über aktuelle Krisensituationen wie über längerfristige politische, wirtschaftliche und gesellschaftliche Entwicklungen in ihren Berichtsgebieten."[109]

Im Verlauf der Diskussionen der 21. Tutzinger Medientage kristallisierten sich drei wesentliche Aufgaben der Auslandsberichterstattung heraus, die der Medienpädagoge und Journalist Axel Schwanebeck folgendermaßen zusammenfasst: Auslandsberichterstattung erfüllt demnach eine

- Informationsfunktion: Vermittlung von Information
- Interpretationsfunktion: Orientierung, Darstellung von Zusammenhängen
- Politische Funktion: Beitrag zu Dialog und Verständigung zwischen den Kulturen[110]

Nachfolgend werden diese drei Funktionen näher betrachtet und im Zusammenhang der Arbeitsbedingungen und Rollenvorstellungen der Auslandskorrespondenten auf ihre Realisierbarkeit geprüft. Dabei wird auf die Problematik der individuellen wie beruflichen Sozialisation des Journalisten sowie auf Probleme verschiedenster Art eingegangen, die die Möglichkeiten zu freier, ungehinderter und unzensierter Berichterstattung erschweren.

2.4.1 Informationsfunktion

Die Ausübung der Meinungs- und Informationsfreiheit, die als Bestandteil grundlegender Menschenrechte anerkannt ist, stellt die Grundlage zur Ausübung der Vermittlungsfunktion dar.[111] Im Zusammenhang mit dem Informationsauftrag der öffentlich-rechtlichen Fernsehanstalten spielt gerade die kontinuierliche Beobachtung der internationalen Entwicklung abseits der reinen Konfliktberichterstattung eine große Rolle:

„*[...] erst eine langfristig konzipierte, ereignisunabhängige Programmplanung in der Auslandsberichterstattung in Dokumentationen, Reportagen und Features ermöglicht Einschätzungen über*

---

[109]Vgl. Aufgaben der Auslandskorrespondenten unter: http://www.ndr.de/ndr/derndr/abisz/lexikon/a/index.html (12.03.04).
[110]Vgl. Schwanebeck (2003), S. 14.
[111]Vgl. Artikel 19 der Menschenrechtsdeklaration der UNO in Kapitel 2.1 sowie Kapitel 2.2 Artikel II 2 der UNESCO-Mediendeklaration.

ein Land und über internationale Zusammenhänge [...]. Die tiefgreifende Analyse, die Beleuchtung historischer, kultureller, wirtschaftlicher, politischer Hintergründe, [...] sind nicht durch journalistische ‚Luftlandetruppen' zu leisten."[112]

Um über andere Länder angemessen berichten zu können, ist das Verstehen der Sprache, des an Traditionen gebundenen Verhaltens, der kulturellen Werte und der sozialen und historischen Hintergründe Voraussetzung. Abgesehen von den Löchern im Korrespondentennetz,[113] kommen noch die Arbeitsbedingungen in manchen sozialistischen oder totalitären Ländern, denen die Korrespondenten bei ihrer Recherche zur Informationsbeschaffung ausgesetzt sind. Die Maßnahmen, die dabei zur Behinderung der freien Berichterstattung von den Regierenden der einzelnen Länder ergriffen werden, sind recht unterschiedlich: Verzögerungen bei der Erteilung von Drehgenehmigungen und andere bürokratische Hindernisse tauchen auf. [114] Gerade in Ländern, in denen die Politik abgeschottet und Zensur nicht erlaubt ist, wo Telefon- und Faxleitungen nicht sicher sind, sind die Korrespondenten auf einheimische Informanten angewiesen.[115] Dazu kommen Probleme, ins Landesinnere oder Krisenregionen zu reisen, wenn es an Verkehrsverbindungen, Transportmittel oder auch nur an Strom für die Übertragung per Satellitentelefone fehlt.[116] Des weiteren können Auslandskorrespondenten in verhältnismäßig großer Unabhängigkeit ihren eigenen Stil oder gewisse Prioritäten bei der Berichterstattung durchsetzen, da im Prinzip keine quantitativen Richtlinien oder inhaltliche Kriterien seitens der Fernsehanstalten vorherrschen.[117] Laut Scholl-Latour bestimmt der

---

[112]ZDF-Jahrbuch 1980 zit. nach: Waffenschmidt (1989).

[113]Vgl. Kapitel 2.3.1.

[114]Beispiel: Für die mediale Bearbeitung des riesigen Territoriums von China (1,2 Milliarden Bewohner) stehen in Peking lediglich ein ZDF- und ein ARD-Studio zur Verfügung. Die Beantragung von Drehgenehmigungen bedarf eines langwierigen bürokratischen Verfahrens, bei dem Ort und sogar Interviewpartner ausgewählt werden, worunter zufällig niemand ist, der die Kommunistische Partei kritisiert. Interessante Internetseiten sind blockiert. Poltische Transparenz gibt es nicht. Vor allem in arabischen Staaten sind die Korrespondenten ebenso auf das Wohlwollen der Behörden wie auch auf Beziehungen angewiesen. Vgl. Stefan Niemann, Leiter des ARD-Studios in Peking, in: Cippitelli (2003), S. 18/19.

[115]Stefan Niemann, der Leiter des ARD-Studios in Peking, bemerkt dazu: "Unsere besondere Verantwortung liegt im Schutz chinesischer Quellen. Ich habe im Konfliktfall wenig zu verlieren, werde schlimmstenfalls ausgewiesen. Informanten und Interviewpartner riskieren dagegen mehrere Jahre Gefängnis oder Arbeitslager, wenn sie uns Dinge erzählen, die irgendein Regierungskader als Staatsgeheimnis einstuft." Vgl. Cippitelli (2003), S. 19.

[116]Vgl. Franzke, Michael: Krisenhopping statt Kontinuität, in: *Zeitschrift für Kultur-Austausch*. Hg. vom Institut für Auslandsbeziehungen. Band 1, Heft 1, Stuttgart 2002, S. 103.

[117]Hafez (2002), Bd. 1, S. 79-84.

Korrespondent weitestgehend unabhängig von Ereignisdichte und politischer Lage die Häufigkeit und Qualität der Berichterstattung.[118] Die Auslandsberichterstattung aus einer bestimmten Region ist also nicht nur abhängig von den politischen und logistischen Verhältnissen vor Ort, sondern auch von persönlichem Engagement und Interesse des Korrespondenten.

2.4.2 Interpretationsfunktion und „Rollenvorstellungen"

Auslandsberichterstattung soll bei der Orientierung über aktuelle Ereignisse helfen. Dies impliziert die Vermittlung von Zusammenhängen von Weltbildern, Deutungsmustern bzw. fremder Kulturen und Traditionen.[119] Der Auslandskorrespondent stellt für die Rundfunkanstalten deren einzige interne Informationsquelle dar. Durch ihre spezifische „Insider-Outsider-Stellung" – sprich sie sind zum einen Teil der Redaktion und gleichzeitig externes Verbindungsmitglied mit eigenständigen Büros im Ausland – verfügen sie über Kapazitäten zur antizyklischen Berichterstattung, wie zum Beispiel ihre Kontakte zu lokalen Medien und Eliten. Der Auslandsberichterstatter gilt als *„Vermittler von Um- und Außenwelten, von Welt schlechthin"*.[120] Den *„Weltspieglern"*[121], fallen ganz bestimmte Aufgaben und Funktionen zu. Der ehemalige Moderator des *auslandjournals* Rudolf Radke sieht den Korrespondenten als Historiker, der eine solide Kenntnis geschichtlicher Entwicklungen haben muss: *„Denn die Verdeutlichung der historischen Wurzeln macht Probleme und Ereignisse der Gegenwart transparenter. Die Bedingungen der politischen Umwelt reichen dazu allein nicht aus."*[122] Der Publizistikwissenschaftler Emil Dovifat sah in ihm einen "Halbbruder des Diplomaten", dessen Aufgaben er idealtypisch mit folgenden Worten charakterisiert:

> *"Schon um am politisch-gesellschaftlichen Leben des Landes teilzunehmen, [...] bedarf er einer größeren finanziellen Beweglichkeit; [...] Unerlässlich ist die genaueste Kenntnis von Land und Leuten, die völlige Beherrschung der fremden Sprache und die richtige Fähigkeit, [...] den großen und freien Zug weltpolitischer Ideen und Zusammenhänge zu begreifen."*[123]

---

[118]Waffenschmidt (1989), S. 35.

[119]Vgl. Verhein, Anette: Das politische Ereignis als historische Geschichte: Aktuelle Auslandskorrespondentenberichte des Fernsehens in historiographischer Perspektive. Frankfurt/Main 1990, S. 87.

[120]Dill, Richard W.: Wie viel Welt braucht der Mensch; In: Neudeck (1977), S. 146.

[121]Ebd., S. 146.

[122]Radke zit. nach: Waffenschmidt (1989), S. 34.

[123]Dovifat, Emil zit. nach Cippitelli (2003), S. 27.

Auslandskorrespondenten "bleiben Hintergrund und Meinung und die Nahtstellen, an denen Tagesgeschehen in Geschichte übergeht" als Objekte ihrer Tätigkeit.

> *„Neben der Aufgabe des Sammelns unbedingt wertungsfreier Nachrichten muss der Journalist die Funktion eines Katalysators und Kommentators erfüllen. Getreue Unterrichtung des Zuschauers verlangt also die ständige Anwesenheit eines Berichterstatters, verlangt die kontinuierliche Beobachtung eines Landes und damit die genaue Kenntnis seiner Geschichte und Entwicklung."*[124]

Die unterschiedlichsten Nachrichten, Meinungen und Fakten aus den verschiedensten Regionen der Welt zu selektieren, zu interpretieren und zu kommentieren setzt vor ihrer Verbreitung gewissenhaftes Prüfen der Wahrheit und der Herkunft der Quellen voraus. In den Programmgrundsätzen des ZDF heißt es beispielsweise, dass alle Beiträge für Informationssendungen gewissenhaft zu recherchieren sind; sie müssen wahrheitsgemäß und sachlich sein. Die Redakteure sind bei der Auswahl und Sendung der Nachrichten zur Objektivität und Überparteilichkeit verpflichtet.[125] Bei diesen Programmgrundsätzen handelt es sich allerdings eher um idealtypische Formulierungen als um journalistische Realität. Die redaktionelle Praxis ist geprägt von Quoten- und Auflagendruck und der Beschleunigung des Medienbetriebes. Damit ergibt sich auch das Problem, dass der Aspekt der Nachhaltigkeit und der Anspruch auf Kontinuität nicht hinreichend berücksichtigt werden können. *„Das Tempo der globalen Berichterstattung nimmt zu, gleichzeitig nimmt die Bereitschaft ab, Komplexität darzustellen. Aktionsfernsehen möchte man das nennen[...]."*[126] Folglich sprechen Fernsehkritiker oft von einem neuen *„Provinzialismus, der es mit sich bringt, dass geographisch und zeitlich begrenzter, sensationsorientierter und facettenärmer berichtet wird."*[127] Peter Scholl-Latour beklagt, dass es praktisch keine analysierenden Dokumentationen mehr gäbe:

---

[124]Dietrich, Wolf: Die Auslandskorrespondenten des ZDF. In: ZDF Jahrbuch 1964. Mainz 1965, S. 63. Der Afrikakorrespondent Michael Franzke beschreibt die Anforderungen seitens der Heimatredaktionen, die aufgrund einer Agenturmeldung über Erdbeben oder Hungersnot ein kurzes Stück haben möchten und meint: „Ich habe bei solchen Anfragen manchmal auf die Weltkarte verwiesen und scherzhaft gefragt, ob ich von Nairobi, selbst mehrere tausend Kilometer vom Geschehen entfernt, mehr sehen könnte als die Kollegen in Deutschland. Aber natürlich habe auch ich dann am Telefon die Agenturmeldung verlesen und damit „Schein-Authentizität" erzeugt. Wozu haben wir schließlich einen Mann in Afrika?" Franzke (2002), S. 103.

[125]Vgl. Rechtsvorschriften für das ZDF, Mainz 1995, S. 30 f.

[126]Mikich, Sonia: „Ich will es schwer machen, wegzusehen", in: M – Menschen Machen Medien, Zeitschrift der IG Medien; Nr. 7/2000, Jg. 49, S. 10 f.

[127]Cippitelli (2003), S. 22.

„Auch nicht bei kriegerischen Ereignissen, die dringend einer kritischen Hintergrundbeleuchtung bedürften, oder die auch historisch, auch religiös betrachtet werden müssten. Es wird aber nur der humanitäre Aspekt gezeigt, weil man damit an die Rührseligkeit der Menschen appellieren kann. Damit wird ein seltsamer Voyeurismus auf das Elend anderer geschürt."[128]

Darüber hinaus hat die individuelle politische Sozialisation des Journalisten Auswirkungen auf seine Berichterstattung. Werthaltungen, Stereotype und Ideologien können somit das Auslandsbild der Medien beeinflussen. Die geforderte Objektivität gibt es praktisch nicht.[129]

„Es ist kaum bestreitbar, dass persönliche Prädispositionen ihren Niederschlag in der Medienberichterstattung finden können. Themeninteressen führen oft zu verstärkter Thematisierung, Desinteresse zur Nicht-Thematisierung. Frames und andere Realitätstheorien können zur selektiven Hinwendung zu bestimmten Themenaspekten führen."[130]

Dazu kommen Einflüsse durch die berufliche Sozialisation, wie die Routine der Nachrichtenselektion- und Verarbeitung[131] (Nachrichtenfaktorenroutine) sowie weitere Phänomene, die unter „Korrespondenten-Syndrome"[132] bekannt sind. Dazu gehören Aspekte wie der „Revierinstinkt"[133], der sich besonders gegenüber Kollegen, die als zusätzliche Berichterstatter (Reisekorrespondenten) entsandt werden, ausdrücken. Hinzu kommt eine gewisse „Eitelkeit"[134], resultierend aus dem hohen Sozialprestige, die eine unvoreingenommene kritische Beurteilung der geleisteten Arbeit erschweren kann. Zudem kann vor allem in Ländern der "Dritten Welt" die Bewältigung eines „Kulturschocks"[135] kommen, wenn die Korrespondenten sich mit andersartigen Lebensbedingungen und Normensystemen konfrontiert sehen. Sprachprobleme und der Umstand, dass die Korrespondenten sich im Berichtsland

---

[128]Interview mit Scholl-Latour, in: *epd medien* Nr. 84/2001. Frankfurt/Main, 2001, S. 4.

[129]Scholl-Latour kritisiert hier die „Manipulation", die in deutschen Fernsehmagazinen tief verankert sei: „Man nimmt den Bauer Soundso und zeigt dessen Ansichten. Das ist natürlich alles gestellt. Das Interview auf der Straße ist ebenso eine bewusste Irreführung, eine Manipulation. Wenn ein Reporter 30 Menschen befragt, sucht er die aus, die sich am besten artikulieren können. Dann nimmt er vier, die in seine Tendenz passen, und zwei, welche eine andere Meinung vertreten – das soll dann der Objektivität dienen." Vgl. ebd., S. 6.

[130]Hafez (2002), Bd. 1, S. 73.

[131]Vgl. Kapitel 3.

[132]Verhein (1990), S. 91.

[133]Jürgens, Georg: Politische Auslandsberichterstattung im Deutschen Fernsehen. Berlin 1974, S. 41.

[134]Ebd.

[135]Ebd., S. 42.

häufig in einer Oberschicht aus Business, Diplomaten und Korrespondenten bewegen, sich also gewissermaßen in einer Art Subkultur westlicher Lebensart befinden, erschweren die Anpassungsbedingungen und eine adäquate Berichterstattung. Zudem kommt das Problem der „Localitis" oder „Betriebsblindheit"[136], dem Distanzverlust gegenüber dem Berichtsland, der sich bei längerem Aufenthalt in einem bestimmten Land einstellen kann.[137] Mit zunehmender Entfernung zum europäischen Kulturkreis kommt die Konfrontation mit einem radikal anderen Wertesystem. Dies kann sich als „koloniales Syndrom" auswirken, gekennzeichnet durch Eurozentrismus, Identifikation mit den Herrschenden und exotisierenden ästhetisierenden Betrachtungsweisen von Ereignissen.[138]

Auslandsberichterstatter sind also „Zeitzeugen", deren Detailkenntnisse Vorurteilen und „Schwarz-Weiß-Denken" entgegenwirken kann.[139] Sie fungieren als eine Art „opinion leader" für Zuschauer und in gewisser Weise sogar für Politiker, die sich in Sachen internationaler Politik eine Meinung bilden. Angesichts dieser Verantwortung ist es umso erstaunlicher, dass sie keiner berufsethischen Normierung unterliegen. Internationale und interkulturell ausgerichtete journalistische Professionalitätsnormen sind eher selten.[140] Für die Auslandsberichterstattung gibt es lediglich einige Berufsrollenvorstellungen, wobei im wesentlichen die idealtypischen Rollenkonzepte wie „neutraler Informant"[141] oder partizipierender „Mitgestalter der Außenpolitik"[142] unterschieden werden. Wie auch die individuelle und berufliche Sozialisation, beeinflusst das Berufsrollenverständnis des Journalisten die Nachrichtenselektion und die Darstellung des Auslandsbildes.

---

[136]Ebd., S. 36.

[137]Das bedeutet, der Journalist verliert durch die Gewöhnung an bestimmte Lebensumstände den Sinn dafür, was berichtenswert ist, da er es als alltäglich und normal empfindet Um einer solchen Entwicklung vorzubeugen, erhalten die Auslandskorrespondenten in der Regel zeitlich befristete Verträge von drei Jahren, die auch nur begrenzt verlängert werden können. Dieses System bringt natürlich den Nachteil mit sich, dass sich erst wieder ein neuer Korrespondent einarbeiten muss. Vgl. Hafez (2002), Bd. 1, S. 83.

[138] Gizycki (1977), S. 141/142; vgl. auch Kapitel 3.

[139]Radke (1989), S. 32.

[140]Vgl. Hafez (2002), Bd. 1, S. 79-84.

[141]Ebd., S. 79.

[142]Vgl. Hafez (2002), Bd. 1, S. 79 f.

Auslandsberichterstatter können sich demnach als „neutraler Informant" sehen. Dieses Rollenmodell ist eng mit der Objektivitätsnorm im demokratischen Journalismus verbunden. Damit bietet es ein Höchstmaß an „intersubjektiver Überprüfbarkeit", da sich der Journalist als „meinungsloser" Vermittler eines „faktischen Weltgeschehens" in seiner „pluralischen Form" betrachtet und somit am besten den Einfluss eigener politischen Orientierungen vermeidet. Problematisch ist hierbei das „Realitätskonzept", d.h. wenn angenommen wird, dass die politische und gesellschaftliche „Realität" tatsächlich wahrnehmbar und vermittelbar ist, ohne jedoch die Konstruktion der "Realität" zu berücksichtigen. Außerdem kann die Neutralitätsnorm auch der Manipulation Dritter unterliegen, etwa durch Öffentlichkeitsarbeit[143] von Regierungen und anderen Organisationen, die sich der Medien als Sprachrohr ihrer Politiken bedienen.[144]

Journalisten können sich auch als „Mitgestalter der Außenpolitik" betrachten und auf internationalen Beziehungen einwirken. Dabei sehen sie sich weniger als neutrale Beobachter, sondern vielmehr als Experten der Außenpolitik. Diese kritisieren sie entweder im Sinne von Medien als „vierte Gewalt"; oder aber sie entwickeln ein Rollenverständnis als „Advokat der Außenpolitik", indem sie bewusst alternative Politik anregen. Hinsichtlich der politischen Gestaltungsrolle der Auslandsjournalisten vertritt z. B. Peter Scholl-Latour die Meinung, dass Journalisten viel zu wenig Freiräume für politische Kommentierung besäßen.[145] Andere wiederum stehen der kritischen Begleitung internationaler Politik eher skeptisch gegenüber und betonen

---

[143]Auf dieser Ebene ist besonders kritisch zu beachten, dass Quellen der Nachrichtenagenturen, die nicht auf journalistischer Eigenleistung beruhen, sondern von PR-Stellen in- wie ausländischer Regierungen und Organisationen übernommen werden, oftmals als Werkzeug der "öffentlichen Diplomatie" gebraucht werden, da mit wenig Aufwand große Teile der Weltöffentlichkeit erreicht werden. Besonders in der Krisen- und Kriegsberichterstattung ist es umso wichtiger, die journalistische Distanz und sorgfältiges Überprüfen der Informationen sowie die Offenlegung der jeweiligen Quellen einzuhalten, um nicht unfreiwillig als Sprachrohr der einen oder anderen Konfliktpartei zu dienen, da die freie journalistische Arbeit durch Manipulation, Propaganda und Zensur beträchtlich eingeschränkt wird. Vgl. z. B. Hartwig, Stefan: Konflikt und Kommunikation. Berichterstattung, Medienarbeit und Propaganda in internationalen Konflikten vom Krimkrieg bis zum Kosovo. Münster 1999.

[144]Vgl. Hafez (2002), Bd. 1, S. 79 f.

[145]Scholl-Latour (1977), S. 57 und Hafez (2002), Bd. 1, S. 79.

die neutrale Informationsfunktion der Medien.[146] In Kapitel 2.5.2 wird die Funktion des Journalisten bei der kulturellen Übersetzung vorgestellt.

2.4.3 Politische Funktion: Der Dialog der Kulturen

Dass Massenmedien Wahrnehmungs- und Kommunikationsprobleme zwischen den Kulturen verstärken oder vermindern können, ist auch in der Kommunikationspolitik nicht mehr neu. Während Medien und Kultur bisher vor allem als Instrumente neben anderen (wie Diplomatie, Wirtschaft etc.) verstanden wurden, wird der Blick nun verstärkt auf den Dialog der Kulturen gelenkt.[147] Interkultureller Dialog wird hier im wesentlichen als offene „Verständigung über kulturelle Unterschiede hinweg" verstanden, mit dem Ziel, „Feindbilder zurückzudrängen".[148] Wie wird der Dialog der Kulturen jedoch bei den öffentlich-rechtlichen Rundfunkanstalten definiert?

In Bezug auf die Auslandsberichterstattung ist in der Mediendeklaration der UNESCO die Förderung der Völkerverständigung und der Dialog der Kulturen als Handlungs- und Organisationsrahmen für die Medienpolitik der BRD vorgegeben.[149] Diese Aspekte spiegeln sich auch in dem Programmauftrag des öffentlich-rechtlichen Rundfunks wieder. Gemäß der bundesdeutschen Rundfunkordnung ist

---

[146]Vgl. z. B. Radke, Rudolf: Kontinuität als Hauptproblem. Wachsende Interdependenz des Weltgeschehens und abnehmende Möglichkeiten der Berichterstattung, in: Neudeck (1977), S. 44 und Hafez (2002), Bd. 1, S. 79.

[147]In der auswärtigen Kulturpolitik ist vom Dialog der Kulturen die Rede. Vgl. z. B. die Begrüßungsrede von Hans Eichel zur Tagung „Deutschland im Dialog der Kulturen. Medien – Images – Verständigung, dokumentiert in: Quandt (1998), S. 15-19; Der Bundesminister des Auswärtigen, Klaus Kinkel, definiert die Notwendigkeit eines interkulturellen Dialoges folgendermaßen: „Angesichts der geradezu explosionsartigen Zunahme von hochbrisanten Fragestellungen in unserer Zeit muß der Dialog der Kulturen breit angelegt sein. Er muss alle ethisch-moralischen Grundfragen unserer Zeit umfassen." Vgl. Kinkel, Klaus: „Deutsche Außenpolitik im Dialog der Kulturen" in: Quandt (1998), S. 19-25.

[148]Kleinsteuber (2003), S. 172/173; Seitens der Kommunikationspolitik wird Europa als ideales Modell für kulturelle Vielfalt, Demokratie, Rechtsstaatlichkeit, Marktwirtschaft und Menschenrechtsverständnis betrachtet. Die „Grundfragen unserer Zeit" werden somit aus einer rein eurozentristischen Perspektive, argumentert, die sich an die christlich-humanistisch-aufklärerische Tradition anlehnt. Diese Haltung wird häufig als „political correctness" innerhalb des Konzeptes des „Multikulturalismus" kritisiert, das lediglich Ängste in bezug auf Separatismus und Zersplitterung beruhigen soll, letztlich aber von einer dominanten Kulturform geprägt ist. Da an dieser Stelle keine Debatte über den Multikulturalismus geführt werden soll, sei hier lediglich auf einige Literaturbeispiele bezüglich des politischen Umgangs mit fremden Kulturen verwiesen: Vgl. z. B. Quandt (1998), S.25-34; vg. auch Kretzschmar (2002), S. 85-137.

[149]Vgl. Kapitel 2.2.

das Fernsehen als Massenmedium prädestiniert für die Schaffung eines Dialogs zwischen fremden Kulturen. Fernsehsender sind demnach gesetzlich verpflichtet für Freiheit und Gerechtigkeit, Frieden und Völkerverständigung sowie für die Gleichberechtigung von Mann und Frau einzutreten.[150] Als primäre Rechtsquelle für das ZDF bildet der ZDF-Staatsvertrag das rechtliche Fundament, an dem sich zentrale Vorschriften des nationalen Funktionsauftrages orientieren.[151] Die Richtlinien für die Sendungen betonen ausdrücklich den „globalen Informationsanspruch“, der die objektive und umfassende Darstellung internationaler Vorgänge mit einbezieht: *„Die Sendungen sollen vor allem die Zusammengehörigkeit im vereinigten Deutschland fördern sowie der gesamtgesellschaftlichen Integration in Frieden und Freiheit und der Verständigung unter den Völkern dienen und auf ein diskriminierungsfreies Miteinander hinwirken.“*[152] In dem spezifischen Funktionsauftrag des ZDF sind unter anderem folgende Aufgaben im Hinblick auf den Beitrag zur Völkerverständigung verankert: Nach der Integrationsfunktion soll das ZDF für gegenseitiges Verständnis eintreten und gesellschaftlichen Zusammenhalt fördern sowie kulturelle Identität gewährleisten. Gemäß dem Kulturauftrag soll in den Programmen die kulturelle Vielfalt Deutschlands und das Geschehen in den einzelnen Ländern widergespiegelt werden.[153]

Es bleibt festzuhalten, dass Redaktionsgrundsätze der Fernsehanstalten oder die Artikel der UNESCO-Mediendeklaration zwar gewisse Richtlinien für die Qualität

---

[150]Vgl. Schuler-Harms, Margarete: Die Rundfunkordnung der Bundesrepublik Deutschland. In: Hans-Bredow-Institut für Medienforschung an der Universität Hamburg (Hg.): Internationales Handbuch für Hörfunk und Fernsehen 2000/2001, Baden-Baden 2000, S. 139-159.

[151]Entsprechend inhaltsgleich sind die gesetzlichen Grundlagen für die ARD-Anstalten in den Rundfunkgesetzen und –staatsverträgen der Länder geregelt; vgl. Neumann-Bechstein, Wolfgang: Die Programme – die Sendungen, in ARD/ZDF-Arbeitsgruppe Marketing, Fünfgeld, Hermann (Hg.): Was Sie über Rundfunk wissen sollten: Materialien zum Verständnis des Mediums. Berlin 1997, S. 143.

[152]§5, Abs.3 zit. nach: Holznagel, Bernd: Der spezifische Funktionsauftrag des Zweiten Deutschen Fernsehens, in: ZDF Schriftenreihe 55, Mainz 1999, S. 42.

[153]Weitere Funktionen sind: Informationsauftrag: Das ZDF vermittelt objektive Informationen; Orientierungsfunktion: Als Quelle unabhängiger Informationen gibt das ZDF Orientierung zu freier Meinungsbildung; Forumsfunktion: Das ZDF hat dafür zu sorgen, dass alle relevanten Auffassungen zu einem Thema zu Wort kommen; Leitbildfunktion: Das ZDF hat die Verpflichtung zu einer wegweisenden, qualitativ hochwertigen und auch innovativen Programmgestaltung und sichert somit Qualitätsstandards, vgl. Mattern, Klaus ; Küstner, Thomas : Fernsehsysteme im internationalen Vergleich, in : Hamm, Ingrid (Hg.) : Die Zukunft des dualen Systems: Aufgaben des dualen Rundfunkmarktes im internationalen Vergleich. Gütersloh 1998, S. 186.

in der Berichterstattung liefern, viel beschworene, ideologisch gefärbte und abstrakte „Schlagwörter" wie „Völkerverständigung" für die Berichterstattung von den Programmverantwortlichen jedoch nicht weiter definiert werden und im Rahmen der Kommunikationspolitik auf den interkulturellen Dialog[154] beschränkt bleiben. In den Programmgrundsätzen der Sender wird lediglich darauf verwiesen, dass „die Programme dem Frieden und der Verständigung unter den Völkern dienen"[155] sowie das „kulturelle Leben der Gegenwart widerspiegeln und die Vielfalt des kulturellen Erbes wahren"[156] sollen. Wie diese Ziele konkret erreicht werden sollen, darüber äußern sich die Programmverantwortlichen nicht. Wie haben Fernsehprogramme auszusehen, die sich dem „Dialog der Kulturen" verschreiben und zu „Frieden und Verständigung" beitragen wollen sowie die „kulturelle Vielfalt" sichern möchten? Es bleibt die Analyse der beiden Auslandsmagazine abzuwarten, um zu sehen, wie *Weltspiegel* und *auslandsjournal* ihr Kulturverständnis definieren und umsetzen. Die in Kapitel 2.1. angesprochenen Mängel im Rahmen der Debatten über die Neue Weltinformationsordnung verlangen den Einbezug des kulturellen Kontextes der „Dritten-Welt-Berichterstattung". Daher wird im Folgenden der Kulturbegriff im Rahmen inter- und transkulturellen Kommunikationsprozesse untersucht und definiert. Anschließend wird die Rolle des Journalisten als „Sinn-Übersetzer" zwischen den Kulturen erläutert, denn die Art und Weise, wie Journalisten Ausschnitte aus Kulturen darstellen und übermitteln, prägt das Bild der „Dritten Welt".

2.5 Inter- und transkulturelle Kommunikationsprozesse

Wie schon in Kapitel 2.4 dargestellt, werden an den Korrespondenten hohe Anforderungen gestellt. Sprach- und Landeskenntnisse sowie die Fähigkeit zur Einschätzung globaler Zusammenhänge allein reichen jedoch nicht aus, um andere Kulturen angemessen darstellen und vermitteln zu können. Michael Kunczik bemerkt dazu:

> *"Zur Sprachbeherrschung ist es nicht ausreichend, Botschaften sinnvoll formulieren zu können. Vielmehr muss bekannt sein, welche Codes, Kanäle und Ausdrücke in welchen Situationen ge-*

---

[154]Dessen Defizite werden in Kapitel 2.5 angesprochen.
[155]Richtlinien für Sendungen des ZDF, Artikel V (1), vgl. http://www.zdf.de/ZDFde/download/0,1896,2000719,00.pdf (26.04.04).
[156]Vgl. ebd.

genüber welchen Personen benutzt werden können [...] Ein Individuum muss die 'Ethnographie der Kommunikation' einer Gesellschaft kennen."[157]

Für die Auslandsberichterstattung sind vor allem die grenzüberschreitenden, d.h. inter- und transkulturelle Kommunikationsprozesse, von Bedeutung. Daher werden zunächst die in der Kulturkommunikation relevanten Begriffe „Kultur" und „Kommunikation" erläutert. Bei der Frage nach dem medialen Prozess der „kulturellen Übersetzung" werden die Grenzen der interkulturellen Kommunikation aufgezeigt, um darauf aufbauend Aspekte der transkulturellen Kommunikation zur Verständigung zwischen den Kulturen heranzuziehen. Daran anschließend werden die En- und Dekodierungsvorgänge des Auslandsberichterstatters bei dem Vermittlungsprozess zwischen den Kulturen beschrieben.

2.5.1 Zum Kulturbegriff

Kultur ist ein äußerst komplexer Begriff, dessen unzählige Bedeutungen und Definitionen aus unterschiedlichen Ansätzen und Perspektiven differenziert beleuchten werden kann.[158] An dieser Stelle soll kein Überblick über die verschiedenen Kulturtheorien- und Deutungen geliefert werden, sondern vielmehr diejenigen Facetten des Kulturbegriffs herangezogen werden, die für die grenzüberschreitende Kulturkommunikation und die angestrebte Völkerverständigung möglicherweise von Bedeutung sind. Aus diesem Grund wird im wesentlichen auf die „Alltagskultur" eingegangen, die sich auf einer eher „wissenschaftstheoretischen Gegenbewegung" im Gegensatz zum stark „eurozentristischen, auf (bürgerliche) Kunst- und Sinnproduktion zielenden Kulturbegriff",[159] gründet. Das Kulturverständnis wird in dieser weiten Begriffsbestimmung weder allein Nationen oder Teilen davon zugeteilt, noch werden wertende Zuordnungen, wie die Unterscheidung in hohe und niedere Kultur bzw. Hoch- und Populärkultur, vorgenommen. Eine allgemein anerkannte Arbeitsdefinition versteht Kultur als

---

[157]Kunczik, Michael: Massenmedien und Entwicklungsländer. Köln/Wien 1985, S. 36.
[158]Einen umfassenden Überblick verschiedener Auslegungen bieten beispielsweise Kroeber, Alfred/Kluckhohn, Clyde: Culture. A Critical Review of Concepts and Definitions. New York 1963.
[159]Vgl. Wiesner, Volkert: Fernsehen, Kultur und kulturelle Identität in Europa. Ein Interpretationsversuch, in: Kleinsteuber, Hans J./Wiesner, Volkert/Wilke, Peter: EG-Medienpolitik. Fernsehen in Europa zwischen Kultur und Kommerz. Berlin 1990, S. 159.

„System gemeinsamer Symbole, Meinungen und Gewohnheiten, das von einer Gruppe von Menschen als anpassungsfähiger Mechanismus zum Zweck ihres Überlebens und ihrer Entwicklung geschaffen und dann nachfolgenden Generationen als Teil ihres mitteilbaren Wissens vererbt wurde."[160]

Demnach ist Kultur ein Prozess, der sich auf die Beziehung zwischen Menschen und ihrer Umwelt und den daraus resultierenden Maßnahmen zur Interaktion und Anpassung bezieht. Auch Kroeber und Kluckhohn versuchen die über 150 verschiedenen Auslegungen für Kultur auf eine gemeinsame Formel zu bringen: *"Culture is a product; is historical, includes ideas, patterns and values: is selective, is learned, is based upon symbols, and is an abstraction from behaviour and the product of behaviour."*[161] Dieses der Ethnologie entlehnte Kulturverständnis bildete in den 70er Jahren die Grundlage für den Kulturbegriff supranationaler Organisationen wie der UNESCO, die eine Demokratisierung und Erweiterung des Kulturbegriffs forderten. Demzufolge definiert die UNESCO Kultur als *„Strukturen, Ausdruckformen und Bedingungen des Lebens einer Gesellschaft und die verschiedenen Arten, mit denen sich das Individuum dieser Gesellschaft zum Ausdruck bringt und erfüllt."*[162]

Diesen Definitionen ist gemeinsam, dass sie Wandlungsprozesse innerhalb eines soziokulturellen Systems zulassen und Kultur nicht als statischen Begriff auffassen.[163] Die verschiedenen Globalisierungsprozesse[164] sind Auslöser und Triebkräfte für kulturellen Wandel und weltweiter Interdependenz. Laut Luger besteht keinerlei Zweifel daran, dass den Kommunikationstechnologien eine Schlüsselfunktion in-

---

[160]Renger, Rudi: Der Kultur auf der Spur. Materialien zur Interkulturellen Forschung, in: Luger, Kurt, Renger, Rudi (Hg.): Dialog der Kulturen. Die multikulturelle Gesellschaft und die Medien. Wien 1994, S. 68.

[161]Kroeber (1963), S. 11.

[162]Oppenheim, Roy: Der Krieg der Bilder. Frankfurt/Main 1990, S. 17.

[163]Der Wandel erfolgt nicht zuletzt im Zeitalter einer „global culture". Solche Tendenz zu einer weltweiten kulturellen Homogenisierung ruft gleichzeitig Widerstand in Form von kulturellen und nationalen Identitätsbildungsprozessen hervor. Wenn diese Identitätsvorstellungen der Pluralität keinen Raum lassen, entstehen vielfach neue Regionalismen, die sich unter Berufung auf kulturelle Idendiät zu Nationalismen hochstilisieren und Hass und Krieg hervorrufen können. Vgl. z. B. Luger (1994), S. 35-38.

[164]Globalisierung lässt sich laut Luger auf fünf Ebenen feststellen: im ethnischen Bereich (durch Flüchtlings- und Touristenströme, Gastarbeiter und Immigration), im Finanzbereich (weltweit agierende Wirtschaftskonglomerate, Börsen- und Aktienhandel), im Medienbereich (durch transnationale Informations- und Unterhaltungsindustrie) und im ideologischen Bereich (durch die Propagierung verschiedener Lebensformen- und stile, Vorstellungen von Normen, Werten, Religionen, Freiheit und Demokratie etc.). Vgl. ebd., S. 39.

nerhalb dieser Entwicklungsvorgänge zukommt und dabei Faktoren wie Macht und Dominanz eine zentrale Rolle spielen.[165] In der interkulturellen Forschungsperspektive wird nun davon ausgegangen, dass eine Person einer bestimmten Kultur ein bestimmtes Symbolsystem lernt, das verbale als auch nonverbale Codes enthält.[166] Dabei ist von Bedeutung, dass die Art und Weise unserer Kommunikation sowie die Interpretation dieser Botschaften allesamt durch unsere Kultur verankert sind.[167] Kommunikation wird in diesem Fall hauptsächlich als „Transmission" verstanden, d.h. als *„Prozess der Übertragung und Vermittlung von Botschaften und der Teilhabe an [...] Bedeutungen mit Hilfe von Symbolen [...]. Derartige Symbole sind immer Teil des Inhalts und der Form einer bestimmten Kultur."*[168] Bei dem Prozess der symbolischen Interaktion von kulturellen Regelsystemen kodieren und dekodieren Individuen oder Gruppen die gesendeten und erhaltenen Botschaften. Dabei können Form und Ergebnis der Kommunikation durch kulturelle Differenzen beeinflusst werden.[169] Der interkulturellen Ansatz setzt Kultur allerdings mit den Grenzen eines Staates gleich und konzentriert sich demnach eher auf Missverständnisse des Kulturaustausches, wie er zwischen Ländern stattfindet. Welsch bezweifelt das Konzept von „Interkulturaliät", um den Dialog der Kulturen unter heutigen Bedingungen gerecht zu werden. *„Kulturen, die so hermetisch verstanden sind, können nicht ohne weiteres ineinander übersetzt werden – und müssen andererseits doch kommunizieren können, wenn das Zusammenleben der Menschheit eine andere Form als die wechselseitige Kulturbarbarei haben soll."*[170] Der traditionelle Kulturbegriff berge somit die Gefahr, der Uniformierung oder der Rückbesinnung auf radikale Formen der kulturellen Identität. Der herkömmliche Kulturbegriff von unverwechselbaren und isolierten Kulturen wird deshalb als kulturrassistisch abgelehnt. Man erkennt den anderen in seiner *„Andersheit an, sperrt ihn dadurch aber auch ins Ghetto seiner Andersheit ein – und wird ihn so los."*[171] Daher müsse man Kulturen jenseits des Gegensatzes von Eigen- und Fremdkultur denken. Kul-

---

[165]Vgl. ebd. und vgl. Kapitel 4.3.
[166]Vgl. Luger (1994), S. 36.
[167]Renger (1994), S. 72.
[168]Asuncion-Lande def. nach: ebd., S. 71.
[169]Vgl. ebd., S. 73.
[170]Vgl. Welsch 1994), S. 152-154.
[171]Vgl. u. a. auch Welsch, Wolfgang : Transkulturalität : Lebensformen nach der Auflösung der Kulturen, in : Luger (1994), S. 152/153.

turen sind gemäß des obigen Kulturverständnisses keineswegs zwingend mit staatlichen Grenzen konform.[172]

Quandt regt in diesem Zusammenhang die Bildung einer „transkulturellen Kompetenz“ an.[173] Die Transkulturelle Kommunikation geht heute von einer „Polyidentität“ jedes Menschen aus.[174] Unter Transkulturalität wird folglich ein Prozess verstanden, bei dem die neuen Lebens- und Kulturformen die alten und abgegrenzten Kulturen längst durchdrungen haben.[175] Die Umformulierung des alten Kulturbegriffs in eine „Cross-Culture“ hat den Vorteil,

> *„Kultur von vorneherein ohne völkisches Substrat und ohne rassistischen Beigeschmack zu sehen. Zugleich ist auch der traditionelle Kulturseparatismus eliminiert. Denn zwar stellt jedes Sprachspiel (und damit jede Kultur oder Lebensform) eine Sphäre der Gemeinsamkeit dar, aber die Ränder dieser Sphären sind notwendigerweise unscharf. Es gibt mannigfaltige Verflechtungen, Überschneidungen, Familienähnlichkeiten.“*[176]

Allerdings fehle es an Mittlern, so Quandt, die die kulturellen Unterschiede erklären und verweist damit auf die Massenmedien als Hauptvermittler im Kulturdialog.[177] *„Die Massenmedien fungieren in der internationalen Kommunikation als Schalt- und Vermittlungsstellen.“*[178] Das Codieren und Decodieren von Botschaften in „Cross-Cultural“-

---

[172]Welsch vermutet (neben anderen Autoren), dass der traditionelle Kulturbegriff eine Reihe von problematischen Implikationen nach sich zieht, wie z. B. die Konnotation zum Territorialen, Dominanz und Herrschaftsdenken. Die Rückbesinnung auf kulturelle Identität, den „roots“, stellt ein Widerstandspotential gegen hegemoniale Uniformierung dar. Gefährlich wird es, wenn unter Berufung auf kulturelle Identität und Nationalismus reaktionäre, anti-pluralistische, totalitäre Gesellschaften entstehen. Vgl. ebd., S. 155/156.

[173]Diese solle aus „Weltoffenheit, Fremdsprachenkompetenz, historischem und aktuellen landeskundlichen Wissen, Erfahrung im Umgang mit anderen und Toleranz“ bestehen. Vgl. Quandt (1998), S. 29.

[174]Jeder sei demnach heute durch mehrere Identitäten gekennzeichnet, weil wir eine familiäre, lokale, regionale, nationale, transnationale, religiöse oder weltanschauliche Identität vereinigen. Vgl. Kleinsteuber, Hans J: Der Dialog der Kulturen in der Kommunikationspolitik, in: Cippitelli (2003), S. 153 und vgl. Kleinsteuber, Hans J.: Identität im Kommunikationsraum Europa, in: Lange, Ulrich (Hg.): Identität, Integration und Verantwortung. Berlin 1994, S. 145.

[175]Beispielsweise können sich Personen aufgrund von Gemeinsamkeiten einander verbunden fühlen, durchaus aber weit voneinander entfernt leben, wie z. B. ein chilenischer Staatsbürger, der sich in seinem Land als Deutscher fühlt. Oder Menschen in Metropolen einer reichen Oberschicht eines Landes verbindet sicherlich mehr Ähnlichkeiten mit Ihresgleichen in anderen Staaten als mit den Menschen ihres eigenen Landes in der armen Provinz. Vgl. Kleinsteuber (2003), S. 153/154.

[176]Ebd., S. 160.

[177]Quandt (1998), S. 31.

[178]Hafez (2002), Bd. 1, S. 12.

Kontexten erfordert die Kenntnis und das Verständnis von kulturellen Merkmalen in der Kommunikation. Dazu gehören Sprache, Nonverbale Codes, Weltsicht, Rollen-Beziehungen und Gedankenmuster.[179] Kulturen sind *„Symbolkomplexe, deren Bedeutung von Journalisten erschlossen und zwischen den Kulturen vermittelt werden muss [...].“*[180] Der Korrespondent nimmt im Rahmen der medialen Auslandsberichterstattung die Rolle eines „Sinn- oder Bedeutungsübersetzer“[181] kultureller Zeichenkomplexe wie Sprache, Religionen oder Politik ein.[182] Diese Bedeutungsübersetzung zwischen den Kulturen soll im Folgenden anhand des En- und Decoding-Modells beschrieben werden.

2.5.2 En- und Decodierung zwischen kulturellen Symbolkomplexen

Bisher existiert kein theoretisches Modell für die Kulturkommunikation der Medien; im internationalen Informationsprozess ist deren Bedeutung weithin unerforscht.[183] Zur Beschreibung der Funktion der Massenmedien im Prozess grenzüberschreitender Kommunikation zwischen Kulturräumen wendet Hafez das „Encoding/Decoding-Modell“ von Stuart Hall an.[184] Hall bezeichnet die Gestaltung journalistischer Texte als *„Vorgang der symbolischen Enkodierung“*, wobei die von den Rundfunkanstalten produzierte Nachricht mit einer speziellen Bedeutung, d. h. einem Kode produziert wird. Der Medienkonsument interpretiert bzw. dekodiert später den Text auf einer konnotativen Ebene abhängig von seiner Lebensgeschichte, Kultur usw.[185]

---

[179]Vgl. Renger (1994), S. 74.
[180]Hafez (2002), Bd. 1, S. 164.
[181]Ebd., S. 163 f.
[182]Journalisten sind in der grenzüberschreitenden Kommunikation unentbehrlich, denn im Unterschied zur interpersonalen Kommunikation findet die vermittelnde Kulturkommunikation notgedrungen durch die Massenmedien statt. Vgl. ebd., S. 168.
[183]Ebd., S. 167 f.
[184]Hall grenzt sich vom traditionell linearen Kommunikationsmodell mit den Komponenten Sender-Nachricht-Empfänger ab. Für ihn ist Massenkommunikation kein „transparenter Prozeß [...], in dem stabile Bedeutungen von einem Sender zum Empfänger transportiert werden.“ Winter, Rainer: Cultural Studies als kritische Medienanalyse: Vom „encoding/decoding“-Modell zur Diskursanalyse. In: Hepp, Andreas und Rainer Winter: Kultur – Medien – Macht. Cultural Studies und Medienanalyse. Wiesbaden 1999, S. 51.
[185]„Zuerst muss das Ereignis zu einer Geschichte werden, bevor es zum kommunikativen Ereignis werden kann.“ Bei dem Kodierungsprozess werden Nachrichten zu „[...] Repräsentanten von Realität, kodiert in Botschaften und Bedeutungen“. Vgl. Hall, Stuart : Kodieren/Dekodieren. In: Adelmann, Ralf u. a. (Hg.): Grundlagentexte zur Fernsehwissenschaft. Theorie – Geschichte – Analyse. Konstanz 2001, S. 107 f.

Hafez erweitert nun Halls Unterscheidung zwischen Journalisten-Kodierer und Mediennutzer-Dekodierer, indem er sagt, dass auch Journalisten bei der Interpretation ihrer Quellen eine Zeichen-Dekodierung vornehmen und anschließend eine Re-Kodierung bereits kodierter Zeichen vornehmen. *„Die Anerkennung der Dekodierungs-Enkodierungs-Multifunktion von Journalisten ist insofern bedeutsam, als Journalisten in der Regel nur einen Teil ihrer Dekodierungen textuell enkodieren.“*[186] Die Kodierung von Kultursymbolen der Medien entspricht dabei der „Kanalisierung der strukturellen Polysemie“.[187] Bei der Kodierung der Bedeutungszuordnungen oder –interpretationen sind die Fernsehanstalten bemüht, die Nachricht so zu kodieren, dass sie ein Mindestmaß an Bedeutungsübereinstimmung sichern. Die Journalisten orientieren sich dabei zum einen an den vorgegebenen Konsens der Rezipienten und zum anderen müssen sie sich an die „professionellen Kodierungen“ der Medien anpassen, sprich an die Nachrichtenfaktoren.[188] Diese „präferierten Bedeutungen“[189] resultieren oftmals aus Stereotypen und setzen Gleichheits- bzw. Ungleichheitsbeziehung zwischen Kulturen voraus, die im Widerspruch zu anti-essentialistischen Kulturdefinitionen stehen.[190] Der Journalist kann dieser Tendenz alternative Deutungsangebote (Polykodierungen) entgegenstellen. Im massenmedialen Prozess der Bedeutungsverhandlung fungiert er als „Sinn-Übersetzer“[191] zwischen verschiedenen Kulturen. Dabei ist es von Bedeutung, ob Journalisten essentialistische[192] oder synkretistische[193] Deutungskonzepte von Kultur verwenden.[194] Je

---

[186]Hafez (2002), Bd. 1, S. 165; die „professional codes“, wie die Nachrichtenfaktoren, werden von Hall mit journalistischen Kodierungen insgesamt gleichgesetzt, ohne dabei zwischen dem latenten Wissen der Journalisten und dem eigentlichen Kodierungsvorgang zu unterscheiden.

[187] Hafez (2002), Bd. 1, S. 169; Polysemie bedeutet nach Hall die Bedeutungsvielfalt kultureller Zeichen.

[188]Vgl. ebd. und vgl. Kapitel 3.

[189]Vgl. Hafez (2002), Bd. 1, S. 169.

[190]Vgl. ebd., S. 163.

[191]Vgl. ebd, S. 1.

[192]Essentialisierung versteht Kulturen als geschlossene Sinnsysteme. Essentialistische Kulturkonzepte zwischen Kulturräumen führen entweder zu Konflikten zwischen inkompatiblen Kulturen (wie Huntingtons These der „Clash of Civilazations“) oder führen im Rahmen des Interkulturalismus zu einer Kommunikation verschiedenartiger Kulturen. Vgl. Hafez (2002), Bd. 1, S. 166 f.

[193]Anit-essentialistisch im Gegensatz zu Huntington argumentieren z. B. Autoren der *postcolonial studies* wie Homi Bhabha, der für ein Konzept der „kulturellen Übersetzung“ (cultural translation) einsteht, um durch einen adäquaten Bedeutungstransfer zu einer Stärkung der synkretistischen Kulturkonzepte in öffentlichen Diskursen zu gelangen. Vgl. ebd., S. 167.

[194]Ob der Journalist bei seiner Berichterstattung essentialistisch oder synkretistische Kulturkonzepte zugrunde legt, hängt wiederum von seiner Sozialisation und seinem Weltbild ab. Vgl. ebd., S. 168.

nachdem also, wie der Journalist die Beziehungen zwischen den Kulturen definiert, hat dies gesellschaftliche und politische Auswirkungen. Entweder tendieren Journalisten dazu, die Unterschiede zwischen Kulturen hervorzuheben (Kulturkonflikt, Interkulturalität) oder die Bedeutungsähnlichkeiten der Kulturen ungeachtet der Unterschiede auf der Symbolebene zu betonen (Transkulturalität, Globalkultur).[195] Die Verwendung synkretistischer Kulturkonzepte eröffnet Möglichkeiten der Übersetzung im Sinne des Transkulturalismus[196] und berücksichtigt die historischen Wandlungsprozesse von Kulturen, die im Gegensatz zum essentialistischen, interkulturellen Kulturbegriff, nicht statisch, sondern dynamisch sind.

Der Auslandsberichterstatter in seiner Stellung als „Sinn-Übersetzer" zwischen den Kulturen gibt also vor, dass er kulturelle Zeichen interpretieren und vermitteln kann, wobei er das tatsächliche Maß an Bedeutungsübereinstimmung nicht unbedingt wissen muss. *„[...].er entwickelt Annahmen über die Bedeutung eines Zeichens für andere Akteure [...].“*[197] Durch Fehleinschätzungen hinsichtlich des angenommenen *„Grads der Übereinstimmung [...].zwischen ihren En-/Dekodierungsleistungen und denen der Kommunikationspartner in anderen Kulturräumen [...]“*[198] können im Bereich der medialen Kulturkommunikation Deutungsdifferenzen auftreten und somit zu inadäquaten Realitätsinterpretationen führen.[199] Die Mittlerstellung im Prozess der kulturellen Bedeutungsverhandlung kann enorme Medienwirkung entfalten, die bis zur Auslösung oder Vertiefung internationaler Kulturkonflikte reichen kann.[200] Auf die

---

[195]Vgl. ebd., S. 166.

[196]Menschen, die z. B. aufgrund der postkolonialen Migration zu „Kulturen der Hybridität" gehören, erhalten starke Bindungen zu den Orten ihrer Herkunft und den Traditionen, jedoch ohne sich einfach zu assimilieren oder in der Homogenisierung zu verschwinden. „Sie mussten lernen, mindestens zwei Identitäten anzunehmen, zwei kulturelle Sprachen zu sprechen, um zwischen ihnen zu übersetzten und zu vermitteln." Hall (2002), S. 218 f. Der Gedanke der Hybridität wird als Vorschlag für die Auslandsberichterstattung in Kapitel 8 noch einmal aufgegriffen.

[197]Hafez (2002), Bd. 1, S. 171.

[198]Hafez bezieht sich hier auf das Koorientierungsmodell von Chaffee und McLeod. Vgl. ebd., S. 171 f.

[199]Vgl. ebd., S. 172.

[200]Man denke an die Interpretation von Bürgerkriegen als „ethnische Konflikte", die oftmals mit kulturellen Differenzen erklärt wurden, ohne zu berücksichtigen, dass unterschiedliche Kulturen und Religionen meist schon lange friedlich koexistiert haben und bestimmte soziale oder politische Veränderungen in der Regel solchen Bürgerkriegen vorangegangen sind. Die Interpretationsmuster für lokale und globale Konflikte haben sich nach Zusammenbruch des Ost-West-Konflikts geändert. Nicht mehr das alte Freund-Feind-Modell wird als Erklärungsmodell herangezogen, sondern das „ethnische" oder „religiös" fundierte Krisenmodell. Die westliche Berichterstattung neigt dazu, Kultur und Religion auf der einen Seite mit der Funktionalisierung von

Rolle von Medien in Krisen und Konflikten wird am Ende des ersten Teils noch eingegangen werden.

Das nächste Kapitel versteht sich einerseits als Zusammenfassung der wesentlichen Kritikpunkte bisheriger Studien, andererseits dienen die genannten Aspekte als Kriterien für die Analyse im zweiten Teil der Arbeit. Es werden die universellen Nachrichten- und Strukturmerkmale der Auslandsberichterstattung als „professionelle Kodierungen" vorgestellt. In Kapitel 4 wird dann deren kulturelle und historische Verankerung untersucht, die bei der Wahrnehmung und Vermittlung des Fremden eine Rolle spielt.

3. Faktoren der Nachrichtenselektion und Strukturmerkmale der „Dritten-Welt-Berichterstattung"

> *„Die Zuschauer glauben, einen Überblick über das zu erhalten, was auf der Welt geschieht. Irrtum: Sie erfahren das, was man für sie ausgewählt hat. Das, was die Fernsehwelt in Szene setzt. Es gibt vielleicht Dutzende andere Ereignisse, die wichtiger sind. Von denen erfährt der Zuschauer nichts. Was das Fernsehen bringt, ist Ereignis. Was das Fernsehen nicht bringt, gibt es nicht. Wo das Fernsehen filmt, wird gehungert. Wo es kein Fernsehen gibt, gibt es keine Hungersnot."*[201]

Die Informationsfunktion als öffentliche Aufgabe der Massenmedien verpflichtet sie zu einer möglichst umfassenden, aktuellen und vollständigen Berichterstattung.[202] Diese Forderungen stehen notgedrungen im Konflikt mit dem medieninhärenten Zwang zur Auswahl bestimmter Ereignisse. Medienberichterstattung bedeutet daher auch immer eine Reduktion von Vielfalt. Im Folgenden geht es um jene

---

Kultur und Religion durch politische Interessen und deren kultureller Abgrenzungspropaganda und Identitätsideologie auf der anderen Seite zu verwechseln. Dieser Paradigmenwechsel hat im Medium Fernsehen die Simplifizierung und Reduktion auf möglichst einfache und scheinbar plausible Ursachen bewirkt, die einfacher zu vermitteln sind als komplexe politisch-soziale Analysen. Problematisch ist, dass das ethnische Erklärungsmuster Ursachen mehr ver- als aufdeckt und nicht zuletzt auf einer „rassenbiologischen Weltsicht" beruht. Vgl. Hafez (2002), Bd. 1, S. 168/169; vgl. auch die Kapitel „Politischer Umgang mit fremden Kulturen – Kampf der Kulturen versus Multikulturalismus" und „Das Beispiel Ruanda – ein ethnischer Krieg?" in: Kretschmar (2002), S. 85 f., vgl. auch Hörburger, Christian: „Ethnisches Krisenmodell" in: Das Fernsehalphabet, zusammengestellt vom Institut für Friedenspädagogik Tübingen e. V., siehe www.friedenspaedagogik.de/themen/medien/fernseh2.htm, (15.04.2004).

[201] Hug, Heiner: Wir, die Geier. Das knallharte Geschäft mit den Fernseh-News. Zürich 1998, S. 11.

[202] Vgl. Kapitel 2.4.1.

Selektionskriterien, die im Zusammenhang mit der Auslands- und „Dritte-Welt-Berichterstattung“ von Bedeutung sind.[203] Vor dem Hintergrund der internationalen Diskussion um eine Neue Weltinformationsordnung[204] versuchte die europäische Nachrichtenwertforschung[205] die Ursachen für die Verzerrung im Nachrichtenfluss herauszufinden. Diese sah Östgaard in verschiedenen Kriterien der Nachrichtenselektion und –bearbeitung, die er als „Simplifikation“, „Identifikation“ und „Sensationalismus“ zusammenfasste. In Bezug auf die „Dritte-Welt-Berichterstattung“ leitete er Hypothesen ab, wonach die Medien dazu tendieren, den Status quo aufrechtzuerhalten, Führungspersönlichkeiten von Großmächten übertrieben viel Bedeutung beizumessen, die Welt konflikthaltiger darzustellen, Gewalt anstatt friedliche Lösungen zu propagieren sowie die Teilung der Welt in Nationen mit niedrigem und hohem Status aufrechtzuerhalten bzw. zu verstärken.[206] Zahlreiche Untersuchungen und Analysen, die diese Tendenzen und Faktoren in der Auslands- bzw. „Dritte-Welt-Berichterstattung“, wie sie auch der MacBride-Bericht feststellte[207], empirisch nachgewiesen haben, lassen sich folgendermaßen zusammenfassen:

> *„Diese punktuelle Erfassung von Ereignissen und Sachverhalten aus einer interessen- und journalismusspezifischen Sichtweise ist Folge und Ursache zugleich, dass eine Medienrealität geschaffen wird, die sich durch Ethnozentrismus, Exotismus, Simplifizierung, Stereotypisierung, Negativität und Eliteausrichtung auszeichnet.“*[208]

---

[203]Zur Diskussion der Merkmale, die Ereignisse allgemein aufweisen müssen, um mediale Berücksichtigung zu finden vgl. z. B. Staab, Joachim Friedrich: Nachrichtenwert-Theorie. Freiburg, München u.a.; 1990.

[204]Vgl. Kapitel 2.1.

[205]Die Nachrichtenwertforschung begreift Nachrichten nicht als Ausdruck einer immanenten Beschaffenheit der Nachricht („Kausalmodell), sondern als individuelle und politisch Ausrichtung der Journalisten. Die quantitativ-inhaltsanalytische europäische Forschungstradition gilt als theoretisch komplex, medienkritisch und kommunikationspolitisch motiviert, im Gegensatz zu der amerikanischen Nachrichtenwert-Theorie („news value“-Theorie nach Walter Lippmann), die meist lediglich auf das Erkenntnisinteresse seitens des Kommunikators ausgerichtet ist, d. h. die Selektion mit dem Ziel, das Produkt Nachricht an den Konsumenten zu verkaufen. Nach dieser nach marktwirtschaftlich funktionierender Logik im Mediensystem muss dies zwangsläufig zu ökonomischen Auswahlentscheidungen führen. Vgl. Schludermann, Walter: Im Süden nichts Neues. Anmerkungen zum Kontext der Dritte-Welt-Berichterstattung. In: *Medien Impulse. Beiträge zur Medienpädagogik*. Heft 26. 1998, S. 31 – 33.
und Staab (1990), S. 56 f und Hafez (2002), Bd. 1, S. 68.

[206]Vgl. Schulz (1976), S. 15.

[207]Vgl. Kapitel 2.1.

[208]Meier (1984), S. 116.

Diese wiederkehrenden und als universell zu bezeichnenden Strukturmerkmale sollen im Folgenden etwas genauer dargestellt werden, da sie in der anschließenden Untersuchung als Kriterien zur Analyse herangezogen werden.[209] Dabei werden zunächst die deskriptiven Merkmale und anschließend einige wertende Aspekte genannt, die die Präsentation und Kommentierung der Dritten-Welt-Berichterstattung betreffen, häufig charakterisiert durch exotische Darstellungsformen, Ethnozentrismus und Eurozentrismus.[210]

3.1 Regionalismus / Metropolenorientierung

Der Nachrichtenfaktor „Nähe" ist ein entscheidendes Kriterium für die Auslandsberichterstattung. Es scheint, dass die Menschen im Zuge der unübersichtlichen Globalisierung offenbar eher den Wunsch nach Überschaubarkeit haben und sich ins Regionale flüchten.[211] Neben dem räumlichen Bezug ist auch die politische und soziokulturelle Nähe gemeint.[212] Um Rezipienten für internationale Vorgänge zu interessieren wird häufig versucht, ausländische Ereignisse zu domestizieren, indem sie aus einer nationalen Perspektive betrachtet werden.[213] Schon allein aufgrund der geopolitischen Situation Deutschlands müsse die Auslandsberichterstattung die Darstellung anderer Länder mit den wirtschaftlichen und politischen Interessen der Bundesrepublik verknüpfen, konstatierte Appel, ehemaliger Chefredakteur des ZDF:

> *„Mit der Aufwärtsentwicklung unseres Außenhandels, der wachsenden Abhängigkeiten [...] stieg außerdem das Interesse an Kenntnissen über die politischen und gesellschaftlichen Strukturen und Entwicklungen unserer Handelspartnerländer. Schließlich verlangt unsere geopolitische Lage - die Grenzposition zum kommunistischen System, die militärische Sicherheit und nicht zuletzt unser Eingebundensein in die europäische Gemeinschaft -, unsere Augen geöffnet zu halten und über Entwicklungen in den europäischen Ländern und anderen Kontinenten informiert zu bleiben."*[214]

---

[209]Hafez hat die verschiedenen Studien untersucht, wobei er sich insbesondere auf die „Foreign News"-Studie von 1980 im Auftrag der UNESCO bezieht und dabei die wesentlichen Strukturmerkmale herausstellt. Vgl. Hafez (2002), Bd. 1, S. 56 f.

[210]Vgl. Wilke, Renate zit. nach Cippitelli (2003), S. 24.

[211]Vgl. Kretzschmar, (2002), S.146-147. Sonja Kretzschmar vermutet, dass die Entwicklung des Zuschauerrückgangs für außenpolitische Hintergrundsendungen damit zusammenhängt.

[212]Görke, Alexander; Kollbeck, Johannes: (Welt-)Gesellschaft und Mediensystem: Zur Funktion und Evolution internationaler Medienkommunikation. In: Meckel, Miriam; Kriener, Markus (Hg.): Internationale Kommunikation. Opladen 1996, S. 273, vgl. auch Nachrichtenfaktorenkatalog nach Schulz in Hafez (2002), Bd. 1, S. 68-70: Nachrichtenfaktor „räumliche Nähe, „politische Nähe", „kulturelle Nähe" und „Relevanz".

[213]Vgl. auch Merkmal „Ethnozentrismus" Abschnitt 3.8.

[214]Appel zit. nach: Zimmermann (1996), S. 149 f.

Aus einer von Hafez ermittelten Rangfolge[215] über die Beachtung von Weltregionen in der Auslandsberichterstattung geht hervor, dass Westeuropa und die USA in den Mediensystemen der Welt mehr Beachtung finden als Asien, Afrika und Lateinamerika, obwohl diese die meisten Einwohner, die meisten Staaten und die größten geographischen Flächen besitzen.[216] Ereignisse aus „Dritte-Welt-Ländern" werden überwiegend nur dann medial erfasst, wenn Interessen wichtiger Zentrumsnationen tangiert werden.[217] Zugleich geht die Entwicklung des Regionalismus in den Medien mit einer hohen Konzentration auf Städte einher, die als „Metropolenorientierung" bezeichnet wird.[218] Diese Metropolenorientierung wird durch eine Reihe von Faktoren verursacht, wie z. B. die politische und wirtschaftliche Vormachtstellung Westeuropas und der USA, ehemalige Kolonien, etc.[219]

3.2 Konfliktperspektive

Die Berichterstattungsinhalte aus der „Dritten Welt" sind insbesondere durch den Faktor Negativismus geprägt.[220] Die Konfliktperspektive ist das wohl am häufigsten in der Fachliteratur erwähnte Strukturmerkmal der Auslandsberichterstattung. Das liegt zum einen daran, dass Kriege und Konflikte generell einen besonders hohen Nachrichtenwert besitzen.[221] *'Die Konflikthaftigkeit eines Geschehens ist demzufolge ein wesentlicher Faktor zur Überwindung der Nachrichtenschwelle.'*[222] Zum anderen lassen sich

---

[215]Ermittelt nach den Ergebnissen der Foreign-News-Studie der UNESCO (1980).

[216]Eine Ausnahme bildet dabei der Nahe und der Mittlere Osten, der nach der "Foreign News"-Studie Rang 2 (nach Westeuropa) in den 29 untersuchten Mediensystemen der Welt einnimmt. Gefolgt von Nordamerika, Asien, Afrika, Osteuropa, Lateinamerika und anderen übergeordneten internationalen Fragen ohne regionale Zuordnung. Vgl. Hafez (2002), Bd.1, S. 58.

[217]Vgl. Meier (1984), S. 116.

[218]Vgl. Hafez (2002), Bd. 1, S. 58.

[219]Welche Faktoren im einzelnen dafür verantwortlich sind, dass beispielsweise Asien trotz seiner enormen Bevölkerungszahlen und geographischen Ausdehnung lediglich eine mittlere Position in der Gesamt-Rangordnung einnimmt oder Lateinamerika medial isoliert ist, lässt sich nur durch thematisch aufgeschlüsselte empirische Untersuchungen nachweisen. Vgl. Hafez (2002), Bd. 2, S. 59.

[220]Vgl. Kamps (1998), S. 23.

[221]Nachrichtenfaktor Unmittelbarkeit: Ungewöhnliches, Überraschendes, Sensationelles. Vgl. Löffelholz (1993), S. 18; vgl. auch Nachrichtenfaktorenkatalog nach Schulz in Hafez (2002), Bd. 1, S. 68-70.

[222]Hafez (2002), Bd. 1, S. 60 f., vgl. auch Löffelholz (1993), S. 19: Ob ein Krieg als berichtenswert eingestuft wird, hängt u. a. ab vom Grad der Betroffenheit, der Beteiligung von Elite-Nationen, die Möglichkeit der Anschlusskommunikation im Inland, dem Grad der Überraschung, der kultu-

solche Themen gut in den Medien präsentieren: *„Kriegsbezogene Handlungen werden dabei ganz selbstverständlich zu Nachrichten, weil sie inhärent große Dynamik besitzen, die die Nachrichtenmedien – in ihrer Funktion als ‚Geschichtenerzähler' – höchst wirkungsvoll präsentieren können.'*[223] Der Begriff "Konflikt" wird dabei nicht eindeutig definiert; es kann sich hierbei sowohl um offene Aggressionen und Kriege handeln, als auch um politische und soziale Krisen und Konflikte sowie um natürliche wie menschlich verursachte Katastrophen. Problematisch dabei ist, *"dass es dabei weniger die absolute Häufigkeit negativer Berichte (ist), sondern die relative Unterrepräsentiertheit positiver Berichte in der Auslandsberichterstattung (insbesondere über die Entwicklungsländer) [...].'*[224] Andere Lebensbereiche werden dabei "unsichtbar", d. h. werden in der Auslandsberichterstattung kaum berücksichtigt. Man kann jedoch davon ausgehen, *"dass die gesellschaftliche Realität eines jeden Landes komplex genug ist, um nicht ausschließlich oder ganz überwiegend aus Negativereignissen zu bestehen.'*[225] Gerade in der weiten Begriffsdefinition ist davon auszugehen, dass Konflikte in allen Ländern in der einen oder anderen Form existieren und sich somit in einer ähnlichen Gesamtbilanz von positiver, negativer und neutraler Berichterstattung niederschlagen müssten.[226] Folge der selektiven Orientierung an insbesondere kurzfristig aufgetretenen Ereignissen ist oftmals die Vernachlässigung der den bewaffneten Konflikten vorangehenden Auseinandersetzun-

---

rellen, politischen und ökonomischen Distanz, der Möglichkeit zur Personalisierung und ausreichend vorhandenes Bildmaterial.

[223]Vincent, C. Richard/Galtung, Johan: Krisenkommunikation morgen. Zehn Vorschläge für eine andere Kriegsberichterstattung, in: Löffelholz Martin (Hg.): Krieg als Medienereignis: Grundlagen und Perspektiven der Krisenkommunikation. Opladen 1993, S. 178.

[224]Hafez (2002), Bd. 1, S. 61.

[225]Vgl. ebd., S. 62 f.; ein Wert von mehr 50% an Negativereignissen eines bestimmten Landes wäre demnach eine mediale Konfliktperspektive. Hafez weist darauf hin, dass sich bei der Frage der Konfliktperspektive „Negativismus" mit Hilfe von Ereignisvalenzen, Wortfeldern (Kriege, Terrorakte usw.) und anderen Methoden für jedes einzelne Land quantitativ bestimmen" lassen.

[226]Allerdings lasse sich diese Dreiteilung der Valenzen nicht immer beweisen, da sich „Realität" nicht durch jeweils ein Drittel negative, neutrale und positive Ereignisse beschreiben lässt. Als sinnvoller habe sich jedoch der Vergleich der Berichterstattung über verschiedene Länder erwiesen. Konfliktlastige Medienberichterstattung wäre demnach, wenn z. B. über Entwicklungsländer negativer berichtet wird als über Industrieländer, was viele Untersuchungen auch belegen. Dabei kommt es vor allem auf die Definition des Konfliktbegriffes an. Die vergleichende Friedens- und Konfliktforschung belegt, dass der Anteil an Naturkatastrophen, Kriege und politischer Gewalt in den Entwicklungsländern tatsächlich höher ist als in westlichen Industriestaaten. Wo der Konfliktbegriff sich allerdings auf reguläre Formen der Gewalt, wie etwa die allgemeine Kriminalität oder gewaltfreie Konflikte in politischen, sozialen oder kulturellen Bereichen, ausdehnt, lässt sich der komparative Ansatz nicht mehr so ganz aufrechterhalten. Von einer Konfliktperspektive wäre dann zu sprechen, wenn bei bestimmten Ländern Negativismus stärker ausgeprägt wäre als bei anderen Ländern. Vgl. ebd., S. 63.

gen auf diplomatischer Ebene.[227] Soziologisch orientierte Studien weisen allerdings auch nach, dass die Berichterstattung über Entwicklungsländer nicht in jedem Fall negative Züge aufweist. Demnach hänge dies vor allem von dem ökonomischen Status des Landes sowie den bündnispolitischen Beziehungen ab.[228]

3.3 Politikzentrierung

Handlungen politischer Akteure und Systeme stellen einen großen Teil der Informationsvermittlung dar.[229] Begünstigt wird die Politikzentrierung in den Medien von mehreren Faktoren: Zum einen werden Politik und ihre Akteure von der Medienberichterstattung als primäre gesellschaftliche Triebkräfte betrachtet; das allgemeine Interesse bei politischen Ereignissen ist somit gesichert. Die strategische Öffentlichkeitsarbeit politischer Institutionen erleichtert außerdem die Informationsbeschaffung im Ausland. Hafez formuliert die Hypothese, dass die Negativberichterstattung und Konfliktperspektive häufig nicht einfach gegebene Phänomene sind, sondern Folge der Politikzentrierung der Medien. Wird die Politikgestaltung eines Landes von der Medienberichterstattung fokussiert, hat dies zwangsläufig ein negativeres Auslandsbild zur Folge als eine kulturell oder sozial akzentuierte Berichterstattung.[230]

3.4 Elitenzentrierung

Die Auslandsberichterstattung tendiert zur Konzentration auf offizielle Eliten oder Gegeneliten, während soziale Bewegungen und die Bevölkerung vernachlässigt werden.[231] Die Kombination aus Politik- und Elitenzentrierung ergibt zudem eine

---

[227]Vgl. Ruhrmann, Georg: Ist Aktualität noch Aktuell? Journalistische Selektivität und ihre Folgen. In: Löffelholz, Martin (Hg.): Krieg als Medienereignis: Grundlagen und Perspektiven der Krisenkommunikation. Opladen 1993, S. 84; vgl. auch Kapitel 5.
[228]Vgl. Wilke (1987), S. 29.
[229]Vgl. z. B. Hafez (2002), Bd. 1, S. 63.
[230]Eine Dominanz des Politikbereiches von mehr als 50% der Auslandsberichterstattung kann als mediale Politikzentrierung betrachtet werden. Vgl. Hafez (2002), Bd. 1, S. 63 f.
[231]In diesem Zusammenhang betont Hafez den Einfluss, den die zivilgesellschaftliche Auslandsberichterstattung der Industrienationen auf die Entwicklung der Zivilbevölkerung insbesondere in der außereuropäischen Welt haben kann. Er weist darauf hin, "dass aus der Sicht des Konzepts der "Einbahnstrasse" des globalen Informationsflusses des MacBride-Berichts die politische Marginalisierung von Bevölkerungsmehrheiten nicht nur die Ursache, sondern auch die Folge ihrer Unterrepräsentiertheit in den westlichen Nachrichtenagenturen und Massenmedien ist, da entsprechende Auslandsbilder in die Entwicklungsländer zurückwirken und auf diese Weise zu

Konzentration auf politische Eliten, die zugleich oftmals mit Unterhaltungscharakter und personalisierter Darstellung einhergeht. Laut Hafez sei jedoch beides differenziert zu betrachten: Während das eine die Konzentration auf Macht, Ressourcen usw. (Elitenkonzentration) beschreibt, bezieht sich das andere auf die Konzentration von Individuen (Personen). Beiden Strukturmerkmalen gemeinsam ist die Marginalisierung von Massenphänomenen und sozialen Gruppen. Für Eliten reicht meist etwas Klatsch, um in die Nachrichten zu kommen. Daher weist solch personalisierte Darstellung häufig „*soft news*-Charakter" auf. Für gewöhnliche Leute armer Länder muss es sich dagegen um etwas in der Größenordnung einer Katastrophe handeln. Je größer also die kulturelle Distanz zu dem Berichtsland, desto größer die Tendenz, nur über Elite-Personen zu berichten. Je niedriger der Status der Akteure, desto negativer das Ereignis; je größer die Entfernung des Ereignisses, desto stärker wird dessen Bedeutung für den Rezipienten hervorgehoben.[232]

3.5 Personalisierung

Die Vereinfachung von personalisierten Ereignissen kann als dramaturgisches Mittel durchaus sinnvoll sein. Dadurch lassen sich Geschehnisse besser erzählen, sind leichter zu visualisieren und ermöglichen Mitgefühl und Identifikation. Andererseits besteht auch das Risiko der Abstumpfung.[233] Problematisch ist die Personalisierung von Problemen, wenn die tatsächlichen Ursachen und Wirkungen eines Ereignisses verdeckt werden und wichtige politische Ereignisse und komplexe Sachverhalte zu nichtssagenden human-interest-Geschichten[234] „verflachen" und die Ritualisierung von optischen Machtsignalen zu zentralen ikonographischen Botschaften werden.[235] Besonders in Verbindung mit Elitenzentrierung können personalisierte Medienberichte über außerpolitische Konflikte leicht in rassistische Stereotypisierung

---

einer systemaffirmativen und demokratiefeindlichen Stabilisierung der herrschenden Eliten beitragen können." Vgl. ebd., S. 65.

[232]Vgl. Galtung, Johann: Friedensjournalismus: Was, warum, wer, wie, wann, wo? S. In: Kempf, Wilhelm/Schmidt-Regener, Irena (Hg.): Krieg, Nationalismus, Rassismus und die Medien. Münster 1998, S. 12; vgl. auch Staab (1990), S. 62 f.

[233]So falle es immer schwerer, „Bilder aus Afrika an Magazine zu verkaufen, Rolex beschwere sich, wenn neben der Luxusuhr Hungernde zu sehen seien, und die Leser seien's ohnehin Leid." Der *SZ*-Autor Alex Rühle zit. nach: Behmer (2003), S. 359.

[234]Vgl. Hafez (2002), Bd. 1, S. 64.

[235]Gerade bei der Darstellung eher abstrakter Sachverhalte der Politik wird der Kommentar häufig auf Bilder von sich vor Kameras händeschüttelnder Staatsoberhäupter oder auf das Vorfahren von Limousinen gesprochen. Die Bilder hätten ohne Text so gut wie keinen Aussagewert.

ganzer Nationen übergehen.[236] Darüber hinaus führen Krisen, Kriege und Konflikte, vermittelt aus dem Blickwinkel von Politkern, Generälen und Wirtschaftseliten, das Prinzip von Führern und Geführten unhinterfragt fort und klammern soziale Hintergründe aus.[237]

3.6 Dekontextualisierung

Ein weiteres Strukturmerkmal, dass häufig in der Auslandsberichterstattung kritisiert wird, ist die Folge der ereigniszentrierten Nachrichtendefinition. Die Auswahl der Themen nach den Kriterien der Aktualität führt dazu, dass die Bilder zu einem großen Teil aus Sensationen, Krisen, Kriegen und Katastrophen bestehen, was wiederum zu verzerrter Darstellung dieser Länder führt. Der Zwang des Live-Charakters und der Schnelligkeit vernachlässigt den Aspekt der Nachhaltigkeit und das Aufzeigen von Hintergründen sowie die Beobachtung langfristiger struktureller Entwicklungen. Angesichts der disparaten Informationsflut wird der Zuschauer häufig eher desorientiert als informiert. Er erhält den Eindruck, dass die Dritte Welt aus einer Ansammlung von Krisenherden besteht. Neudeck kritisierte diesen Hang zu spektakulären Ereignissen folgendermaßen:

> *"Erst der Kanonenkugel-Knall – der Auftakt der Revolte, der Ausbruch der Hungersnot oder der Überschwemmungskatastrophe – lässt Plätze in den aktuellen und mittelfristigen Sendungen freiwerden, erst die Katastrophe und die Sensation sind attraktiv genug für einen Film. Bloß keine Analysen und analytischen Stücke, sondern spannende Geschichten."*[238]

Mit Dekontextualisierung ist "die Vernachlässigung von politischen, ökonomischen, sozialen und kulturellen Ursache-Wirkungs-Zusammenhängen"[239] gemeint. Diese Kontextdefizite sind eng mit der Elitenzentrierung und Personalisierung verbunden und projizieren häufig komplexe internationale Vorgänge auf einige zentrale Akteure, deren politischer und sozialer Aussagewert im Verhältnis zum eigentli-

---

[236]Beispielsweise wurden im jugoslawischen Bürgerkrieg nicht nur Milosevic als mörderisch portraitiert, sondern auch die Serben als Nation entmenschlicht und dämonisiert. Versteckter Rassismus kann auch bei der Kameraführung auszumachen sein, wenn z. B. die Gesichter von „schwarzen" Soldaten in verzerrter Großaufnahme gezeigt werden und die Text-Bild-Schere diese als unberechenbare Bandenkrieger demontiert. Vgl. Hörburger, Christian: „Exotismus", in: Das Fernsehalphabet, zusammengestellt vom Institut für Friedenspädagogik Tübingen e. V., unter: http://www.friedenspaedagogik.de/themen/medien/fernseh2.htm (15.04.2004).

[237]Ebd.

[238]Neudeck (1977), S. 13.

[239]Vgl. Hafez (2002), Bd. 1, S. 65.

chen (politischen) Ereignis reduziert ist. Die „Nichtdarstellung von Strukturproblemen der internationalen Beziehungen“[240] hängt auch mit der Dekontextualisierung zusammen. Medienberichterstattung ist häufig ereignis- und weniger prozessorientiert; politische und ökonomische Strukturkonflikte in der Welt werden selten im Kontext der Beziehungen dargestellt, wie beispielsweise Zusammenhänge zwischen Fortschritt und Unterentwicklung zwischen Industrie- und Entwicklungsländern. Nach empirischen Untersuchungen sucht Auslandsberichterstattung in der Regel einen deutlichen geographischen Bezug oder die Beziehungen zwischen zwei Ländern.[241]

3.7 Exotismus

Fernsehen bietet mit standardisierten Bildern über fremde Länder und Kulturen plakative, einprägsame Images an, die leicht dekodiert werden können und nur oberflächlich informieren. Beiträge aus der „Dritten Welt“ sind zum Beispiel häufig durch pittoreske und exotische Bilder (Landschaften, Menschen, Tiere) gekennzeichnet. Die Herausstellung „exotischer“ Akzente ist laut Hörburger ein legitimer filmischer Ansatz, um andere Lebensarten und –weisen darzustellen. Problematisch ist, dass auch Klischees im Zeichen des Exotismus transportiert werden und zur Desavouierung von Menschen und Volksgruppen dienen.[242] Renate Wilke kritisiert das geringe Interesse an Alltags- und Entwicklungsproblemen und den großen Hang zur „Ästhetisierung des Elends“:

> *“[...]soziale und politische Zusammenhänge werden ästhetisiert, Elend wird zum exotischen Erlebnis, telegene Phänomene haben Vorrang vor unanschaulichen Analysen, es werden Impressionen statt Informationen vermittelt und Kuriositäten an Stelle konkreter Lebenszusammenhänge.’*[243]

---

[240]Ebd., S. 67.

[241]“Politologische oder kulturwissenschaftliche Raumordnungen - die „Erste“ und die „Dritte Welt“ oder „die islamische Welt“ und „Der Westen“ – sind analytische, zum Teil ideologisch geprägte Größen, die im Framing-Konzept eines geographisch lokalisierten Artikels in Erscheinung treten können, jedoch nur selten das Hauptthema eines Beitrags definieren.“ Vgl. ebd.

[242]Wie beispielsweise „der Schwarze“, der als bizarr-exotische Gattung vorgeführt wird oder auch der schamlose Kamerablick auf Leichenberge tragen diese „Spur des abnormen Exotismus.“ Vgl. Hörburger, Christian: „Exotismus“ in: Das Fernsehalphabet, zusammengestellt vom Institut für Friedenspädagogik Tübingen e. V.:
www.friedenspaedagogik.de/themen/medien/fernseh2.htm, (15.04.2004).

[243]Vgl. Wilke, Renate zit. nach Cippitelli, Claudia (2002), S. 24.

3.8 Ethnozentrismus/Eurozentrismus

Laut dem Medienwissenschaftler Peter Zimmermann sind Recherche und Aufbereitung der Nachrichten und Magazinbeiträge „zutiefst durchdrungen von den Absichten und Wertvorstellungen und Vorurteilen", der Berichterstatter.[244] Unter Ethnozentrismus[245] ist die *„Verabsolutierung der Werte und Normen der eigenen Kultur und Gesellschaft und der entsprechenden Abwertung der fremden"* zu verstehen.[246] Ethnozentrismus wird als eine Haltung verstanden, *„die die eigene Gruppe (‚Volksgruppe') als quasi-biologische Abstammungsgemeinschaft [...] betrachtet [...], die letztlich in einer inneren Verwandtschaft begründet"* ist.[247] Das heißt, dass die eigene Gruppe sich für das privilegierte und „auserwählte Volk" hält, dessen Wohlergehen zum einzigen Maßstab für das politische Denken und Handeln gemacht werden. Für die Auslandsberichterstattung bedeutet dies, dass „fremde" bzw. „entfernte" Länder meist nur beachtet werden, wenn sie mit den Interessen des eigenen Landes konsistent sind.[248]

Eurozentrismus ist "eine dem Ethnozentrismus eng verwandte ideologische Haltung", die den Ethnozentrismus der Gruppe auf die Gesellschaftsform eines ganzen Kontinents überträgt.[249] Die Auswahl und Produktion der Beiträge stammt von deutschen Journalisten. Die Ereignisse und Entwicklungen in den „Dritte-Welt-Ländern" werden also meist nach deutschen oder westeuropäischen Maßstäben beurteilt. Begriffe, die aus unserem Systemdenken stammen, wie Kapitalismus, Wachstum, Demokratie und Feiheit prägen unsere Vorstellungen, die wir als Vorbild zur Bewertungen anderer nehmen. Durch die unreflektierte Übertragung eurozentristischer Idealvorstellungen auf andere Kulturkreise kann es leicht passieren, dass wir fremde Werte herabmindern, wodurch oft auch die Abgrenzung zu den kulturfremden Nachbarn kenntlich gemacht wird. Dadurch werden soziokulturelle Werte und Normen durch die "abendländische Brille" betrachtet, was eine Fehl- oder Missinterpretation bei dem Rezipienten verursachen kann. Im Extremfall ver-

---

[244]Vgl. Zimmermann (1996), S.150 f. und vgl. auch Kapitel 4.2.

[245]Der Terminus Ethnozentismus wurde bereits 1907 von William Graham Sumner geprägt; vgl. Kunczik (1985), S. 22, und betont das ideologische Abgrenzungsbedürfnis sozialer Gruppen, vgl. Hafez (2002), Bd. 1, S. 42.

[246]Gizycki (1977), S. 141.

[247]Larcher, Dietmar: Minimundus Periculosus: Die Einübung von Ethnozentrismus, Nationalismus, Eurozentrismus und Rassismus im ganz alltäglichen Leben, in: Luger, Kurt, Renger, Rudi (Hg.): Dialog der Kulturen. Die multikulturelle Gesellschaft und die Medien. Wien 1994, S. 196.

[248]Vgl. Vaillant (1995), S. 8 und vgl. auch Abschnitt 3.1 zu Regionalismus.

[249]Vgl. Larcher (1994), S. 197.

steht man unter Eurozentrismus im weitesten Sinne *„[...] die häufig aus mangelnder Dialogbereitschaft entstehende Ablehnung des Fremden, die zu Rassismus führen kann."*[250] Dass diese Sichtweise im Extremfall zu Rassismus führen kann, bestätigt auch Rommelspacher, die Rassismus nicht als Diskriminierung der Rasse definiert, sondern als eine in einer Dominanzkultur angelegte Herabsetzung des Fremden, die unter anderem zur Verteidigung von Privilegien dient: *„Rassismus basiert auf der Herabsetzung von Menschen, indem ihnen qua Herkunft negative oder positive Eigenschaften zugeschrieben werden, die zugleich die eigenen Ideale von Schönheit, Tüchtigkeit, Intelligenz und die Überlegenheit der eigenen Lebensweise bestätigen."*[251]

Eine „Dritte-Welt-Berichterstattung" unter den aufgeführten Aspekten kann sicherlich keine Verständigung und keinen Dialog zwischen den verschiedenen Kulturen fördern. Anhand welcher Strukturmerkmale sich die Auslandsberichterstattung bei *Weltspiegel* und *auslandsjournal* orientiert, soll im zweiten Teil der Arbeit erfolgen. Zuvor werden in Kapitel 4 die stereotypen Vorstellungen und Bilder des „Fremden" in ihren Ursprüngen, Funktionen und Auswirkungen erklärt.

4. Die Wahrnehmung des „Anderen"

> *„Auf Bildschirm und Leinwand schrumpfen Kontinente zu Zerrbildern nach unseren Bedürfnissen und Projektionen, je nach Konjunktur und Politwende; sind sie zu Eigenschaften, Bildklischees, Symbolen und Metaphern verurteilt: Afrika steht für Hunger, Elend und Ohnmacht. Lateinamerika für geplante Ausbeutung und Unterdrückung von außen, für revolutionären Kampf [...]. Und Asien steht schließlich für Überbevölkerung, Spiritualismus und neuerdings [...] für wuchernden Konsumkannibalismus."*[252]

Die folgenden Kapitel beschäftigen sich mit dem Stellenwert der Auslandsberichterstattung für das Verständnis, den Austausch und die Kenntnis von „dem Anderen". Was bedeutet das „Dritte-Welt-Bild" für unsere Vorstellungen über das Fremde?[253] Bei dem Auslandsbild der Medien wird im Folgenden schwerpunktmä-

---

[250] Bertelsmann Lexikographisches Insitut (Hg.): Goldmann Lexikon, Band 7, München 1998, S. 2827.

[251] Rommelpacher, Birgit: Dominanzkultur. Texte zu Fremdheit und Macht. Berlin 1995, S. 39

[252] Heller, Peter: Hungersnot zum Abendbrot. Wo liegt die Dritte Welt? In: Ertel/Zimmermann (1996), S. 224.

[253] Fremd heißt soviel wie „von auswärts stammend, nicht heimisch, nicht zugehörig, unbekannt. Diese Urbedeutung bezeichnet die Differenz zwischen einer Herkunftsgemeinschaft und allem

ßig auf den Stereotypenbegriff eingegangen. Da sich im Extremfall aus Stereotypen Feindbilder entwickeln können, wird anschließend die Rolle des Journalismus in Krisen- und Konfliktzeiten erläutert. Bevor der zweite Teil mit der Inhaltsanalyse von *Weltspiegel* und *auslandsjournal* beginnt, soll der kulturhistorische Ursprung des Begriffs „Eurozentrismus" im Rahmen des postkolonialen Diskurses untersucht werden, denn Stereotypen und die zuvor beschriebenen Strukturmerkmale sind historisch und kulturell verankert.

Die Medien konstruieren vielfältige Bilder, wobei Journalisten in ihren medialen Darstellungen Wirklichkeit nie einfach abbilden, sondern in ihren Beobachtungen Wertungen, Erfahrungen und auch Erwartungen mit einfließen.[254] In der empirischen Kommunikations- und Medienforschung wird bezüglich des Mediendiskurses von der These ausgegangen, dass Medien sozialen Wandel nicht nur reflektieren, sondern auch beeinflussen, indem sie stereotype Vorstellungen verstärken und Einstellungen langfristig verändern. Das Bild, das sich der deutsche Fernsehzuschauer von anderen Kulturen macht – was sowohl die Art des Umgangs mit Fremden außerhalb als auch innerhalb der jeweiligen Staatsgrenzen betrifft – ist, in Verbindung mit der Politik, entscheidend von den Fernsehsendungen mitbestimmt. *„Das Medienbild auswärtiger Kulturen reflektiert auf die multikulturelle Gesellschaft.“*[255] Ein negatives Auslandsbild geht oft mit einer Marginalisierung von Minderheiten einher. Dieses kann über die Darstellung auswärtigen Geschehens und die innergesellschaftlicher Anschlussdiskurse entscheidend mitbestimmt werden.

> *„Medienkommunikation ist daher nicht allein geeignet, Kulturkontakte oder –konflikte auf globaler Ebene zu fördern, sondern es besteht auch eine potentielle Verbindung zwischen Auslandsberichterstattung, der multikulturellen Gesellschaft und ethnisch-religiösen Konflikten einer Gesellschaft.“*[256]

---

anderen, was nicht dazu gehört. Vgl. Pollmeier, Achim: Was heißt hier fremd? Lexikon: Das Objekt der Auslandsberichterstattung, in: Journalistik Journal, Jg. 5/Nr. 1, Frühjahr 2002, S. 41.

[254]Vgl. die individuellen und sozialen Einflüsse in Kapitel 2.4; vgl. auch Ruhrmann (1996), S.27; weiterführende Literatur zum Thema „Konstruktion von Wirklichkeit in den Massenmedien" vgl. Hafez (2002), Bd. 1, S. 15 f.

[255]Hafez, Kai: Auslandsberichterstattung und multikulturelle Gesellschaft. In: Nord-Süd-aktuell: Vierteljahreszeitschrift des deutschen Übersee-Instituts für Nord-Süd u. Süd-Süd-Entwicklung. Band 15, Heft 4, Hamburg 2001, S. 692.

[256]Hafez (2002), Bd. 1, S. 177.

Dabei kann die Berichterstattung einen Thematisierungs- und Entscheidungsdruck auf die Politik ausüben, die auch eine beschleunigte Handlungsreaktion der Politik zur Folge haben kann. *„[...] die Wirkungsmacht der Auslandsberichterstattung bei der öffentlichen Themengestaltung und der Schaffung von Themenbewusstsein ist empirisch in hohem Maße gesichert. Ohne den Einsatz der Medien ist ein öffentliches Themeninteresse für internationale Fragen kaum zu wecken.*"[257]

Welches Image[258] von dem „Anderen" wird uns aber nun vermittelt? Das mediale "Dritte-Welt-Bild" ist gekennzeichnet durch *„cruelty, crime, (self-inflicted) poverty, primitism, stupidity and ‚strange' or at best exotic behaviour.*"[259] Die Wahrnehmung und Vermittlung einer fremden Welt erfolgt durch eine *„Strategie der Erfassung des Fremden durch Angleichung an das Bekannte und durch Entgegensetzung zu ihm"*.[260] Dabei erscheint die Abgrenzung vom „Anderen" zunächst als Maßnahme zur Wahrung der eigenen Identität, was wiederum die Verabsolutierung individueller Wertmaßstäbe voraussetzt.[261] Wie im vorigen Kapitel gezeigt wurde, kann diese eurozentristische Betrachtungsweise in die Diskriminierung des „Anderen" übergehen. Der Begriff Rassismus impliziert somit die Ausschließung und/oder Stigmatisierung des „Anderen", wobei sich die eigene Gruppe als Gegenteil in der Repräsentation des Anderen spiegelt.[262] Diese aus dem Kolonialismus herrührende Einstellung ist im

---

[257]Ebd., S. 122; im Rahmen dieser Arbeit bzw. anhand der Inhaltsanalyse können keine Aussagen über Medienwirkung oder – nutzung getroffen werden, da die entsprechenden Wirkdaten fehlen. Man kann aber von einer gewissen „Wirkungspotenz" der Medien ausgehen, d. h. von der Auslandsberichterstattung kann man auf mögliche gesellschafts-politische Auswirkungen schließen. Bezüglich der Wirkungen der Medienberichterstattung auf die Gesellschaft besteht kein einheitlicher Konsens in der Kommunikationsforschung. Teils wird auf die Manipulationsfähigkeit der Medien, teils auf andere soziale Einflüsse verwiesen. Unumstritten ist hingegen der Einfluss der Medien auf den öffentlichen Diskurs und das *agenda setting*. Vgl. ebd., S. 22 und S. 109.

[258]Der Begriff Image bedeutet dabei generell erst einmal die Summe der Eigenschaften, die einem Objekt oder einer Person/Gruppe zugeschrieben werden und konstitutiv für die Vorstellung von Wirklichkeit gilt. Vgl. Hafez (2002), S. 36.

[259]van Dijk zit. nach Vaillaint (1995), S. 11, vgl. auch Kapitel 3.

[260]Vaillaint (1995), S. 29.

[261]Vgl. Albert (1991), S. 120.

[262]Larcher behauptet sogar, dass der rassistische Diskurs heute „getarnter" geführt wird, wobei das Wort „Rasse" durch das Wort „Kultur" ersetzt würde. Demnach argumentiere der als Kulturalismus getarnte moderne Rassismus mit der Unverträglichkeit der Kulturmischungen, der Überlegenheit der europäischen Kultur und der Reinhaltung des kulturellen Erbes. Der in diesem Zusammengang verwandte Kulturbegriff ist statisch und zelebriert „kulturelle Identität" als unveränderliches Erbe. Vgl. Larcher (1994), S. 201, 206.

Fernsehen, laut dem Institut für Friedenspädagogik, keineswegs überwunden[263] und Renate von Gizycki bemerkt, dass in der Auslandsberichterstattung keine dem technologischen Fortschritt entsprechende Entwicklungen journalistischer Beobachtungen zu erkennen seien:

> *„Die Fälle von krassem Kolonialismus sind seltener, die alten Vorurteile oft sublimer geworden, aber noch immer begegnen wir dem gleichen Sendungsbewusstsein; die Ideologien haben sich nur äußerlich verändert. So sprich man nicht mehr von der ‚Bürde des weißen Mannes', sondern vom Ideal westlicher Marktwirtschaft."*[264]

Die dargestellten Ereignisse der „Dritten Welt" erscheinen häufig auch als eine natürliche und schicksalhafte Dimension, die soziale und politische Hintergründe ausklammert. Dieser Mechanismus lässt Hungerkatastrophen als „unabwendbares Naturereignis" und die wirtschaftlichen Gesetze des Weltmarktes als „wie eine zweite Natur agierend" erscheinen.[265] Es entsteht der Eindruck von der Dritten Welt als eine entfesselte Natur, die die durch Kultur und Technik charakterisierten Zivilisationen der ersten Welt bedroht. *„Der Mangel an Distanz zur Natur bedeutet, bezogen auf das Verhältnis von Natur und Kultur, einen Mangel an Kultur."*[266] Dieses Bild charakterisiert folglich auch das Verhältnis zwischen „Dritte Welt" und Industrienationen, das sich ideologisch bis hin zum Feindbild entwickeln kann. Insofern hat die Abgrenzung gegenüber der Dritten Welt eine gemeinschaftsstiftende Wirkung, da sie gewissermaßen die Richtigkeit des eigenen Systems bestätigt. Scheinbar wird im Diskurs über den „Anderen" ein Konsens erzielt, der möglicherweise zum rassistischen Diskurs werden kann. Die Darstellung von „außersystematischem Chaos" der Dritten Welt in der Berichterstattung lassen z. B. auch innenpolitische Maßnahmen akzeptabel erscheinen:

> *„Die symbolische Ausgrenzung [...] und seine Charakterisierung als Bedrohung unserer Werte und Normen kann auch als Propagandamaßnahme gewertet werten, um [...] etwa eine Änderung*

---

[263] Hörburger, Christian: „Kolonialismus" in: Das Fernsehalphabet, zusammengestellt vom Institut für Friedenspädagogik Tübingen e.V.:
www.friedenspaedagogik.de/themen/medien/fernseh2.htm, (15.04.2004).
[264] Gizycki (1977), S. 136.
[265] Vaillaint (1995), S. 38.
[266] Ebd., S. 37.

des Asylrechts und die Schließung der Grenzen vorzubereiten, und als [...] notwendig für die Stabilität unserer Gesellschaft erscheinen zu lassen.'[267]

Je weniger das Andere oder auch das Fremde gezeigt und verständlich gemacht werden, umso eher wird zu fremdenfeindlichen Tendenzen beigetragen. Der Blick auf das Unbekannte birgt die Tendenz, die eigenen Wünsche oder Ängste in das Bild fremder Kulturen zu projizieren. Die Konstruktion von der „Dritten Welt" als eine Gegenwelt, die den Betroffenen selbst die Handlungsfähigkeit versagt und als Bedrohung unseres Systems dargestellt wird, erfordert aktives Eingreifen der Industrienationen, das ideologisch nicht selten als Akt der „Erlösung" oder „Kulturstiftung" inszeniert wird.[268] Die „Dritte-Welt-Berichterstattung" weist damit nicht selten eine extreme Differenz in der Wahrnehmungsweise zwischen „rückständiger" Dritter Welt – oder dem Fremden - und hochentwickelter Erster Welt – dem Bekannten – auf.

Im Folgenden soll auf einen wesentlichen Teilaspekt vom Auslandsbild der Medien eingegangen werden. Das Auslandsbild der Medien fasst verschiedene Einheiten einer Textanalyse, wie Vorurteil,[269] Stereotyp, Feindbild, Nationenbild,[270] Frame,[271]

---

[267]Ebd., S. 50. Man bedenke die Aktualität dieser Aussage in Bezug auf Maßnahmen verschiedener Regierungen, besonders seit dem 11. September 2001 und den Attentaten des 11. März 2004 in Madrid als Reaktion auf den „gemeinsamen Kampf gegen den (islamistischen) Terrorismus".

[268]Vgl. Vaillaint (1995), S. 48.

[269]Vorurteile sind Vorstellungen über Fremdes, mit dem es dem Individuum gelingt, „sein psychologisches Gleichgewicht zu stabilisieren, indem den eigenen Vorstellungen entsprechende Informationen bevorzugt aufgenommen werden, andere hingegen abgelehnt werden, damit das Weltbild nicht zerfällt." Sie bergen die Gefahr der Voreingenommenheit und Diskriminierung. Vorurteile sind die gefühlsmäßig bewerteten Stereotypen gegenüber sozialen Gruppen, „was die Entwicklung einer gruppenspezifischen Kultur ermöglicht." Vgl. Beham (1996), S.138.

[270]„Nationen- und Völkerbilder" entstehen im Zusammenwirken von Wahrnehmung, Vorurteil und Stereotyp. „Nationenbilder sind [...] Beschreibungen einer Nation oder eines Volkes, zu denen auch die Einstellungen ihnen gegenüber und ihre Perzeption durch andere gehören, [...] die (sich) in einem einheitlichen geistigen Bild zusammenfügen [...]".Nationenbilder sind wie die entsprechenden Auto-Stereotypen verallgemeinernde „traditionsträchtige Massenbilder" und von historischer Dauerhaftigkeit. Die eigene Anschauungsweise dient dabei als Maßstab zur Beurteilung Anderer. Die Vorstellungen von eigenen oder fremden Images spielen in Krisenzeiten eine bedeutende Rolle, wobei „das Kriterium der ‚Richtigkeit' oder ‚Wahrheit' von Images [...] nicht ihre Übereinstimmung mit der objektiven Realität, sondern die erfolgreiche Bewältigung der Umwelt" ist. Vgl. Hafez (2002), Bd. 1, S. 43 und vgl. Beham (1996), S. 138-140

[271]Frames dienen zur Interpretation von Handlungsabläufen und grenzen sich somit von der „attributiven Zuschreibung" (z. B. der pünktliche Deutsche) des Stereotypenbegriffs ab. Neben den medialen Grundcharakteristika von Völkern etc. lassen sich also auch die mediale Konstruktion von Handlungsabläufen bestimmter Bereichen (z. B. internationaler Politik) der Auslandsbericht-

Thema,[272] Diskurs zusammen, wobei die zuerst genannten Texteinheiten Bestandteile von jeweils nachfolgenden Einheiten sind. Es gilt: *„Auslandsberichterstattung ist massenmedial erzeugtes und vermitteltes Auslandsbild.“*[273] Schwerpunktmäßig wird hier der Stereotypenbegriff als Teilbegriff des Auslandsbildes vorgestellt werden sowie das Feindbild, da sie für die qualitative Analyse in dieser Arbeit herangezogen werden.

4.1 Stereotypisierung von Fremdheit und das „Feindbild-Syndrom"

Ein Problem der Auslandsberichterstattung in ihrer Auseinandersetzung mit dem Fremden ist die Stereotypisierung.[274] Die menschliche Wahrnehmung reduziert die Komplexität der ständig sich verändernden Umwelt und massenmedialen Überflutung und organisiert die tatsächliche Welt damit in einfache und überschaubare Strukturen. *„So entstehen ‚stereotype Denkmuster, in denen sich die Außenwelt in Form von Bildern widerspiegelt', Informationen werden zusammen mit schon gespeicherten (historischen und kulturellen) Erfahrungen zu ‚Weltbilder' geordnet.*[275] Der sozialwissenschaftliche Stereotypenbegriff wurde erstmals 1922 von dem amerikanischen Journalisten Walter Lippman[276] definiert. In seinem Standardwerk „Public opinion" unterscheidet Lippmann zwischen der „world outside" und den „pictures in our heads". Das heißt also, wir haben bestimmte, konstante und nur schwer wandelbare Vorstellungen vom „Eigenen" (Auto-Stereotype) und „Fremden" (Hetero-Stereotype) in unseren Köpfen, die konstruierte Realitäten darstellen und häufig nicht mit der objek-

---

erstattung erfassen. Mit ihrer Hilfe lassen sich Ursachen, Verlauf und Folgen von Ereignissen interpretieren. Vgl. Hafez (2000), Bd. 1, S. 47-48.

[272]Frames wiederum ordnen sich den „Themen", dem zentralen Aspekt eines Textes unter. Themen sind „semantische Makrostrukturen", die mehrere „Mikrostrukturen" (wie Frames und Stereotype) umfassen. Frame- und Themenkonstruktionen im Mediendiskurs treten auch in Form von öffentlichen Diskursen auf. Mit der Durchsetzung eines Frames in Medientexten steigt auch die Wahrscheinlichkeit, „dass nachfolgend produzierte Texte sich an die außerhalb des Textes bereits bestehende Diskursstruktur anpassen. Vgl. ebd.

[273]Ebd., S. 50.

[274]Stereotype werden oft mit Vorurteilen terminologisch synonym gestellt. Zwar entstehen beide Phänomene im Bereich des Vor-Urteils, d. h. vor der verstandesmäßigen Beschäftigung mit einem bestimmtem Sachverhalt, doch während Stereotype zu mindestens wahr sein können (z.B. Deutsche trinken viel Bier), und somit also wenigstens zum Teil kognitive Einstellungen reflektieren, sind Vorurteile immer affektiv-emotional gefasst und enthalten keinerlei wahre Tatsachen. Vgl. ebd., S. 40.

[275]Beham (1996), S. 136/137.

[276]Lippmann, Walter: Public Opinion. New Jersey 1922, Nachdruck 1991.

tiven Wirklichkeit übereinstimmen.[277] Der Mensch neigt am ehesten dazu, das Fremde und Unbekannte, über das er keine differenzierten Kenntnisse besitzt, zu stereotypisieren, um so die Komplexität der Welt zu eingängigen Bildern zu reduzieren.[278] Bei der Entstehung von Stereotypen nehmen Massenmedien im Vergleich zu den übrigen Sozialisationsinstanzen und der direkten Erfahrung eine dominierende Stellung ein.[279] Diese Realitätsbilder können unter Vorwand der nationalen Sicherheit durch Manipulation, Berichterstattung oder gezielten Public Relations-Maßnahmen noch weiter beeinflusst und verzerrt werden und somit zur Feindbild-Erzeugung beitragen.[280]

Feindbilder werden als ein *„kollektives, stereotypisiertes und dehumanisiertes Bild der out-group"* definiert.[281] Das Feindbild beruht auf einem dualen Gedanken, der dazu führt, dass *„die Leute verschiedene Arten von Moral, Werten, Ideologien und Religionen als wahr oder falsch [...] und die Menschen als Gute oder Böse [...] erachten.'*[282] Feinbilder dienen auch dazu, Frustrationen innerhalb des Staates nach außen zu projizieren. Der

---

[277]Lippmann beschreibt diesen Vorgang der Perzeption folgendermaßen: „The facts we see depend on where we are placed, and the habits of our eyes. [...] For the most part we do not first see, and then define, we define first and then see." Lippmann (1922), S. 80/81.

[278]Schon zu einem Zeitpunkt, als die Einführung des Rundfunks als Massenmedium gerade erst begonnen hatte, bezweifelte Lippmann, dass Massenmedien zu einer differenzierten individuellen Meinungsbildung im demokratischen Entscheidungsprozess beitragen könnten. Vielmehr befürchtete er, dass moderne Kommunikationstechniken Vorurteile und Stereotypen begünstigen, da mit der Zeit immer mehr Menschen ihre Information aus derselben Quelle zur selben Zeit beziehen würden. Dies impliziere die Gefahr einer vereinfachten, schablonenhaften Sicht der Dinge. Vgl. ebd., S. 25 f.

[279]Vgl. Maletzke (1996) S. 120 und vgl. Hafez (2002), Bd. 1, S. 37.

[280]Eine Inhaltsanalyse über die Berichterstattung der FAZ, der Frankfurter Rundschau und der Bild-Zeigung zeigt fallbeispielhaft, wie Stereotype nahezu vollständig umdefiniert werden können: Nach dem langjährigen Krieg zwischen dem Irak und dem Iran genoss Saddam Hussein im Westen ein eher positives Image, vor allem im Vergleich mit dem früheren iranischen Führer Khomeini, der damals als die Verkörperung von „islamischer Gefahr" schlechthin galt. Der eher okzidental gekleidete Diktator passte dagegen kaum zum „Feindbild Islam". Die Untersuchung zeigt somit, wie deutsche Tageszeitungen Feindbilder entworfen und verändert haben: Aus dem Hussein als „Bollwerk gegen den unberechenbaren islamischen Gottesstatt" im Iran-Irak-Krieg wurde im zweiten Golfkrieg der „unberechenbare Psychopath Saddam" und der „zweite Hitler". Vgl. Löffelholz Martin: Krisenkommunikation. In: Krieg als Medienereignis: Grundlagen und Perspektiven der Krisenkommunikation. Opladen 1993, S. 30 Löffelholz bezieht sich hierbei auf die Untersuchungsergebnisse der Studiengruppe InterKom mit dem Titel „Tyrannen, Aggressoren, Psychopathen: Deutsche Tageszeitungen und ihre Feindbilder in Derselbe, S. 109-127.

[281]Wahlström zit. nach Navarro Ramil, Beatriz: Der Krieg am Golf und seine Präsentation im Fernsehen. Eine Wort- und Bildanalyse. Coppengrave 1995, S. 58.

[282]Ebd.

Gegner wird dabei gerne als Untermensch und Bestie stigmatisiert.[283] Feindbilder können die Gefahr bergen, dass die Vorstellungskomplexe immer mehr zu innergesellschaftlich erzeugten feindlichen Bilder werden, die letztlich nur noch wenig mit der Realität zu tun haben. Die in Verbindung mit Feindbildern entstehenden Bedrohungsvorstellungen können bilaterale Beziehungen negativ beeinflussen, da sie über Generationen hinweg tradiert werden können. Auf der politischen Ebene erfüllen Feindbilder die Funktion der Legitimierung von Kriegsführung und Aufrüstung als Reaktion auf wahrgenommene Bedrohungen. Feindbilder beruhen auf einer Fremdwahrnehmung, die von ausschließlich negativen Bewertungen bestimmt ist. Um das „Feindbild-Syndrom" zu analysieren, gilt es folgende typische Merkmale zu erkennen:[284]

- Misstrauen (alles, was vom Feind kommt ist schlecht)
- Schuldzuschiebung (der Feind ist Schuld an der existierenden Spannung bzw. an den bestehenden Umständen)
- negative Antizipation (was immer der Feind unternimmt, er will uns schaden)
- Identifikation mit dem Bösen (der Feind verkörpert in allem das Gegenteil von uns und unserem Streben, er will unsere höchsten Werte vernichten und muss deshalb selbst vernichtet werden)
- Nullsummendenken (was dem Feind nützt, schadet uns und umgekehrt)
- De-Individualisierung (jeder, der zu den Feinden hält, ist von vorneherein unser Feind)
- Empathieverweigerung (es verbinden uns keine Gemeinsamkeiten mit unserem Feind und auch keine Informationen, die uns von unserer Auffassung

---

[283]Mit dem Feinbildaufbau eng verbunden ist die sprachliche Verharmlosung der angerichteten Schäden, die natürlich im Dienste der Freiheit und Menschenrechte vorgenommen wurden und bedauerlicherweise unumgänglich sind. So werden die Tötung unschuldiger Zivilisten und zerstörte Wohngebiete oftmals zu „Kollateralschäden". Solche Euphemismen werden von Journalisten häufig unkritisch übernommen. Vgl. Kunczik, Michael: Feind-Bilder. Wie Stereotypisierungen funktionieren und wozu sie dienen, in: Deutsche Welle (Hg.): „Sagt die Wahrheit: die bringen uns um!": Zur Rolle der Medien in Krisen und Konflikten. Berlin 2001,
S. 99/100.

[284]Spillmann, Kurt R./Spillmann, Kati: Feindbilder. Entstehung, Funktion und Möglichkeiten des Abbaus. in: Beiträge zur Sicherheitspolitik und Konfliktforschung Nr. 4, Zürich 1989, S. 19 ff.

abbringen könnten; menschliche Gefühle und ethische Kriterien sind hier fehl am Platz).

Das Gemeinsame von Stereotypen und Feindbildern besteht in einer Identitätsstiftung, Solidarisierung und Zugehörigkeit innerhalb einer Gruppe („wir") sowie die Abgrenzung gegenüber anderen Gruppen bzw. den „Anderen". Was die Völkerverständigung betrifft, so beeinflusst diese Abgrenzungsfunktion eher nachteilig eine wirkliche Begegnung von Kulturen, da die Urteile bereits im Voraus festgelegt sind. Im Fernsehen sind solche Bilder generell leichter zu vermitteln als der mühsame Dialog der Kulturen, da sie sich auch den immer kürzeren Formaten problemlos anpassen lassen. Die Images, Stereotype und Feindbilder, die sich innerhalb einer Kultur gegenüber anderen Kulturen entwickeln, sind im interkulturellen Kommunikationsprozess ausschlaggebende Aspekte. *„Diese Bilder von Nationen und Kulturen sind so stark, dass sie im Rahmen eines Kommunikationsprozesses zwischen Nationen letztlich über Krieg und Frieden mitentscheiden."*[285] Daher soll anschließend die Rolle der Medien in Krisen- und Konfliktzeiten dargestellt werden. Zuvor soll jedoch die kulturhistorische Verankerung des Begriffs „Eurozentrismus" betrachtet werden, denn *„die Bilder und ihre Systematik sind in unserer Gesellschaft begründet und stellen damit alles andere als ein Zufallsprodukt der Nachrichtenmedien dar, das lediglich durch die Aktualität und Abfolge von Ereignissen erzeugt würde."*[286]

4.2 Die kulturhistorische Verankerung eines dichotomen „Dritte-Welt-Bildes"

Die Selektion und Produktion journalistischer Beiträge, die Gewichtung der Länder in der Auslandberichterstattung und die damit verbundene Perspektive und dramaturgische Aufbereitung von Themen hängt eng mit der Projektion individueller[287], medienspezifischer[288] oder aber ethno- und eurozentristischer Vorstellungen auf den jeweiligen Gegenstand zusammen.[289] Die Ablehnung und Stereotypisierung des Fremden durchzieht die Geschichte der abendländischen Zivilisation. Laut Luger sei 500 Jahre nach Kolumbus die Angst vor dem Fremden immer noch nicht gewi-

---

[285] Beham (1996), S. 136.
[286] Vaillaint (1995), S. 51.
[287] Vgl. Kapitel 2.4 bzgl. individuelle und berufliche Sozialisation des Journalisten.
[288] Vgl. Kapitel 2.3, 2.4 und 3.
[289] Vgl. Zimmermann (1996), S. 150 f., vgl. auch Kapitel 3.

chen.[290] Die Beziehungen zu Menschen anderer Kulturkreise ist nach wie vor durch Unsicherheit, Rassismus, Exotismus und dichotomen Machtstrukturen in latenter und offener Form geprägt:

> *„Es muss festgestellt werden, dass nach über hundert Jahren Ethnologie, angesichts weltweiter Informations- und Mediensysteme mit ihrer überreichen Nachrichtenflut das Bild außereuropäischer Kulturen noch immer aus exotischen Stereotypen besteht und das Verständnis wie die Wertung fremder Kulturformen weitgehend nach unangemessenen eurozentristischen Parametern vorgenommen wird. [...] Der Imperativ ‚Macht Euch die Erde untertan!' lässt über die Jahrhunderte hinweg keine Zweifel aufkommen, wie das Verhältnis des christlichen Abendlandes zum Rest der Welt ausgesehen hat.“*[291]

Die negative und stereotype Darstellung der „Dritten Welt“ in der Auslandsberichterstattung ist also nicht zufällig, sondern in einem ideologischen Sinne eurozentristisch. Deswegen wird im Folgenden der Ursprung des Begriffs „Eurozentrismus“ im Rahmen des postkolonialen Diskurses vorgestellt, wobei auch der zentrale Faktor Macht, der in der westlichen Vorstellung und Berichterstattung eine Rolle spielt, untersucht wird. Der Eurozentrismus hat sich in der Zeit des 19. und 20. Jahrhunderts herausgebildet und wurde mit der Durchsetzung der kapitalistischen Produktionsweise immer bedeutsamer. Er beschreibt die ideologische Vorstellung von der politischen Herrschaft über den Rest der Welt und der Überlegenheit Europas, an der alle anderen Gesellschaften bewertet und gemessen werden.[292] Dem Eurozentrismus liegt die Ansicht zugrunde, dass es nur die einzig wahre Weltzivilisation gäbe, die der überlegener „Prototyp“ für jede Sozialorganisation sei und die Spitze der sogenannten Fortschrittspyramide“ darstelle.[293] Nichtwestliche Gesellschaften werden dementsprechend in einer “Sprache des Mangels” beschrieben und defizitär behandelt, ohne zu bedenken, dass “Europa” und der “Westen” selbst diskursive Konstruktionen[294] sind, die sich durch zahlreiche Differenzen kennzeichnen.[295] Nach dem französischen Philosoph Roland Barthes ist *„Sprache*

---

[290]Vgl. Luger (1994), S. 32.
[291]Pollig zit. nach Luger (1994), S. 32.
[292]Vgl. Larcher (1994), S. 197.
[293]Ebd.
[294]Vgl. Hall, Stuart: Rassismus und kulturelle Identität. Ausgewählte Schriften. Hamburg 1999, 3. Auflage 2002, S. 137-222.
[295]Conrad, Sebastian; Randeria, Shalini: Einleitung. Geteilte Geschichten – Europa in einer postkolonialen Welt, in: ders. (Hg.): Jenseits des Eurozentrismus. Postkoloniale Perspektiven in den Geschichts- und Kulturwissenschaften. Frankfurt 2002, S. 9 f.; diese Einleitung bzw. der

[...] niemals unschuldig, die Worte besitzen ein zweites Gedächtnis und Erinnerungen.'[296] Anhand von Sprache erfassen wir die Welt und konstruieren Wirklichkeit.[297] In Sprache drückt sich ein von den Mächtigen definiertes Machtverhältnis aus, das Kommunikation verhindern kann.[298]

Zwei Annahmen sind konstitutiv für den Eurozentrismus: Erstens wird die moderne Geschichte als fortschreitende expansive „Verwestlichung" verstanden. Zweitens wird dabei die europäische Entwicklung als eine interne europäische Tradition und Geschichte erklärt, demzufolge sich Europa und das "Andere" unabhängig voneinander entwickelt haben, bevor "westliche Errungenschaften" (Kapitalismus, politisch-militärische Macht etc.) exportiert wurden.

> *'Die Geschichte der Modernisierung erscheint so als eine Geschichte der Diffusion, als ein Transfer von den (nordwest-)europäischen Metropolen in die Peripherie und in die Dritte Welt [...]. Auf diese Weise wird die Komplexität der Moderne am Rand der kapitalistischen Welt (und auch ihre Verflechtungen mit der europäischen Moderne) ignoriert und statt dessen eine universale Transformation traditionaler Kulturen durch den 'westlichen' Fortschritt konstatiert.'*[299]

Die *postcolonial studies*[300] vertreten in diesem Zusammenhang die Ansicht, dass es spätestens seit dem 19. Jahrhundert eine unauflösbare Verflechtung der europäi-

---

ganze Reader stellt alle wesentlichen Ansätze und Anregungen der *postcolonial studies* vor und verweist dabei auch auf weitere Studien und Literaturhinweise.

[296]Barthes zit. nach Iten, Andreas: Die Sprache bereitet den Krieg vor, in: Imhof, Peter/Schulz, Peter (Hrsg.): Medien und Krieg – Krieg in den Medien. Zürich 1995, S. 13.

[297]Vgl. Bäbler (1984), S. 82.

[298]Foucault stellt dabei eine enge Beziehung zwischen Diskurs, Wissen und Macht her. Der Diskurs bezieht sich auf die Produktion von Wissen durch Sprache, wird selbst aber durch eine „Diskursive Praxis" (die Praxis der Bedeutungsproduktion) produziert, die Wahrnehmungen und Handlungen formt und Auswirkungen auf diejenigen hat, die ihn bedienen als auch auf die, die ihm unterworfen sind. Die Sprechweise selbst, wie wir zur Beschreibung von sog. Tatsachen benutzen, greift in den Prozess ein und wird somit ‚wahr'. Vgl. Foucault zit. nach Hall (2002), S. 149f.

[299]Dabei habe Europa also indigene Kulturen radikal verändert, was sich entweder positiv (Modernisierung) oder negativ (Ausbeutung und Unterdrückung) äußerte, ohne dabei jedoch selbst Veränderungen durchlaufen zu haben. Vgl. ebd., S. 13.

[300]Der Terminus „postkolonial" bezieht sich dabei sowohl eine zeitliche Dimension in der Geschichte als auch auf gewisse theoretische Ansätze. „Post" bedeutet dabei nicht die formale Unabhängigkeit ehemaliger Kolonien, sondern vielmehr die Thematisierung der Konsequenzen und Fortbestehen kolonialer Herrschaft. Postkoloniale Ansätze sehen die heutige Welt immer noch geprägt von imperialen und neokolonialen Herrschaftsverhältnissen. Vgl. ebd, S. 24 f.

schen und außereuropäischen Welt gegeben habe und weisen auf die komplexen kolonialen Wechselverhältnisse hin.[301]

4.3 Der Faktor Macht bei der Konstruktion des „Westens"

Stuart Hall untersuchte in seinem Aufsatz „Der Westen und der Rest: Diskurs und Macht"[302] die Entstehungsprozesse, wie eine Idee von „der Westen" konstituiert wurde und wie die Beziehungen zwischen westlichen und nicht-westlichen Gesellschaften präsentiert wurden. Er stellt fest, dass die Vorstellung von „der Westen" ein historisches und sprachliches und nicht etwa ein geographisches Konstrukt ist, das während des 16. Jahrhunderts zur Zeit der europäischen Expansion durch die Entdeckungsreisen entstanden ist.[303] Mit "Westen" wird demzufolge ein bestimmter Gesellschaftstyp (entwickelt, kapitalistisch, säkularisiert, etc.) bezeichnet. Dieses Konzept funktioniert als Ideologie, die uns ein standardisiertes Vergleichsmodell für die Bewertung anderer Gesellschaften liefert.[304]

> *„Zuerst ist die Welt symbolisch geteilt, in gut-böse, wir-sie, anziehend-abstoßend, zivilisiert-unzivilisiert, den Westen-den Rest. Alle anderen, viele Unterschiede zwischen ihnen und innerhalb dieser beider Hälften sind zusammengebrochen, vereinfacht – d.h. stereotypisiert. Durch diese Strategie wird der Rest als etwas definiert, das der Westen nicht ist – sein Spiegelbild. Es wird als das absolute, wesenhafte, verschiedene andere repräsentiert: Der Andere. Dieses Andere ist dann selbst in zwei ‚Lager' gespalten: Freundlich-feindlich, Arawak-Kariben, unschuldig, verdorben, edel-unedel."*[305]

Um den vorherrschenden und machtvollen Diskurs einer dichotomen Weltteilung in „der Westen" und „der Rest" zu erklären, benutzt Hall den diskurstheoretischen

[301] So wurde verschiedentlich vorgeschlagen, die Geschichte als *entanglement* zu begreifen, um die zahlreichen Verflechtungen und Interdependenzen der miteinander in Beziehung stehenden Einheiten zu berücksichtigen. Dieses komplexe Geflecht aus Austausch und Interaktion wurde als „geteilte Geschichten" beschrieben: Einerseits gibt es die gemeinsam konstituierte moderne Welt von verschiedenen Kulturen und Gesellschaften, die zentrale Erfahrungen teilen; andererseits die aus den Folgen der Globalisierung resultierende Abgrenzung und das Bedürfnis nach Partikularität und dichotomer Strukturen. Vgl. Conrad/Randeria (2002), S. 17 f.

[302] Hall (2002), S. 137-179.

[303] Hall skizziert dabei die grundlegenden Aspekte der europäischen Expansions- und Kolonialisierungsgeschichte bis zum 19. Jahrhundert. In der Gegenwart, so Hall, ist ein Großteil der Welt wirtschaftlich immer noch vom Westen abhängig, wenn auch formal unabhängig und entkolonialisiert. Vgl. ebd.

[304] Vgl. ebd., S. 138.

[305] Ebd., S. 167.

Ansatz von Foucault.[306] Dabei stellt er fest, dass der Diskurs, wie der Westen seine Vorstellung von sich selbst und seine Beziehung zu den „Anderen" während vieler Jahrhunderte repräsentierte, nach wie vor in transformierter Form die Sprechweise des Westens, seine Bedeutung von „wir" und „sie" sowie seine Machtbeziehungen gegenüber dem Rest beeinflusst. *„Am erstaunlichsten ist, dass seine Wirkungen nach wie vor in der Sprache, den theoretischen Modellen und den versteckten Annahmen der modernen Soziologie selbst beobachtet werden können."*[307]

Probleme in der grenzüberschreitenden Kulturkommunikation können also auch – abgesehen von dem Kulturkonzept des Journalisten[308] - aufgrund ungleicher Prestige- und Machtverteilungen zustande kommen, die durch eurozentristisch verwurzelte Sichtweisen entstanden sein können. Hafez verweist hier ebenfalls auf Stuart Hall und auf Edward Said, die den Zusammenhang von sozialer und politischer Macht und Kulturdeutung untersucht haben. So hat Hall auf die Macht des öffentlichen Kurses bezüglich kultureller Identität hingewiesen. Den Zuschauern wird eine „Vorzugsleseart" *(‚preferred reading')* nahegelegt, *„die mit den herrschenden kulturellen Vorstellungen übereinstimmt."*[309]

> *„Kollektive kulturelle Identitätsvorstellungen entstehen demnach dadurch, dass bestimmte Kulturdeutungen von Gruppen oder Personen präferiert und propagiert werden, und dass es diesen Kräften gelingt, ihre Interpretation der Kultur gesellschaftlich durchzusetzen, d. h. sie verfügen über die kulturelle Definitionsmacht."*[310]

Andere sozialanalytisch argumentierende Theoretiker aus dem Umkreis der britischen *cultural studies,* wie John Fiske, gehen ebenso von einer Medienmacht aus und

---

[306]Ohne jetzt genauestens auf den Diskursbegriff Foucaults einzugehen, ist darunter zusammengefasst eine bestimmte Art und Weise zu verstehen, wie über etwas gesprochen oder etwas repräsentiert wird. Nach Foucault ist der Diskurs immer mit Macht verknüpft, bzw. ist selbst ein System, durch das Macht zirkuliert. Das Wissen, das ein Diskurs produziert, konstituiert dabei eine Art von Macht über andere. Diejenigen, die den Diskurs produzieren, haben also die Macht, ihn ‚wahr zu machen', wie z. B. auch seinen wissenschaftlichen Status durchzusetzen. Solch eine ‚diskursive Formation' produziert somit in jeder Gesellschaft ihr ‚Wahrheitsregime', ihre ‚allgemeine Politik' der Wahrheit, die allgemein akzeptiert ist. Eine wichtige Erkenntnis ist dabei auch, dass all unsere Werte immer eine ideologische Dimension haben und somit in all unseren Beschreibungen des Sozialen eingehen. Vgl. ebd., S. 149 f.

[307]Hall (2002), S. 150.

[308]Vgl. Kapitel 2.5.2.

[309]Winter (1995), S. 87 und vgl. Kapitel 2.5.2.

[310]Hall zitiert nach Hafez (2002), Bd. 1, S. 174.

sehen das *agenda setting*[311] als Prozess öffentlicher Meinungsbildung im Interesse einflussreicher gesellschaftlicher Kräfte an. Als einflussreichstes Medium der Populärkultur sei das Fernsehen besonders dafür geeignet, Sonderinteressen als allgemeines Interesse erscheinen zu lassen.[312] *„Discursive power, that is, the power to make common sense of a class-based sense of the real, is held by the same social groups who exercise economic power.*‘[313]

Edward Said untersuchte den Einfluss politischer und wirtschaftlicher Macht auf westliche Stereotype und Feindbilder des „Orientalismus". Dabei macht er weniger die Medienorganisation, sondern vielmehr den dominanten westlichen Imperialismus für die Verzerrungen und Auslassungen über die außereuropäische Welt verantwortlich.

> *„Obwohl es gewiss zutrifft, dass die Medien weitaus besser für den Umgang mit Karikatur und Sensation gerüstet sind als für die Entzifferung der leisen Zeichen von Kultur und Gesellschaft, ist der tiefere Grund für die Missverständnisse die imperiale Dynamik, vor allem ihre trennenden [...] Herrschaftstendenzen.*‘[314]

In diesem Zusammengang weist Hafez auf den Nachrichtenfaktor „Regionalismus"[315] hin: Bereits die Foreign-News-Studie der UNESCO von 1985 hatte die Vormachtstellung des Westens in den Medien (und die damit bedingte thematische Vernachlässigung außereuropäischer Länder) aufgrund ihrer politischen und ökonomischen Hegemonie herausgestellt.[316] Auch Kurt Luger verweist in seinem Aufsatz zur Theorie einer Interkulturellen Kommunikationswissenschaft auf die Parameter Macht und Dominanz:

> *„Eine interkulturelle, im Zeitalter der globalen Kulturindustrie auch als ‚transkulturell' zu bezeichnenden Forschungsperspektive, wird sich daher nicht von einer Vision eines herrschaftsfreien*

---

[311]Allerdings gibt es nach den Autoren der *cultural studies* auch die Möglichkeit der subversiven Rezeption, die die beabsichtigte Meinungsbildung unterläuft. Daher sei es wesentliche Aufgabe der Medienanalyse und Kritik, die Interessen der jeweiligen Programmgestaltung aufzudecken. Vgl. (Zimmermann (1996), S. 172.

[312]Vgl. ebd.

[313]Fiske, John: Television Culture. London/New York 1987, S. 42.

[314]Said zitiert nach Hafez (2002), Bd. 1, S. 174.

[315]Vgl. Kapitel 3.1 und Kapitel 3.8 zu „Ethnozentrismus".

[316]Ungeachtet der Tatsache, dass alle Länder die Berichterstattung über die eigene Region bevorzugen, wird in den Entwicklungsländern mehr über den Westen berichtet als umgekehrt. Vgl. Hafez (2002), Bd. 1, S. 56 f.

Diskurses zwischen den Völkern leiten lassen dürfen, sondern Macht und Dominanz als Konstituanten in der Kommunikation zwischen verschiedenen Kulturen begreifen müssen."[317]

Wilke resümiert, dass das Thema Auslandsberichterstattung und der internationale Nachrichtenfluss keineswegs immer durch ein theoretisches Erkenntnisinteresse bestimmt war, sondern im wesentlichen durch machtpolitische Ursachen bestimmt wurde.[318] Er stellt fest, „*dass die Auslandsberichterstattung seit Existenz der Medien überhaupt der Macht folgt und von militärischen Kriegs- und Wirtschaftsinteressen geprägt ist.*"[319]

Zusammenfassend wurde in diesem Kapitel also der Zusammenhang zwischen medialen Inhalten und eurozentristischen Perspektiven hergestellt. Die stereotypen Strukturmerkmale der „Dritten-Welt-Berichterstattung" (Kapitel 3) sind dabei keineswegs zufällig, sondern lassen auf ein historisch verankertes System der Wahrnehmung der Menschen der „Dritten Welt" als die „Anderen" schließen. Reaktion auf diese universale Kulturperspektive durch die „Macht des Westens" war vielerorts die Herausbildung eines kulturellen Essentialismus[320] bzw. Kulturfundamentalismus, der vielerorts zum Schlagwort von Huntingtons umstrittener These vom "Kampf der Kulturen"[321] führte, demnach kulturelle Differenzen sich als Hauptursache internationaler Konflikte erweisen.[322] Im Folgenden wird der Rolle der Konfliktvermittlung von Medien im Rahmen der Krisenkommunikation besondere Bedeutung beigemessen.

---

[317]Luger, Kurt: Offene Grenzen in der Kommunikationswissenschaft. Über die Notwendigkeit eines interkulturellen Forschungsansatzes, in: Ders. (1994), S. 25.

[318]Wilke, Jürgen: Auslandsberichterstattung und internationaler Nachrichtenfluß im Wandel. In: Publizistik, 31. Jg., H. 1-2, 1986, S. 53-90 Vgl. auch Kretzschmar (2002), S. 142 f.

[319]Wilke zit. nach: Kretzschmar (2002), S. 143

[320]Vgl. Kapitel 2.5.2; vgl. auch Conrad/Shalini (2002), S. 13, vgl. auch Hafez (2002), S. 45 u. S. 164 f.

[321]Huntington, Samuel P.: Der Kampf der Kulturen. Die Neugestaltung der Weltpolitik im 21. Jahrhundert. München/Wien 1996; zur Diskussion bzw. Wiederlegung der These Huntingtons vgl. Literaturhinweise von Hafez (2002), S. 44, vgl. auch Kretzschmar (2002), S. 85-99

[322]Huntingtons These geht von einander separierter Zivilisationen und Kulturen aus, die gleichsam als ganzheitliche Bollwerke, „cultural entities", aufeinanderprallen. „Eine solche holistische Vorstellung von Kulturen, nach der kulturelle Differenzen essentialistisch in festen zivilisationsspezifischen Identitäten verankert werden, schränkt die interkulturellen Handlungsspielräume ein." Bachmann-Medick, Doris: Multikultur oder kulturelle Differenzen? Neue Konzepte von Weltliteratur und Übersetzung in postkolonialer Perspektive, in: dies. (Hg.): Kultur als Text. Frankfurt 1996, S. 262, 263

5. Krisenkommunikation: Die Rolle der Medien in Konflikten

Die internationale Politik wird in nicht unerheblichem Maße durch die Kommunikationsbeziehungen zwischen den Staaten beeinflusst, die ausländische Medien nicht nur zur eigenen Informationsquelle benutzen, sondern auch als Instrument der Informationspolitik nach außen.[323] An Journalisten werden in Krisen besondere Anforderungen gestellt. Um diese nachvollziehen zu können, erfolgt zunächst eine begriffliche Klärung von Krisen und Konflikten. Anschließend werden drei Rollenmodelle von Massenmedien in Krisen und Konflikten vorgestellt, wobei insbesondere der friedensjournalistische Ansatz einer deeskalierenden Berichterstattung hervorgehoben wird. Diese hier vorgestellten Kriterien und Rollenmodelle dienen im zweiten Teil der Arbeit zur Untersuchung der Krisenberichterstattung bei *Weltspiegel* und *auslandjournal.*

Nach dem Kommunikationswissenschaftler Martin Löffelholz lässt sich die Krise als ein Zustand definieren, in dem zentrale Werte eines Systems als bedroht empfunden werden und Entscheidungsbedarf implizieren.[324] Krisen zeichnen sich durch große Dynamik und tiefgreifenden Wandel aus. Kriegerische Auseinandersetzungen mit hoher Gewaltintensität sind die Zuspitzung einer Krise und eines Konfliktes.[325] Ob ein Ereignis als Konflikt oder als Krise eingestuft wird, ist beobachtungsabhängig. Erst indem aus einer unspezifischen Beobachtung ein Kommunikationsereignis geworden ist, ist es von der Gesellschaft wahrnehmbar.[326] *„Krisen als soziale Ereignisse werden demnach durch (fehlende oder misslingende) Kommunikation konstituiert.“*[327] Journalisten müssen sich bei der Berichterstattung über Krieg oder

[323]Vgl. Wilke, Jürgen und Quandt, Siegrid (Hg.): Deutschland und Lateinamerika. Imagebildung und Informationslage. Frankfurt 1987, S.7; vgl. auch Kapitel 4.
[324]Löffelholz (1993), S. 11; Luhman definiert Krisen unter soziologischen Gesichtspunkten: „Krisen sind unerwartete, thematisch nicht vorbereitete Bedrohungen nicht nur einzelner Werte, sondern des Systembestandes mit seinem eingelebten Anspruchsniveau. Sie stimulieren und sammeln Aufmerksamkeit dadurch, dass sie den Erfüllungsstand zahlreicher Werte diffus, unbestimmt und unter Zeitdruck gefährden.“ Luhmann zitiert nach ebd.
[325]Hafez (2002), Bd. 1, S. 152 vgl. auch Löffelholz (1993), S. 11.
[326]Kohring, Görke, Ruhrmann: Konflikte, Kriege, Katastrophen. Zur Funktion internationaler Krisenkommunikation. In: Meckel, Miriam, Kriener, Markus (Hg.): Internationale Kommunikation. Eine Einführung. Opladen 1996, S. 297.
[327]Löffelholz (1993), S. 12.

Krisen bewusst sein, dass sie über besondere, gescheiterte kommunikative Prozesse berichten. Folglich sollten sie auch die Rolle der Medien in Krisen hinterfragen, denn immerhin sind sie als Vermittler von Information Teil des kommunikativen Prozesses. Das Publikum erwartet gerade von der Auslandsberichterstattung in Krisenzeiten Orientierungsangebote und Hintergrundinformation.[328] Die journalistische Krisenkommunikation mit ihrem Einfluss auf Gesellschaft und Politik sowie Aspekte der Manipulation und Desinformation ist in vielen Arbeiten bereits untersucht worden.[329] Einen neuen, forschungsleitenden Theorierahmen entwickelt Hafez anhand von Rollenmodellen medialer Konfliktkommunikation. Dabei wird danach differenziert, ob die Medien als Co-Konfliktpartei, als Konfliktvermittler oder als dritte Konfliktpartei agieren.[330] Das Auslandsbild der Medien hängt dabei insbesondere von der Beziehung zu dem politisch-wirtschaftlichen System ab. Konflikt- und Krisenkommunikation kann sich diesem anpassen oder aber einen eigenständigen Diskurs entwickeln.

Im Falle der Medien als Co-Konfliktpartei gleicht das medial konstruierte Auslandsbild den Positionen einer Konfliktpartei, im meisten Fall der eigenen Regierung.[331] Die Parteilichkeit der Auslandsberichterstattung wird dabei von verschiedenen Faktoren beeinflusst, wie z. B. Ausrichtung auf Elitendiskurse oder die unreflektierte Übernahme von strategisch politischer Kommunikationsangebote bzw. Public Relations.[332] Das Rollenmodell der unabhängigen dritten Partei schreibt den Massenmedien das Konzept des „lachenden Dritten" zu.[333] Sie haben Interesse <u>am</u> Konflikt, da dem Nachrichtenfaktor „Konflikt" ein hoher kommerzieller Nachrich-

[328]Vgl. Kapitel 2.4.2.

[329]Vgl. Bibliographie-Hinweise zum Vietnam-Krieg, Golfkrieg, Nahostkonflikt etc. in Hafez (2002), Bd. 1, S. 151, vgl. auch Forschungsüberblick zu (Medien-)Krisen in Löffelholz (1993), S. 14 f.

[330]Bei allen vorgestellten Rollenmodellen ist zu beachten, dass sie in unterschiedlichen Phasen eines Konflikts und abhängig von der jeweiligen System-Umwelt-Konstellation variieren. Vgl. Hafez (2002), Bd. 1, S. 163, 157.

[331]Falls diese nicht gerade selbst in einer kriegerischen Handlung verwickelt ist, wie dies bei der pro-amerikanischen CNN-Berichterstattung anlässlich des Golfkrieges 1991 im Unterschied zu der kritischen Russlandpolitik im Tschetschenienkonflikt geschah. Inwieweit die Medien sich nun aber tatsächlich an die sie umgebenden Umwelten und Subsysteme anpassen (Publikum, wirtschaftliche und politisch Eliten etc.) muss im Einzelfall untersucht werden. Vgl. ebd., S. 157

[332]Vgl. ebd., S. 158, Vgl. auch Saxer, Ulrich: Bedingungen optimaler Kriegskommunikation, in: Imhoff/Schulz, Peter (Hg.): Medien und Krieg – Krieg in den Medien. Zürich 1995, S. 203-217

[333]Hafez (2002), Bd. 1, S. 161.

tenwert der Auslandsberichterstattung beigemessen wird.[334] Durch die hohe quantitative Darstellung der Konflikte entsteht die Wahrnehmung einer existentiellen Bedrohung, womit dieses Rollenmodell ein emotionales Krisenklima verstärkt. Dieser Weg wird, so Galtung, von den Medien am häufigsten eingeschlagen. Die Auslandberichterstattung konzentriert sich demnach an denjenigen, der den Konflikt gewinnt, wobei der Konflikt selbst als Kampf eingestuft wird.[335] Die Darstellung gleicht einer Schlacht von meist zwei Parteien, die um die Durchsetzung ihrer Ziele kämpfen. Soziale und politische Konflikte werden als Wettbewerb von Siegern und Verlierern dargestellt.[336] Auslandsberichterstattung mutiert zum „Kriegsjournalismus", in dem eine bipolare Weltsicht beschrieben wird. Das zugrunde liegende Modell folgt militärischen Mustern: Es meldet, wer vorrückt, wer kapituliert, wie hoch die Verluste menschlicher und materieller Art sind.[337] Die Konzentration auf Krieg trägt zur Polarisierung und Eskalation bei, weil sie nach Hass und Gewalt aufruft.

Das Rollenmodell von Medien als Konfliktvermittler[338] orientiert sich nicht an einer bestimmten Konfliktpartei, sondern bezieht die Stellung als unabhängige „dritte Partei". Medien werden hier konfliktmindernde Vermittlungsfunktionen zugeschrieben. Um eine propagandistische Verengung nach dem Freund-Feind-Klischee zu vermeiden, plädiert zum Beispiel auch der NDR-Intendant Jobst Plog[339] für eine Kriegsberichterstattung, die sich an dem Konzept eines Friedensjournalismus orientiert, wie es der norwegischen Friedensforscher und Träger des alternativen Nobelpreises Johan Galtung und der amerikanische Kommunikationswissenschaftler Richard C. Vincent entwickelt hat.[340] *„Journalisten können in Zeiten wie diesen die seltene Stimme der Vernunft repräsentieren und damit wesentlich zum Dialog in Kriegszeiten beitragen."* Die entscheidende Frage lautet also: Welche Kriterien sollte eine möglichst gute Krisenberichterstattung erfüllen? Um einen Dialog bzw. einen

---

[334]Vgl. Kapitel 3.
[335]Galtung, Johann: Friedensjournalismus: Was, warum, wer, wie, wann, wo? In: Kempf, Wilhelm/Schmidt-Regener, Irena (Hg.): Krieg, Nationalismus, Rassismus und die Medien. Münster 1998, S. 4.
[336]Kamps (1999), S 98.
[337]Galtung (1998), S. 4.
[338] Vgl. Hafez (2002), Bd. 1, S. 159 f.
[339]Vgl. Weichert Stephan Alexander: Schreiben für den Frieden, in: Journalist1/2004, S. 27-28.
[340]Vincent/Galtung: Krisenkommunikation morgen. Zehn Vorschläge für eine andere Kriegsberichterstattung, in: Löffelholz (1993), S. 177-211.

kommunikativen friedlichen Prozess zu fördern, geben Vincent und Galtung Vorschläge für eine deeskalierende Krisenkommunikation, die hier in ergänzender Kombination mit den Vorschlägen von Hafez[341] zusammengefasst vorgestellt werden.[342]

- Beleuchtung der Story aus unterschiedlichen Perspektiven unter Heranziehung unterschiedlicher Quellen und Informationsvermittlung der zentralen Argumente aller Konfliktparteien. *„Indem sie nach vielfältigen Quellen suchen, erhöhen Journalisten die Wahrscheinlichkeit, dass sie die wahre Begebenheit berichten und nicht nur eine, die bestimmte Führer die Öffentlichkeit glauben lassen wollen [...]"*[343]
- Berücksichtigung der Qualität der Quellen: Um eine ausgewogene und umfassende Berichterstattung zu gewährleisten, sollten nicht nur Eliten zu Wort kommen, sondern auch unabhängige Experten oder andere Beobachter aus der Zivilgesellschaft gehört werden.[344] Es sollte über die Auswirkungen des Krieges auf das Alltagsleben „normaler Leute" berichtet werden. Damit könnte man eine personalisierte Darstellung des Krieges präsentieren und bietet *„emotionale Bezugspunkte: Kriegserfahrungen können von allen nachgefühlt werden, Kriegsopfer bekommen plötzlich Gesichter, der Krieg ist nicht mehr länger ein unbestimmtes Ereignis [...]"*[345]
- Vermeidung der Glorifizierung von Kriegstechnologie und Veranschaulichung der Schrecken: Nur durch Bilder, die den Schmerz der Menschen widerspiegeln, könne man emotionale Betroffenheit beim Rezipienten auslösen. *„Sie zeigen den ‚Feind' als Individuum und nicht als irgendein unmenschliches, militärstrategisches Ziel."*[346]

---

[341]Vgl. Hafez (2002), Bd. 1, S. 159-161.

[342]Zusätzlich sei hier noch auf den aufschlussreichen Artikel „Qualität im Journalismus am Beispiel der Kriegsberichterstattung" von Uli Gleich in Media Perspektiven Nr. 3/2003, S. 139-148 verwiesen, in dem Kriterienkataloge des DJV sowie die Bedeutung und Rezeption von Medien in Krisen und Konflikten dargestellt wird.

[343]Vincent, Galtung (1993), S. 186.

[344]Ebd.

[345]Vincent/Galtung (1993), S. 199.

[346]Ebd., S. 193 f. In diesem Zusammenhang wird darauf verwiesen, dass dabei die Grenze zum Boulevard-Journalismus überschritten werden sollte, um einen kommerziellen Profit aus sensationalistischen Bildern zu schlagen. Wie diese Regeln für eine klare Grenzziehung allerdings aussehen sollen, weiß keiner so genau. Das Problem der Bilder wirft natürlich auch die Frage nach der Würde der Betroffenen und der Respekt vor der Not anderer auf. Behmer fragt: Wo schlägt dabei „Chronistenpflicht in Sensationalismus" um, „Augenzeugenschaft in Gaffertum", „Betroffenheit in Brüskierung der Opfer?" und resümiert: „Eine klare Grenzziehung ist schwierig." Vgl. Behmer (2003), S. 359.

- Umfassende, auch historische Hintergrundberichte sollen es dem Rezipienten ermöglichen, die Ursachen eines Konfliktes zu verstehen, die Probleme zu erkennen und zu interpretieren. Indem auch vergangene Entwicklungen, Berichte über Kulturen oder Analysen gegenwärtiger Probleme und Diskussionen in die Berichterstattung einbezogen werden, wird die Vermittlungsfunktion der Medien für das Publikum verbessert.[347]
- Aufklärung über Manipulationsversuche: Politik und Militär bedienen sich der Medien zur Verbreitung ihrer Propaganda.[348] Die Rolle der Medien selbst sollte daher thematisiert werden.
- Förderung von Friedensinitiativen: Die Journalisten können eine zentrale Rolle bei Konfliktlösungsversuchen spielen, indem sie zum Beispiel über diplomatische Verhandlungen berichten oder alternative Handlungsoptionen aufzeigen. Friedliche Lösungen und der Dialog der Konfliktparteinen werden allein schon durch die Thematisierung von Friedensinitiativen unterstützt. Die Medien sind eindeutig in der Lage, als effektives Forum für Informationen über und gegen Kriege zu fungieren. „*[...] Wenn es das vorgegebene Hauptziel des Krieges ist, Frieden zu schaffen, dann ist der Journalist in einer Position, in der er das Erreichen dieses Zieles erleichtern kann.*“[349]
- Massenmedien sollten ein positives Klima zur Erreichung von Friedenslösungen fördern, indem sie die affektive Komponente des Auslandsbildes, wie etwa gemeinsame Werte und Akzeptanz herausstellen. Wenn Medien die Ähnlichkeiten der Ziele verschiedener sozialen Bewegungen und friedenspolitische Aktivitäten kommunikativ akzentuieren und vernetzen, können sie die Mobilisierung von Friedenkräften erreichen.
- Medien als Frühwarnsystem: Die Medienberichterstattung ignoriert häufig, dass allen Konflikten in der Regel eine Krise vorausgeht. Sich anbahnende Krisen und Konflikte sollten deshalb frühzeitig auf der Medienagenda thematisiert werden, um eine rechtzeitig Problemlösung zu ermöglichen.

---

[347] Vincent/Galtung (1993), S. 201.
[348] Ebd., S. 202.
[349] Ebd., S. 210.

Zusammenfassung von Teil I

Zusammenfassend wurden im ersten Teil der Arbeit charakteristische Strukturmerkmale und Nachrichtenfaktoren der Auslandsberichterstattung im Allgemeinen und der „Dritte-Welt-Berichterstattung“ im Besonderen, wie sie in verschiedenen Studien kritisiert wurden, vorgestellt. Demnach ist die Berichterstattung durch Ereignisbezogenheit, Konzentration auf das Politische, Orientierung an Negativismen sowie durch Simplifizierung von Sachverhalten durch stereotype Darstellungsweise gekennzeichnet. Zusammenfassend resultiert ein ethno- und eurozentristisches mediales „Dritte-Welt-Bild“, bei dem komplexe Konflikte und Probleme auf wenige elitäre Handlungsträger reduziert werden. Die Beachtung von Ländern in der Auslandsberichterstattung ist in hohem Maße durch die Struktur internationaler Beziehungen bestimmt, wobei der Machtstatus eines Landes und die Intensität ökonomischer Beziehungen eine große Rolle spielen.[350] Je weiter ein Land politisch, kulturell, wirtschaftlich oder auch nur geographisch von diesen soziokulturellen Bezugsgrößen entfernt ist, desto spektakulärer muss ein Anlass sein, um in der Berichterstattung Berücksichtigung zu finden. Es wurde weiterhin festgestellt, dass die Korrespondenten die Informations-, Interpretations- und politische Funktion der Auslandsberichterstattung - wie sie auch in dem Programmauftrag des öffentlich-rechtlichen Fernsehens als auch in den Mediaguidelines supranationaler Organisationen wie der UNESCO - verankert sind, scheinbar nur bedingt wahrnehmen können. Dies beruht auf bestimmten Einflüssen auf verschiedenen Ebenen:[351] Die Selektion, Produktion und Kommentierung der Auslandsberichterstattung hängt mit individuellen, berufsspezifischen und medientypischen Einflüssen sowie kulturhistorischen Ursachen zusammen. All diese Faktoren lassen vermuten, dass bestehende Vorurteile gegenüber der "Dritten Welt" eher verstärkt und Hintergründe nicht ausreichend erklärt werden. Im zweiten Teil der Arbeit soll nun die quantitative

---

[350]Lutz M. Hagen u. a. weist in diesem Zusammenhang daraufhin, dass sich hinter dem Effekt ökonomischer Beziehungen auch andere Kontakthäufigkeiten aufgrund kultureller, politischer oder diplomatischer Beziehungen verbergen könnten. Vgl. Hagen, M. Lutz; Berens, Harald; Zeh, Reimar, Leidner, Daniela: Ländermerkmale als Nachrichtenfaktoren, in: Holtz-Bacha, Christina; Scherer, Helmut; Waldmann, Norbert (Hg.): Wie die Medien die Welt erschaffen und wie die Menschen darin leben. Opladen/Wiesbaden 1998, S. 78.

[351]Im Rahmen dieser Arbeit können natürlich nicht alle Einfluss-, Ursache- und Wirkungsfaktoren der Auslandsberichterstattung berücksichtigt werden, daher sei zur Vollständigkeit auf Hafez (2002), Bd. 1 verwiesen, insbesondere die Abbildung 3.4 auf S. 32, die einen kompletten Überblick zur „Theorie internationaler und interkultureller Darstellungsprozesse in Massenmedien“ gibt.

und qualitative Inhaltsanalyse des „Dritten-Welt-Bildes" von *Weltspiegel* und *auslandsjournal* erfolgen.

Teil II

6. Inhaltsanalyse von *Weltspiegel* und *auslandsjournal*

Im Verlauf der Arbeit wurden gemäß der Fragestellung, anhand welcher Strukturmerkmale die Auslandsmagazine welches „Dritte-Welt-Bild" konstruieren und inwiefern sie einen Beitrag zum Dialog der Kulturen leisten können, verschiedene Kriterien herausgearbeitet, anhand derer *Weltspiegel* und *auslandsjournal* analysiert werden sollen. Dazu gehören auch die verschiedenen Funktionen, die Auslandsberichterstattung gemäß nationalen, internationalen und internen Richtlinien erfüllen sollte.[352] Der Kriterienkatalog für die quantitative und qualitative Analyse orientieren sich an diesen in Teil I herausgestellten Strukturmerkmalen und Funktionen. Zuerst erfolgt eine Reflexion der Methodik und die Vorstellung der Auslandsmagazine sowie die Hypothesen.

6.1 Reflexion der Methode

Die Inhaltsanalyse definiert sich als eine *„empirische Methode zur systematischen und intersubjektiv nachvollziehbaren Beschreibung inhaltlicher und formaler Merkmale von Mitteilungen."*[353] Als sozialwissenschaftliche Methode versteht sie sich als eine „basale Erhebungsmethode"[354], da systematische Kenntnisse von Medieninhalten Voraussetzung für jede Medienforschung ist. Die Inhaltsanalyse kann auch als Erhebungsverfahren sozialer Wirklichkeit betrachtet werden, wenn etwa *„von Merkmalen eines manifesten Inhaltes (Textes) auf einen nicht-manifesten Kontext (Kommunikator, Rezipient, soziale Situation) geschlossen wird."*[355] Damit geht sie über reine Beobachtungen vordergründiger Merkmale hinaus und erlaubt somit auch eine Schlussfolgerung von Eigenschaften einer Medienbotschaft auf Rahmenbedingungen oder Konsequenzen zu ziehen. Ihr Ziel ist die Analyse von Zeichen und Zeichensystemen: *„Virtually the whole spectrum of the humanities and the social sciences, including efforts to improve the political and social conditions of life, is concerned with symbols, meanings, messages, their functions and effects."*[356] Die zentrale Aufgabe der Inhaltsanalyse ist die systematische Kategorisierung, um Muster und Strukturelemente des Medienangebotes zu erkennen. *„Die*

[352] Vgl. Kapitel 2.2, 2.4 und 6.2.1.2 und 6.2.2.2.
[353] Früh, Werner: Inhaltsanalyse. Theorie und Praxis. München 1991, S. 23.
[354] Merten, Klaus: Inhaltsanalyse. Einführung in Theorie, Methode und Praxis. Opladen 1995, S. 87.
[355] Ebd., S. 11.
[356] Klaus Krippendorf zit. nach Kamps (1999), S. 221.

Inhaltsanalyse erfasst also statistisch repräsentative Eigenschaften von Texten unter forschungstheoretisch begründetem Blickwinkel.'[357] Die Inhaltsanalyse erfasst sowohl quantitative als auch qualitative Aspekte. Als quantifizierende Methode ordnet und verdichtet sie Informationen. Aus den Daten alleine aber lässt sich kein Schluss ziehen, außerdem ist nicht alles zählbar, erst die Interpretation qualifiziert die Analyse. Es ist weder möglich, Kommunikationsvorgänge in ihrer Ganzheit zu rekonstruieren noch herauszufinden, inwiefern Medien ein objektives Bild realer Geschehnisse liefern. Zudem lassen sich zwar mit Hilfe der Inhaltsanalyse Hypothesen auf Wirkungen der Medieninhalte schließen, Kausalitätsaussagen von Inhalt auf Kommunikator oder von Inhalt auf Wirkung bleiben dabei aber immer spekulativ.[358] Jede Inhaltsanalyse, die sich auf einen bestimmten Zeitraum beschränkt, zeigt lediglich einen Ausschnitt und eine damit verbundene besondere Ereignislage, was die Frage nach der Aussagekraft und Generalisierbarkeit der Ergebnisse aufwirft. Die Ereignisse haben zwar Einfluss auf die Ergebnisse der Analyse, dieser ist aber kalkulierbar.

Es sei darauf hingewiesen, dass die vorliegende Arbeit keine empirischen Beweise darüber erbringen kann, inwieweit die Auslandsmagazine zur Förderung der Völkerverständigung beitragen können. Fundierte Erkenntnisse dieser Frage könnten lediglich durch eine breit angelegte Zuschauerbefragung erlangt werden, die im Rahmen dieser Untersuchung nicht geleistet werden kann. Insofern können mittels der Analyse lediglich Aussagen darüber gemacht werden, inwiefern die Beiträge Informationen, Hintergründe und Zusammenhänge kultureller und gesellschafts-politischer Phänomene und Ereignisse vermitteln, die eventuell bei den Rezipienten Interesse, Verständnis und Toleranz gegenüber anderen Kulturen hervorrufen können und – im Idealfall – ein Klima für friedliches Handeln in Krisensituationen erzeugen.

6.2 Untersuchungsgegenstand

Als Grundgesamtheit für die Analyse wurden jeweils 12 Sendungen der beiden Auslandsmagazine gewählt. Der Erhebungszeitraum erstreckt sich vom 06. Juli bis

---

[357]Kamps (1999), S. 224.

[358]Das liegt sowohl an der Polysemität von Medienbotschaften als auch an der unterschiedlichen Wahrnehmung von Rezipienten. Vgl. Kamps (1999), S. 223; Ausnahme bilden hier die gesicherten Wirkungserkenntnisse im Bereich des *agenda settings* und öffentlichen Diskurses. Vgl. auch Kapitel 4.

06. November 2003.[359] In diesem Untersuchungszeitraum sendete der *Weltspiegel* 66 Beiträge in einer Gesamtsendelänge von 480 Minuten, wovon rund 332 Minuten der Dritten-Welt-Berichterstattung zufielen.[360] Das *auslandsjournal* sendete in diesem Zeitraum 42 Beiträge mit einer Gesamtzeit von 369 Minuten Sendezeit, von der circa 197 Minuten der „Dritten-Welt-Berichterstattung" zuzuordnen sind. Die Wahl, die mittelfristige Berichterstattung am Beispiel der Magazine *Weltspiegel* und *auslandsjournal* zum Gegenstand der Untersuchung zu machen, lagen folgende Überlegungen zu Grunde:[361]

- Durch die spezielle Form der Korrespondentenberichterstattung sollen die Journalisten ihre *„Aufgabe einer die Kulturen verbindende Berichterstattung"* gewährleisten.[362] Die regelmäßig ausgestrahlten Magazinreihen sind im Gegensatz zu den Sendungen der kurzfristigen (Nachrichten) und der langfristigen Berichterstattung (Dokumentationen) am besten geeignet, eine kontinuierliche und „fernsehgerechte" Berichterstattung zu leisten. Damit könnten die Auslandsmagazine die Möglichkeit zur Auseinandersetzung mit fremden Kulturen nutzen und ihre Informations- Orientierungs- und politische Funktion erfüllen (vgl. Kapitel 2.2 und 2.4).
- Man kann davon ausgehen, dass vor allem die Korrespondenten-Magazine die Einstellungen der Zuschauer beeinflussen und Meinungen prägen, da die "großen" Features und Dokumentationen einen kleineren und interessierteren, also auch über ein (Vor-) Urteil verfügenden Rezipientenkreis verfügen. Aus diesem Grund, sowie in Anbetracht der relativ großen und beständigen Sehbeteiligung, lässt sich vermuten, dass die sehfreundlich gestalteten Auslandsmagazine einen nicht unerheblichen Einfluss auf das Weltbild der Zuschauer haben. Die Tatsache, dass den Rezipienten bei Auslandsberichten in aller Regel das Korrektiv der eigenen Erfahrung fehlt (Primärerfahrung), erweitert den Einfluß auf das Bild der Zuschauer (Sekundärerfahrung).

[359]Da beide Auslandsmagazine einige Male aufgrund aktueller Sportereignisse oder Wahlen ausgefallen sind, erstreckt sich der Untersuchungszeitraum nicht genau auf drei Monate, sondern es wurden noch Sendungen aus Oktober bzw. Anfang November 2003 genommen, damit die Grundgesamtheit von 12 Sendungen je Auslandsmagazin erreicht wurde. Vgl. auch Beitragsauflistung der Sendungen in Anhang I und II.

[360]Inklusive Moderation. Genaue Beitragslänge der einzelnen Sendungen vgl. Sendeprotokolle in Anhang I und II.

[361]Vgl. auch Kapitel 2.3.2 und Kapitel 2.3.3.

[362]Neumann-Bechstein (1997), S. 149.

"Das Fernsehen liefert uns seine eigene Version der Ereignisse, sogar seine eigene Version der Welt, der Politik, der Geschichte. Das Problem besteht darin, dass diese immer öfter zur einzigen Version der Ereignisse wird [...] die [...] das anonyme Mitglied der Massengesellschaft, kennt. Wir stützen unser Wissen von der Welt nicht so sehr auf eine Kenntnis der Ereignisse und der Prozesse dahinter als auf die Fernsehbilder davon, das heisst, auf die interpretierte Version, die wir vorgesetzt bekommen und glauben".[363]

- Da es sich bei den Reihen *auslandsjournal* und *Weltspiegel* um Korrespondentenmagazine handelt, kommt hinzu, dass sie ein in Bezug auf das Medium aussagekräftiges Bild seiner Auslandsberichterstattung liefern, da sie das Ergebnis einer Zusammenarbeit von Redaktion und Korrespondenten, also eines internen Prozesses sind; im Gegensatz zu aktuellen Nachrichtensendungen, bei denen externe Prozesse in Form von Agenturmeldungen wirksam werden. Dies bietet überdies die Möglichkeit, die geographisch-politisch und thematisch unausgewogenen Informationen der Agenturen und der Nachrichtensendungen zu ergänzen und fundierte Hintergrundberichterstattung leisten.[364] Anstatt lediglich eine „optische Wiederholung" der Nachrichten zu präsentieren, sollten sie daher ein Kontrastprogramm zu den aktuellen News liefern.[365] ARD und ZDF sind immerhin die einzigen Sender, die sich einen regelmäßigen Programmplatz für Auslandsberichterstattung leisten.
- Sowohl *Weltspiegel* aus auch *auslandsjournal* haben den Anspruch, den Zuschauern einen Überblick über das Weltgeschehen zu vermitteln, sie wollen der Völkerverständigung dienen und Hintergrundberichterstattung bieten. Beide Sendungen haben also ein ähnliches Konzept und berichten aus unmittelbarer Perspektive der Korrespondenten über das Weltgeschehen. Insofern sind die beiden Auslandsmagazine gut miteinander zu vergleichen. Im Folgenden werden nun die Entwicklungen und das Konzept beider Sendungen vorgestellt.

---

[363]Der polnische Reporter Ryszard Kapuscinski, zit. nach: Cippitelli (2003), S. 11.

[364]Es wäre sicherlich interessant, die mediale Agenda der hauptsächlichen Nachrichtenagenturen mit der der Redaktionen bei *Weltspiegel* und *auslandsjournal* zu vergleichen. Da dies aber den Rahmen dieser Arbeit sprengt, soll lediglich auf ein potentielles Untersuchungsziel verwiesen werden.

[365]Vgl. Simon, Klaus zit. nach: Waffenschmidt (1989), S. 86.

6.2.1 Der *Weltspiegel*

Wer sich mit Auslandsberichterstattung im deutschen Fernsehen beschäftigt, kommt am *Weltspiegel* nicht vorbei. Das ARD-Auslandsmagazin stellt sich seit über 40 Jahren dem Anspruch, seinem Namen - ein „Spiegel der Welt" zu sein – gerecht zu werden.

6.2.1.1 Entwicklung

Der Sendebeginn des *Weltspiegel* mit dem Untertitel "Auslandskorrespondenten berichten"[366] startete am 5. April 1963. Der *Weltspiegel* war die erste Magazinreihe[367] dieser Art, das erste spezifische Forum für Auslandskorrespondenten, in dem sie ausführlich über politische Entwicklungen, Ereignisse und Menschen berichten konnten. Nach wenigen Monaten war der Weltspiegel für viele Millionen Zuschauer das „populäre Fenster zur Welt".[368] Der wöchentliche Ausstrahlungsrhythmus hat sich bis heute erhalten, nur die Programmplätze wurden im Laufe seiner Geschichte verschiedentlich gewechselt.[369] Bis zum Jahre 1974 wurde die Sendereihe von den ARD-Anstalten NDR und WDR gemeinsam getragen und abwechselnd produziert. Ab Januar 1975 traten zu diesen beiden Anstalten der BR und der SDR hinzu, die zuvor zusammen für das ARD-Magazin *Kompass - ARD-Auslandsberichte* verantwortlich waren. *Kompass* sollte auf mittelfristiger Ebene die Kluft zwischen dem sehr stark an der kurzfristigen Aktualität orientiertem *Weltspiegel* und den langfristig geplanten Features und Dokumentationen schließen.[370] Die Beliebtheit des Magazins *Kompass* führte unter anderem zu dem Entschluss, dieses einzustellen, das erfolgreiche Modell auf den *Weltspiegel* zu übertragen und dessen Sendezeit von 30 auf 40 Minuten zu verlängern. Die *Kompass*-Redaktionen beim BR und SDR wurden zu *Weltspiegel*-Redaktionen und setzten damit sozusagen "unter

[366]Mittlwerweile werden die Beiträge des *Weltspiegel* nicht mehr mit diesem Untertitel versehen.

[367]Der Beginn des *Weltspiegels* lief also fast parallel mit der Entstehung des neuen Sendeformats des Magazins seit den frühen 60er Jahren.

[368]Die Geschichte des *Weltspiegels* unter www.ndrtv.de/weltspiegel/history.html (06.07.03).

[369]Loewy, Ernst; Klünder, Achim: Magazinbeiträge im deutschen Fernsehen, Bd. 3, Frankfurt 1981, S. 275.

[370]*Kompass*, dessen erste Folge am 17. 1. 1973 und dessen letzte am 18. 12. 1974 ausgestrahlt wurden, unterschied sich vom *Weltspiegel* nicht nur durch den längeren Senderhythmus und mehr Sendezeit (45 Minuten), sondern auch durch das zugrundeliegende Konzept. *Kompass* war zur Ergänzung des Spektrums der Auslandsberichterstattung auf mittelfristiger Ebene geschaffen worden. Außerdem sollte das Korrespondentennetz der ARD besser ausgelastet werden. Die längere Sendezeit erlaubte zudem analytischere Berichte, was die Sendereihe bei Korrespondenten und Zuschauern gleichermaßen beliebt machte. Vgl. ebd., S. 262.

neuer Flagge" ihre Arbeit gemeinsam mit den "Gründungsredaktionen" des NDR und WDR fort. In seinen Anfängen hatte der *Weltspiegel* eine Einschaltquote von bisweilen über 35 Prozent. Nach der Nazi-Propagandapolitik des Zweiten Weltkrieges waren die Deutschen hungrig nach Nachrichten aus dem Ausland, und der Weltspiegel wollte nun zu einer toleranten und weltoffenen Mentalität beitragen.[371] Durch die zunehmende Zahl kommerzieller Kanäle mit „aggressivem Unterhaltungsprogramm" hat es auch der Weltspiegel immer schwerer, seinen Platz zu behaupten. Die Einschaltquote hat sich bei durchschnittlich-stabilen 11% eingependelt; die Zuschauerzahlen bei durchschnittlich drei Millionen Zuschauer.[372] In Bezug auf den Sendeplatz am Sonntagabend um 19:10 Uhr nach der „Lindenstraße" hat es der *Weltspiegel* etwas einfacher als das *auslandsjournal*, Zuschauer mit in die Sendung „zu ziehen". Moderiert wird vor einer Bluebox, während sich im Hintergrund eine virtuelle Weltkugel dreht und Ausschnitte auf die kommenden Beiträge einstimmen. Jeder Beitrag wird am Ende der Anmoderation geographisch anhand von eingeblendeten Landkarten verortet.

6.2.1.2 Konzept

Der *Weltspiegel* wird von vier ARD-Anstalten produziert. Jeder der beteiligten Sender produziert seinen *Weltspiegel* in den eigenen Studios mit eigenem Moderator. Durch den föderativen Charakter der ARD gibt es unter den vier Landesredaktionen, denen wiederum verschiedene Berichtsgebiete zugeteilt sind, keine einheitliche Konzeption der Sendung.[373] So werden andererseits eine gewisse Ausgewogenheit und die Einschätzung verschiedener Redaktionen gewährleistet. Andreas Cichowicz moderiert seit 2000 die Ausgaben des NDR, Peter Metzger ist seit 1996 Moderator der Münchner Ausgabe (BR) des *Weltspiegels*, Tina Hassel ist seit 2001 die erste weibliche Moderatorin des *Weltspiegels* für den WDR und Patrick Leclercq ist seit 2003 *Weltspiegel*-Moderator für den SWR.[374] Die formale Gestaltung des 40-minütigen Live-Auslandsmagazins ist einheitlich: Pro Sendung werden vier bis fünf Beiträge präsentiert, die durch Moderationen miteinander verknüpft sind und in der Regel zwischen vier und sieben Minuten dauern. Die Berichte behandeln politische, gesellschaftliche, soziale und kulturelle Aspekte eines jeweiligen Themas

[371] Vgl. Geschichte des Weltspiegels: www.ndrtv.de/weltspiegel/history.html (06.07.03).
[372] Lennartz (1996), S. 210 sowie nach Angaben des verantwortlichen NDR-Redakteurs Frank Jahn (31.08.04).
[373] Vgl. Neudeck (1977), S. 19.
[374] Vgl. www.ndrtv.de/weltspiegel/history.html (06.07.03).

und werden durch Moderation kommentiert, ergänzt oder erläutert. Der ehemalige *Weltspiegel*-Moderator Nikolaus Brender über die Funktion des Moderators im *Weltspiegel*:

> *Er muss unterschiedliche Beiträge [...] so zusammenbinden, dass es noch ein organisches Produkt gibt. Für mich war der beste Weltspiegel-Moderator Dagobert Lind. [...] Er hat sich völlig freigemacht von gängigen Klischees [...] Er hat sich die Stücke wirklich angeguckt und damit intensiv beschäftigt. Danach hat er das, was er unmittelbar empfand, dem Zuschauer vermittelt. Seine persönlichen Zweifel und Fragen hat er immer mitvermittelt. Und das, denk ich, ist auch in der gesamten Auslandsberichterstattung zunehmend wichtiger.*'[375]

Bei *Weltspiegel* und *auslandsjournal* sind die Moderatoren in der Regel oft selbst Auslandskorrespondenten gewesen und kennen damit die journalistische Arbeit vor Ort. Der Moderator versucht die Welt „begehbar" zu machen. Er gibt Hinweise auf Konfliktherde, die in der Sendung angesprochen werden, schafft eine geographische Orientierung, gibt Hinweise auf weitere Entwicklungen und überbrückt oder glättet Schwächen des Beitrags. Der Moderator muss über das angesprochene Thema sehr gut vorinformiert sein, um dem Zuschauer eine Orientierung zu den angesprochenen Sachverhalten zu geben und komplexe Vorgänge transparent zu machen. Anstelle einer rein sachlichen Mitteilung kann der Kommentar durchaus wertender und handlungsorientiert sein, indem z. B. auf Änderungen oder Verbesserungen hingewiesen wird. Der Moderator schafft den persönlichen Kontakt und ist Mittler zwischen dem Sender und dem Publikum.[376]

> *„Das Anmoderieren gehört zum Schwierigsten [...]. Die Verdichtung auf 30 Sekunden ist im Grunde nicht zu schaffen. [...] Das wird immer in die Hosen gehen, [...] wenn die Leute das Gefühl haben, der hat das Problem sowieso nicht kapiert [...] und der erzählt dann irgendwelche abgelesenen [...] Dinge. Das ist schwierig, aber der Moderator ist im Grunde ein Verkäufer. Das Wichtigste ist der Film, und der Moderator muss vielleicht mit seinem Gesicht und seiner Persönlichkeit so überzeugend sein, dass er so die Rutschbahn zu diesem Beitrag schafft [...].*[377]

---

[375]Bender zit. nach Hörburger, Christian: Krieg im Fernsehen. Didaktische Materialien und Analysen für die Medienerziehung. In: Bildungswerk für Friedenserziehung und Jungendarbeit Jena e.V. Verein für Friedenspädagogik Tübingen e. V. (Hg.), abrufbar im Internet unter: http://www.friedenspaedagogik.de/themen/medien/kif/kif_052_61.pdf, S. 8 (06.06.04).

[376]Bender zit. nach Hörburger, Christian: Krieg im Fernsehen. Didaktische Materialien und Analysen für die Medienerziehung. In: Bildungswerk für Friedenserziehung und Jugendarbeit Jena e.V. Verein für Friedenspädagogik Tübingen e. V. (Hg.), abrufbar im Internet unter: http://www.friedenspaedagogik.de/themen/medien/kif/kif_052_61.pdf, S. 8 (06.06.04).

[377]Ebd.

Die Philosophie des *Weltspiegel* ist im Prinzip ähnlich wie bei dem *auslandsjournal* des ZDF. Die Reportagen sollen dem Zuschauer bei der Orientierung über die aktuellen Ereignisse auf der Welt helfen.[378] Der *Weltspiegel* will auch über wichtige und neue Entwicklungen berichten und eine Ergänzung zum aktuellen Programm bieten, indem er wichtige Themen aus dem Ausland in ihren Zusammenhängen aufzeigt. Dabei bieten die Sendungen nicht nur politische Hintergrundgeschichten, sondern auch „interessante Bildgeschichten über den Alltag der Menschen in anderen Ländern".[379] Der *Weltspiegel* will die deutschen Zuschauer in erster Linie informieren. *„Nicht Meinung ist die Absicht, sondern Aufklärung."*[380] Dieser Tradition ist der *Weltspiegel* mit seiner klaren Ausrichtung an den öffentlich-rechtlichen Richtlinien auch heute noch verbunden.

Allerdings konzentrieren sich selbst traditionsreiche Sendungen wie der *Weltspiegel* längst nicht mehr nur auf die politische Hintergrundberichterstattung. *Weltspiegel*-Moderator Andreas Cichowicz etwa verweist darauf, dass auch das Leichte und Bunte im Themenmix einer Sendung vorkommen müsse.[381] Im Gegensatz zum ZDF setzt man hier nicht auf Neupositionierung, sondern auf „vorsichtige Modernisierung". *Weltspiegel*-Moderatorin Tina Hassel bekennt: *„Wir sind die Dinosaurier unter den Auslandsmagazinen und wollen nur wenig verändern."*[382] Und so finden eben auch Lifestyle-Themen und Tiergeschichten ins Programm, die zur Gründerzeit der Sendung noch unvorstellbar gewesen wären. NDR-Redakteurin Juliane Eisenführ beschreibt die Bestandteile einer optimalen Sendung folgendermaßen: Ein aktuelles Stück am Anfang, eine opulente Georeportage, die vor allem schöne Bilder zeigt und eine „bunte Abschlussgeschichte", die durchaus auch politische Themen behandeln kann.[383]

---

[378] Zur Philosophie des Weltspiegels: http://www.daserste.de/weltspiegel/kontakt.asp (03.09.03).
[379] Ebd.
[380] Hübner, Heinz Werner: *Weltspiegel* – die Story einer erfolgreichen Sendung. Freiburg 1974, S. 8
[381] Vgl. Beitrag von Sascha Becker zu „Auslandsberichterstattung in den deutschen Medien" unter: http://www.swr.de/swr-uniforum/spektrum/medien.html (22.04.04).
[382] Hassel zit. nach Röhrig, Meike: Her mit den einäugigen Löwen, in: taz Nr. 7177 vom 09.10.2003.
[383] Vgl. Eisenführ zit. nach einer Studie der Universität Bonn: Internationale Berichterstattung in deutschen Medien – Empirische Studien zu Presse, Hörfunk und Fernsehen. Das ARD- Auslandsmagazin Weltspiegel. Wintersemester 1998/1999, S. 41.

6.2.2 Das *auslandsjournal*

Auch das *auslandsjournal* will dem deutschen Zuschauer seit über 30 Jahren Woche für Woche „ein Fenster zur Welt“ bieten und gehört damit mit zu den ältesten und bekanntesten Magazinen des deutschen Fernsehens.

6.2.2.1 Entwicklung

Das *auslandsjournal* des ZDF ist eine von drei eigenständigen Redaktionen in der 1971 geschaffenen Hauptredaktion Außenpolitik. Anfang der 70er Jahre wurde eine neue Konzeption in der Hauptredaktion Außenpolitik des ZDF entwickelt, die mehr aktuelles Geschehen wiedergeben, zugleich aber auch Ursachen und Zusammenhänge deutlich machen sollte. Anstelle von *Ortszeit* wurde dann ab Oktober 1973 das wöchentliche Auslandsmagazin *auslandsjournal* mit einer Sendedauer von 45 Minuten am Freitagabend um 19:30 Uhr eingeführt.[384] Nach mehrfachem Sendeplatzwechsel aufgrund der Unterhaltungskonkurrenz wird das *auslandsjournal* seit Februar 1997 donnerstags um 21.15 Uhr ausgestrahlt.[385] Die Verkürzung der Sendezeit (von 45 auf 30 Minuten) bedeutete nicht nur die Verkürzung der Beiträge, sondern auch eine Veränderung der Gewichtung: beweglicher, munter, wach, witzig, prägnant, kompakt und klar strukturiert.[386] Das *auslandsjournal* produzierte im Jahr 2002 34 Sendungen, wurde von durchschnittlichen 2,96 Millionen Zuschauer gesehen und erzielte einen Marktanteil von 10,1 Prozent.[387]

6.2.2.2 Konzept

Die Redaktion des *auslandsjournal* ist Teil der Hauptredaktion Außenpolitik - die mit zu den Chefredaktionen des ZDF gehört - unter der Leitung von Dietmar Ossenberg, der seit 2001 auch das *auslandsjournal* moderiert.[388] Die Ziele des Magazins sind, verschiedene Themen durch klare Worte und eindruckvolle Bilder unkompliziert darzustellen und somit einen Überblick zum Weltgeschehen zu geben.[389]

---

[384] Im Januar 1970 strahlte das ZDF zum ersten Mal das Auslandsmagazin *Ortszeit* aus, das zunächst alle 14 Tage Berichte von Auslandskorrespondenten zeigte. *Ortszeit* war eine unkritische und unpolitische Sendung, die mit Vorzug über Einzelschicksale aus anderen Ländern berichtete. Vgl. Waffenschmidt (1989), S. 93-95.

[385] ZDF Jahrbuch 1997 auf CD-ROM, Mainz, Juni 1998.

[386] ZDF Jahrbuch 1997 auf CD-ROM, Mainz, Juni 1998.

[387] Vgl. www.zdf-jahrbuch.de/programmchronik/zdf-chefredaktion/aussenpolitik.htm, (20.04.04).

[388] Vgl. www.zdf.de/ZDFde/inhalt/8/0,1872,2000424,00.html, (22.4.04).

[389] Vgl. ZDF Jahrbuch 1997 auf CD-ROM, Mainz, Juni 1998.

Durch eine moderne Studiodekoration soll die klare Strukturierung der Sendung auch äußerlich deutlich werden. Das kleine "a" ist das Marken- und Erkennungszeichen des *auslandsjournal*. Die vormalige Weltkarte im Hintergrund wurde zunächst durch einen im Studio stehenden Globus ersetzt, der inzwischen im Studiohintergrund projiziert wird und sich permanent wandelt. Dies soll auf den ersten Blick zeigen: Die Welt ist Mittelpunkt der Sendung.[390] Ebenso wie bei dem ARD-Auslandsmagazin wird vor jedem Beitrag die geographische Lage veranschaulicht. Wie auch der *Weltspiegel* wird das *auslandsjournal* wöchentlich ausgestrahlt und behandelt politische, gesellschaftliche, soziale und andere Themen. Pro Sendung werden vier bis fünf Beiträge präsentiert, die durch Live-Moderation verbunden werden. Bezüglich der Rolle und Funktion des Moderators sagte Rudolf Radke (bis 1988 Moderator des *auslandsjournal*), dass diese einen „Top-Kommunikationsberuf" ausübende „Journalisten-Spezies" maßgeblich das Profil der Sendung prägen und nach außen eine Personalisierung des Programms erreichen sollen.[391] Der Moderator wird damit zu einem wesentlichen Markenzeichen der Sendung und sogar zur Identifikationsfigur für den Zuschauer, der „zum vertrauten Mittler zwischen Autor und dem Zuschauer" wird. Für außenpolitische Magazine empfehle es sich, so Radke, die Informationen weniger als Gesamtüberblick zu bringen, sondern mehr als Ausschnitt, der Rückschlüsse auf das Ganze zulässt und dem Zuschauer Zusammenhänge klarmacht und ergänzende Informationen z. B. zum historischen, wirtschaftlichen oder sozialen Umfeld hinzufügt.[392] Radke definiert die inhaltliche Konzeption der Sendung folgendermaßen:

> *„Sein Konzept stützt sich nur zu einem Teil auf die Wochenaktualität, zu einem anderen, meist größeren Teil auf die Darstellung von latenten Problemen und Entwicklungen. Nicht der allgemeine Überblick über alle Facetten eines großen Themas ist hier möglich und nötig, sondern der ausgewählte Aspekt, der den Zugang zum Thema erschließt, ohne oberflächlich zu sein. Das ‚auslandsjournal' hält gewissermaßen die Gegenposition zur Land-und-Leute-Berichterstattung [...]. Die induktive Aufbereitung des Magazinsthemas kann den Verständnis- und Erinnerungswert erhöhen."*[393]

Die Redaktion will mit journalistischer Kompetenz die Hintergründe aktueller Ereignisse aufhellen und politische, wirtschaftliche und soziale Entwicklungen erklä-

---

[390] Vgl. ebd.
[391] Vgl. Radke zit. nach Waffenschmidt (1989), S. 95/96.
[392] ebd.
[393] Radke (1977), S. 43.

ren.[394] Dabei soll einerseits direkter und schneller auf aktuelle politische Geschehen eingegangen werden und andererseits über anstehende Ereignisse der Weltpolitik berichtet werden. Gemäß des Selbstverständnisses der Redaktion stehen nicht die Politiker, sondern vielmehr die von der Politik betroffenen Menschen im Mittelpunkt und an ihrem Beispiel soll den Zuschauern die Folgen von Politik verdeutlicht werden.[395] Jede Sendung endet immer mit folgenden Worten von Dietmar Ossenberg: *„So haben wir heute die Welt gesehen."* Damit verweist er implizit auf die notgedrungene Unvollständigkeit der Berichterstattung, und dass eine „adäquate" Auslandsberichterstattung im Prinzip unmöglich ist.

ZDF-Chefredakteur Nikolaus Brender sprach unlängst von einer „Neupositionierung der Auslandsberichterstattung".[396] *„Auch Klassiker müssen sich wandeln, um modern zu bleiben,"* meint auch ZDF-Auslandskorrespondent Peter Frey.[397] Demnach habe er nichts dagegen, wenn das *auslandsjournal* auch *„ein Stück Entspannung liefert, Bilder zeigt, die ein bisschen Freude an der weiten Welt vermitteln."*[398] Dies müsse man – ähnlich wie bei *Weltspiegel* - mit Tempo und Rhythmuswechsel erzielen: Von der „opulenten Geo-Reportage" über „Portraits" bis zum sogenannten „Aufreger", der uns alle betrifft.[399] *Auslandsjournal*-Redaktionsleiter Robert Bachem nennt das eine „emotionale Achterbahnfahrt durch die Welt" machen, was vor allem ein Zugeständnis an den ungünstigen Sendeplatz am Donnerstagabend um 21:15 Uhr sein soll.[400] Das *auslandjournal* muss damit Zuschauer von Formaten wie „Die lustigen Musikanten" oder „Die Stimme 2003" „hinüberzerren" und die Sendung mit zielgruppengerechten Themen wie „Verlobung mit dem Volk – Eine Bürgerliche erobert Spaniens Kronprinzen"[401] oder den boykottierten Italienurlaub des Bundeskanzlers[402] „anreißen". Verstärkt sind somit vor allem „Human-Interest"- sowie Tiergeschichten in der Themenagenda des *auslandsjournal* vorzufinden.

[394]Vgl. ZDF Jahrbuch 1997 auf CD-ROM, Mainz, Juni 1998.
[395]Vgl. www.heute.t-online.de/ZDFheute/artikel/11/0,1367,HOME-0-2070475,00.html vom 17.05.2004.
[396]Brender zit. nach: Röhrig (2003), S. 18.
[397]Frey (1999), S. 126.
[398]ebd.
[399] Vgl. ebd.
[400]Röhrig (2003), S. 18.
[401]*auslandsjournal* am 06.11.2003.
[402]*auslandsjournal* am 10.07.2003.

6.3 Hypothesen

Es werden zunächst zentrale Hypothesen formuliert, die im Prinzip eine Zusammenfassung der Kritikpunkte und Strukturmerkmale der „Dritte-Welt-Berichterstattung" darstellen[403] und anhand derer sich der anschließende Kriterienkatalog orientiert. Die folgenden Annahmen, die im Prinzip in den eingangs gestellten Fragestellungen gebündelt sind, zielen nicht darauf ab, Auslandsberichterstattung im Fernsehen umfassend zu beschreiben oder zu analysieren, sondern konzentrieren sich auf ausgewählte, als wesentlich erachtete Gesichtspunkte:

- Von den Ländern der „Dritten Welt" wird ein stark verzerrtes Bild vermittelt; positive und/oder eigenständige Entwicklungen werden vernachlässigt. Negative Krisen- und Konfliktberichterstattung dominieren.
- Aspekte der Alltagskultur[404] werden zu wenig dargestellt.
- Beide Sendungen vernachlässigen Hintergrundberichte zur Einordnung globaler Probleme; Lösungsansätze werden kaum diskutiert.
- Die Berichterstattung in *Weltspiegel* und *auslandsjournal* ist in der Auswahl und Kommentierung der Beiträge stark ethnozentristisch bzw. eurozentristisch gefärbt. Das heißt, die Beiträge orientieren sich stark an dem Nachrichtenfaktor der soziokulturellen Nähe, während andere Kulturkreise stark vernachlässigt werden. Des weiteren ist die Kommentierung von Ereignissen und Personen stark durch eine westliche Perspektive geprägt. Eine differenzierte Beurteilung findet selten statt.
- Die Berichterstattung ist auf städtische Schauplätze konzentriert und spiegelt die an Machteliten orientierte Berichterstattung wider.
- Die Auslandsberichterstattung beschränkt sich vorwiegend auf politische oder wirtschaftliche Themen. Dementsprechend werden in den Beiträgen vorwiegend öffentliche, wirtschaftliche oder politische Eliten eines Landes dargestellt. Die Bevölkerung oder die Betroffenen kommen unverhältnismäßig wenig zu Wort, wenn es sich nicht gerade um bekannte Persönlichkeiten handelt und werden negativ dargestellt bzw. bewertet.

[403] Vgl. MacBride-Bericht Kapitel 2.1 und vor allem Kapitel 3.
[404] Vgl. Kapitel 2.5.1.

- Es bestehen hinsichtlich der Auswahlkriterien der Themen und der inhaltlichen Präsentation der Beiträge keine gravierenden Unterschiede zwischen *Weltspiegel* und *auslandsjournal*.

6.4 Quantitative Untersuchung

Das quantitative Verfahren der Inhaltsanalyse erfasst das zu untersuchende Material und versucht durch Messung und Interpretation zu generalisierbaren Ergebnissen zu gelangen. Die zentrale Aufgabe der Inhaltsanalyse ist die systematische Kategorisierung, um Muster und Strukturelemente des Medienangebotes zu erkennen. Anhand des im Folgenden vorgestellten Kriterienkatalogs sollen bedeutsame Merkmale der „Dritten-Welt-Berichterstattung" untersucht werden.

6.4.1 Kriterienkatalog

Bei der Kategorisierung findet notwendigerweise ein Informations- und Komplexitätsverlust statt, der zugleich aber auch Vorrausetzung für einen Informationsgewinn darstellt: *„Die bewusst eingeschränkte Perspektive lässt größere strukturelle Zusammenhänge erkennen [...].“*[405]

6.4.1.1 Länderschwerpunkt

Der Schwerpunkt der Berichterstattung eines Auslandsmagazins muss selbstverständlich auf der Informationsübermittlung außerhalb der bundesdeutschen Grenzen liegen, denn Auslandsberichterstattung wird als *„jedes System der journalistischen Informationsübermittlung verstanden [...], in dessen Verlauf Informationen und Nachrichten staatliche Grenzen überschreiten.“*[406] Der Idealtyp der Auslandsberichterstattung sind die *foreign news abroad* im Gegensatz zu den sogenannten *home news abroad*,[407] worunter die ethnozentristische Fokussierung auf euro-amerikanisch geprägte Kulturkreise verstanden werden kann, die mit der gleichzeitigen Ausblendung oder Nicht-Erwähnung anderer Kulturen einhergeht.[408] Um ihren Funktionen[409] gerecht

---

[405]Früh (1991), S. 41 f.

[406]Hafez (2002), Bd. 1, S. 24.

[407]Darunter wird im Allgemeinen eine ethnozentristische Berichterstattung verstanden: es wird zwar über Ereignisse im Ausland berichtet, diese weisen aber starken thematischen, personellen oder institutionellen Bezug zu Deutschland auf. Vgl. ebd., S. 139.

[408]In der Literatur wurde Ethnozentrismus in der Berichterstattung zum einen auf deutsche Beteiligung hin untersucht (Hafez, 2002, Bd. 2; Wilke, 1998), um zwischen „reiner" Auslandsberichterstattung und Geschehen im Ausland mit deutschem Bezug zu differenzieren. Dadurch wäre gewissermaßen messbar gewesen, inwieweit die Dritte-Welt-Berichterstattung an Deutsch-

zu werden, sollten die Auslandsmagazine nicht nur unsere sozio-kulturellen und wirtschaftlichen Nachbarn fokussieren, sondern auch über Entwicklungen und Verhältnisse der Schwellen- und Entwicklungsländer berichten, denn *„[...] die grundsätzlichen Verhältnisse in den Ländern des Südens, die immerhin einen großen Einfluss auf globale Fragestellungen von Umwelt über Migration bis Frieden und Gerechtigkeit haben, sind ja immer noch die gleichen [...].‘*[410]

Um die geographischen Schwerpunkte zu ermitteln, wird als Gesamteinheit die Auslandsberichterstattung der Magazine insgesamt genommen. Da es in dieser Arbeit schwerpunktmäßig um „Dritte-Welt-Berichterstattung“ geht, wurden von dieser Grundgesamteinheit ausgehend die prozentualen Anteile der „Dritten-Welt“ gemessen. In der weiteren Analyse werden somit ausschließlich „Dritte-Welt-Länder“ und Schwellenländer berücksichtigt, über die während des Untersuchungszeitraumes berichtet wurde. Nach welchen Kriterien ein Land in die Analyse miteinbezogen wird, bedarf zunächst einer kurzen terminologischen Klärung der sogenannten „Dritten Welt“ bzw. der Schwellenländer.

In der internationalen politischen Terminologie sowie in der Umgangssprache hat sich der Begriff “Dritte Welt” weltweit als selbstverständlich durchgesetzt, daher wird im Folgenden die Anführungszeichen verzichtet. Allgemein gilt die Dritte Welt als Sammelbegriff für die im Hinblick auf ihren wirtschaftlichen Lebensstandard wenig oder unterentwickelten Staaten Afrikas, Asiens, Süd- und Mittelamerikas, der Karibik und Ozeaniens. *„The Third World consisting of mainly poor countries in the South America, the Caribbean, Africa, West Asia, the Arab World and South Asia.‘*[411] In den 60er Jahren wurde der Begriff „Dritte Welt“ auf alle Entwicklungsländer außerhalb Europas ausgedehnt; beide Begriffe werden heute weitgehend synonym

---

land, seine Interessen und Betroffenheit, gebunden ist. Zum anderen ist unter Ethnozentrismus auch die bevorzugte Berichterstattung über den eigenen Kulturraum mit der gleichzeitigen „Ausblendung“ anderer Kulturkreise zu verstehen. Vgl. z. B. Schwanebeck (2003), S. 24 und vgl. Kapitel 3; in dieser Untersuchung habe ich mich aufgrund des begrenzten Untersuchungszeitraums und dementsprechend wenig signifikanter Aussagen bzgl. deutscher Beteiligungen für die zweite Variante entschieden.

[409]Vgl. Kapitel 2.2 und 2.4.

[410]Pickert, Bernd, in: *taz* Nr. 6345 vom 13.01.2001, Seite 20.

[411]Galtung/Vincent zit. nach Schludermann (1998), S. 27/28.

verwendet.[412] Entwicklungsländer sind so ein Sammelbegriff für Länder, deren wirtschaftlich-technischer Entwicklungsstand und der damit verbundene soziale Lebensstandard aus Sicht der Industrienationen relativ niedrig ist.[413] Die meisten dieser Staaten haben sich in den letzten 200 Jahren aus dem Kolonialstatus befreit, sind aber bis heute in hohem Maße von auswärtigen Entscheidungsträgern abhängig.[414] Gemäß des Ausschusses für Entwicklungshilfe DAC (Development Assistance Dommitee) der OECD (Organisation für Wirtschaftliche Zusammenarbeit und Entwicklung) gehören zur Zeit ca. 152 Staaten[415] zu Entwicklungsländern und –gebieten. Die sogenannten Schwellenländern stellen eine weitere Gruppe ökonomisch benachteiligter Länder dar, die auch als *Newly Industrializing Countries* bezeichnet werden.[416] Da weder für die Entwicklungsländer, noch für die „Vierte Welt" oder die sogenannten Schwellenländer eine weltweit verbindliche Liste[417]

---

[412]Abgesehen von einzelnen Staaten Europas und der ehemaligen Sowjetunion, die nie zu der Dritten Welt, aber zu den Entwicklungs- (bzw. Schwellen-)ländern gezählt wurden und werden, wie z. B. die Türkei oder Polen, die in der quantitativen Analyse mit berücksichtigt wurden.

[413]Die Entwicklungsländer sind im allgemeinen gekennzeichnet durch: ungenügende Versorgung mit Nahrungsmitteln und häufig schlechter Gesundheitszustand, niedriges Pro-Kopf-Einkommen, ungenügende Bildungsmöglichkeiten, hohe Analphabetenquote, niedriger Lebensstandard bei oft ungleicher Verteilung von Macht, Gütern und Dienstleistungen, hohe Auslandsverschuldung und Kapitalmangel für Investitionen sowie anderen, extremen Disparitäten wirtschaftlicher und sozialer Art. Vgl. BMZ: Medienhandbuch Entwicklungspolitik 2000. Berlin 2000, S. 292.

[414]Oftmals wird in Bezug auf das Verhältnis der Industrienationen zu Entwicklungsländern auch von einem Nord-Süd-Konflikt gesprochen, indem fast alle Nationen der Dritten Welt die südliche Hemisphäre bilden, wogegen sich die meisten Industrienationen in der nördlichen Hemisphäre befinden. Die geographische Bezeichnung des Nord-Süd-Gefälles ist allerdings nicht exakt, da es sich um ein gespanntes Verhältnis bzw. Konflikt zwischen den westlichen Industrieländern einschließlich Japans und den afrikanischen, asiatischen und lateinamerikanischen Entwicklungsländern handelt. Diese Abhängigkeitsstrukturen der Entwicklungsländer gegenüber den Industrienationen entwickelten sich nach dem Zweiten Weltkrieg und dem Rückzug der ehemaligen Kolonialmächte und daraus resultierte die wirtschaftlich schwache Situation der Entwicklungsländer sowie soziale, kulturelle und bildungspolitische Benachteiligungen. Vgl. Schubert/Klein (2001), S. 206.

[415]DAC-Liste (Development Assistence Commitee) der Organisation für wirtschaftliche Zusammenarbeit und Entwicklung (OECD), unter: www.oecd.org/dataoecd/35/9/2488552.pdf (23.04.2004).

[416] Vgl. Schubert/Klein (2001), S. 258.

[417]Es gibt weltweit keine Einigung über maßgebliche Kriterien. Dabei spielen u.a. die schwierige Messbarkeit von Merkmalen, die Verfügbarkeit und Zuverlässigkeit von Daten und die Aussagekraft unterschiedlicher Merkmale eine Rolle. Hinzu kommt, dass die Definition von Entwicklungsländern auch von materiellen Interessen beeinflusst wird, denn mit der Zuordnung zu dieser Gruppe sind auch Hilfsansprüche, die sog. „öffentliche Entwicklungshilfe", verbunden. Vgl. Publikation „Entwicklungsländer" (Heft 252) der Bundeszentrale für politische Bildung (2004), S. 3 f.

vorherrscht, nach der eine eindeutige Abgrenzung möglich wäre,[418] werden in der Analyse auch die Schwellenländer miteinbezogen. Diese Entscheidung beruht auf der Tatsache, „*dass der wirtschaftliche Fortschritt dieser Länder keineswegs allen Teilen der Bevölkerung zugute kommt und die politische und sozio-kulturelle Entwicklung nicht parallel zu den wirtschaftlichen Erfolgen verlaufen muss.*“[419] Außerdem erfolgt die Kategorisierung nach den ökonomischen Maßstäben der Industrieländer, was auch als ein Hinweis auf gewisse Interessenlagen in der Dritten Welt anzusehen ist, und zudem als eurozentristische Perspektive gelten kann.[420] Bei der Einteilung der Länder für die Analyse dient die DAC-Liste trotz aller Bedenken als Orientierungsmaßstab, da sie als am umfangreichsten erscheint und sowohl alle Entwicklungsländer- und gebiete in Europa und Übersee als auch die am wenigsten entwickelten Länder sowie Schwellenländer berücksichtigt.

6.4.1.2 Themenschwerpunkte

Es gilt herauszufinden, ob in der Dritten-Welt-Berichterstattung die sogenannten „bad news“ dominieren, und ob sich die Berichterstattung vorwiegend auf politische oder wirtschaftliche Themen konzentriert. Werden auch über eigenständige bzw. positive Entwicklungen der Dritte-Welt-Länder berichtet? Erfährt der deutsche Fernsehzuschauer genug über den Alltag der Menschen aus anderen Ländern? Wird die kulturelle und gesellschafts-politische Vielfalt ausreichend dargestellt?

Die Konfliktperspektive[421] nimmt innerhalb dieser Kategorie eine „Sonderstellung“ ein, da sie sich eigentlich aus mehreren „Sub-Sachgebieten“ zusammensetzt, die zusammen die beiden Kategorien „Konflikte im Sinne des Negativismus“ oder „positive oder neutral zu bewertende Konflikte“ ergeben. Die beiden Konfliktkategorien stellen somit automatisch schon eine wertende Komponente dar. Die Dif-

---

[418] Die Zahl der Schwellenländer schwankt zwischen zehn und 29 Ländern. Vgl. Schubert/Klein (2001), S. 258.

[419] Publikation „Entwicklungsländer“ (Heft 252) der Bundeszentrale für politische Bildung, (2004), S. 7. Gerade Russland ist hier ein gutes Beispiel: Ein Viertel der russischen Bevölkerung lebt unter der Armutsgrenze, obwohl die Wirtschaft boomt. Die berüchtigte „Arm-Reich-Schere“ wird gerade in solchen „Transformationsgesellschaften“ wie die der sogenannten Schwellenländer immer weiter.

[420] In den internationalen Organisationen dominieren immer noch ökonomische Merkmale, da diese Daten meist einfacher disponibel sind und konsensfähiger erscheinen. Angeblich gibt es einen Trend zusätzliche Indikatoren mit zu berücksichtigen. Vgl. Publikation „Entwicklungsländer“ (Heft 252) der Bundeszentrale für politische Bildung, (2004), S. 4.

[421] Vgl. Kapitel 3.

ferenzierung des Konfliktbegriffs lehnt sich an die Vorgehensweise Hafez' an, der diese damit begründet, dass nicht jegliche Form von Konflikt negativ konnotiert sein muss:

> *„Während wenig Uneinigkeit darüber herrschen kann, dass physische Gewaltkonflikte (wie Kriege oder Terror) tatsächlich als negativ eingestuft werden müssen, können gewaltlose Konflikte auch als Teil regulärer und unvermeidlicher gesellschaftlicher Abläufe betrachtet werden. Eine gesellschaftliche Krise ist [...] nicht nur ein Moment der Zuspitzung von Konflikten, sondern oft zugleich ein Wendepunkt des Konfliktgeschehens und damit möglicherweise der Anfang der Lösung des Konflikts.“*[422]

Insofern können Kontroversen, Streit und Polemik durchaus fortschrittsfördernde und fruchtbare Resultate hervorrufen. Um dem Doppel-Charakter des Konfliktsbegriffs Rechnung zu tragen, wurde eine Doppelkodierung vorgenommen, die es erlaubt, sowohl den Anteil der als negativ zu bezeichnenden Konflikte als auch positive oder wertneutrale Konflikte in der Dritten-Welt-Berichterstattung zu bestimmen. Zwischen Gewalt- und gewaltlosen Konflikten wurde hier nicht explizit unterschieden, da zum Beispiel Berichte über die Mafia oder Korruption nicht unbedingt mit gewalttätigen Handlungen verbunden sein müssen, als kriminelle Akte jedoch eindeutig negativ behaftet sind. Für die Analyse wurden Mehrfachkodierungen zugelassen, um mehreren behandelten Sachgebieten innerhalb eines Beitrags gerecht zu werden. Insgesamt enthält die Kategorie „Sachgebiete“[423] folgende Elemente:

- Konflikte im Sinne von Negativismus: z. B. kriegerische Auseinandersetzungen, Terror, Gewalt, Krankheiten, Entführung, (Umwelt)-Katastrophen, Aufstände, Rassenunruhen, Kriminalität, Korruption, Mafia, Prostitution
- Konflikte, die neutral oder positiv zu bewerten sind wie gesellschaftliche Diskussionen und Debatten über religiöse, kulturelle und soziale Konflikte, eigenständige Leistungen, Entwicklungsberichte
- Politik: legislative, exekutive und judikative Gewalt, Wahlen, Parteien, Entwicklungspolitik, prominente Persönlichkeiten aus der Politik, Militär und Justiz

[422]Hafez (2002), Bd. 2, S. 59; allerdings ermittelt Hafez die negativ, positiv oder neutral zu bewertenden Konflikte nicht im Rahmen der Sachgebiete, sondern extra unter der Rubrik „Ereignisvalenzen“, vgl. ebd., Kapitel 4.2.2.

[423]Ohne hier im Einzelnen auf die „feinen“ begrifflichen Bedeutungsunterschiede zwischen „Thema“ und „Sachgebiete“ Rücksicht zu nehmen, werden hier beide Begriffe synonym verwandt. Für die vorliegende Arbeit wurde diese Differenzierung als für nicht relevant erachtet.

- Wirtschaft: wirtschaftliche Situation, Arbeitslage, Industrie und Unternehmen
- Umwelt: Tier- und Naturschutz
- Kultur: alltagskulturellen Aspekte[424], wie beispielsweise ethnographische Gesichtspunkte wie Kultus, Religion, Bräuche, Traditionen, Sitten sowie Lebensweise, Kulturgüter, Kulturschaffende
- Human Interest: Themen, die vorwiegend Emotionen auslösen und menschliche Anteilnahme/Betroffenheit erzeugen; (kuriose) Meldungen mit unterhaltendem „Soft-News-Charakter", d.h. ohne erkennbaren Informationswert bzw. Bedeutung für den Rezipienten
- Sonstiges : nicht in dieses Schema einzuordnende Beiträge, wie z. B. Kuriosa

6.4.1.3 Akteure

Es soll die Hypothese der Elitenzentrierung überprüft werden und der Frage nachgegangen werden, ob es sich bei den auftretenden Akteuren überwiegend um politische oder wirtschaftliche Eliten handelt oder ob auch Menschen aus der Bevölkerung sowie kulturelle Minderheiten zu Wort kommen. Diese Kategorie wird im Folgenden korrekterweise „Aussageträger" heißen, da nur Personen oder Institutionen bzw. deren Vertreter gezählt wurden, die in der Berichterstattung direkt zu Wort kommen, und nicht etwa nur die Handlungsträger. Die Analyse von Aussageträgern ist für die Interpretation von besonderer Bedeutung, wenn man Meinungsvielfalt als wesentliche Aufgaben der Medien betrachtet. Zeugenaussagen liefern Eindrücke und Einblicke, die sonst oft verschlossen bleiben. Auch hier sind Mehrfachnennungen zulässig. Die Kategorie „Aussageträger" wurde aufgeschlüsselt in:

- offizielle Staatsvertreter: aus Exekutive, Legislative oder Judikative, einschließlich prominenter Persönlichkeiten der Politik, Militär und Soldaten
- Organisationen im Sinne von organisierten Gesellschaftsgruppen, die formal eine feste Organisationsstruktur und Programmatik aufweisen wie Parteien, Gewerkschaften, Verbände, Vereine, regionale und internationale Organisationen (sowohl staatlich als auch Nichtregierungsorganisationen)
- Vertreter der Wirtschaft

---

[424] Vgl. Kapitel 2.5.1.

- nichtorganisierte Gruppen: in Erscheinung tretende Privatpersonen, die zu Wort kommen, wie Personen aus der Bevölkerung, Betroffene etc.
- Sonstige (Journalisten)

6.4.1.4 Schauplätze der Berichte

Um die Hypothese der Metropolenorientierung zu überprüfen, in wird dieser Kategorie unterschieden zwischen Berichten aus

- Hauptstädten, Metropolen und größeren Städten und
- Kleinstädten/Dörfern/ländlichen Gebieten.

Um Standortwechsel während des Berichts zu berücksichtigen, wurden auch in dieser Kategorie Mehrfachkodierungen zugelassen.

6.4.2 Ergebnisse der quantitativen Analyse

Im Folgenden werden die Resultate der quantitativen Untersuchung von *Weltspiegel* und *auslandsjournal* vorgestellt:

6.4.2.1 Verteilung der geographischen Schwerpunkte

Von den insgesamt 112 erfassten Ausgaben von *Weltspiegel* und *auslandsjournal* ließen sich 112 Beiträge zu den Berichtsländern gemäß der Definition dieser Kategorie zuordnen. Davon sendete der *Weltspiegel* 66 und das *auslandsjournal* 46 Beiträge.[425] Es wurde während des Untersuchungszeitraumes aus insgesamt 54 verschiedenen Ländern berichtet. Die 66 Beiträge des *Weltspiegel* berichteten aus 37 Ländern[426], die 46 Beiträge des *auslandsjournal* aus insgesamt 27 unterschiedlichen Ländern.[427] In der folgenden Tabelle wird eine Rangliste der Länder aufgestellt, über die am meisten berichtet wurde:

---

[425]Vom *Weltspiegel* gehen insgesamt 68 Länder in die Analyse mit ein. Dies resultiert aus einer Mehrfachkodierung des Beitrages „Kein Herz für die Kinder in Bethlehem" vom Weltspiegel am 27.07.03, der sowohl aus Palästina als auch aus Bethlehem berichtet. Für das *auslandsjournal* sind es 45, da ein Beitrag in der Sendung vom 02.10.03 einen Rückblick auf 30 Jahre *auslandsjournal* liefert, der zu der Kategorie „Sonstige" zugeordnet wurde. Vgl. Beitragsauflistung der beiden Magazine im Anhang I und II.

[426] Afghanistan, Belgien, Bolivien, Brasilien, China, Ecuador, England, Frankreich, Guam, Haiti, Indien, Indonesien, Irak, Iran, Island, Israel, Italien, Japan, Korea, Liberia, Malaysia, Mali, Namibia, Pakistan, Palästina, Polen, Portugal, Philippinen, Russland, Saudi-Arabien, Schweiz, Südafrika, Tibet, Tschetschenien, Türkei, USA, Vietnam.

[427]Abchasien, Afghanistan, Australien, Bolivien, China, Frankreich, Grönland, Indonesien, Irak, Iran, Israel, Italien, Japan, Kamerun, Kolumbien, Kuba, Mali, Nepal, Niger, Russland, Schweden, Schweiz, Spanien, Taiwan, Thailand, Türkei, USA.

	Weltspiegel (Beitragsanzahl)	*auslandsjournal (Beitragsanzahl)*
1.	Russland (8)	USA (6)
2.	Irak/Südafrika (je 5)	Irak/Russland (je 4)
3.	Liberia/USA (je 3)	verschiedene (je 2)[428]

Tabelle 2: Rangliste der Länder bei *Weltspiegel* und *auslandsjournal* (06. Juli 2003 – 26. Oktober 2003)

Aus dieser Aufstellung lassen sich bereits gewisse Prioritäten in der Länderhierarchie ableiten. Auffallend ist die relative häufige Berichterstattung über Russland in beiden Magazinen. Dies ist sicherlich größtenteils auf die Rolle Russlands in der aktuellen wirtschaftlichen und politischen Stellung zurückzuführen, gekennzeichnet durch die außenpolitische Orientierung und Öffnung gen Westen, sprich nach Europa und den USA. Der Irak hat natürlich allein schon aufgrund der aktuellen Krisensituation einen hohen Nachrichtenwert, dementsprechend häufig schlägt sich dies auch in der Berichterstattung beider Auslandsmagazine nieder. Auch die USA ist relativ häufig vertreten: Das *auslandsjournal* berichtete während des Untersuchungszeitraums gleich sechsmal über „das mächtigste Land der Welt“, bei *Weltspiegel* stehen die USA immerhin auf Platz 3 der Rangliste noch hinter Liberia, das aufgrund des Bürgerkrieges relativ weit oben auf der Medienagenda steht, außer beim *auslandsjournal*, das in dem untersuchten Zeitraum nicht ein einziges Mal über Hintergründe des Bürgerkrieges berichtete. Das *auslandjournal* hat seine Informations- und Orientierungsfunktion[429] an dieser Stelle nicht wahrgenommen. Nach dem MacBride-Bericht ergibt sich hier ein Defizit in der Auslandsberichterstattung: Der Konflikt wurde von der Redaktion offenbar als uninteressant eingeschätzt und ist damit für die Öffentlichkeit (bzw. Rezipienten, die sich über das *auslandsjournal* informieren) quasi nicht existent.[430] Die folgende Abbildung gibt eine geographische Übersicht über die Länder[431], aus denen die Berichterstattung bei *Weltspiegel* und *auslandsjournal* insgesamt erfolgte. Die Kontinente wurden zum Teil noch einmal untergliedert, um eine nähere Spezifizierung der Ergebnisse zu erlauben.

[428]Folgende Länder wurden zweimal gezählt: Italien, Indonesien, Taiwan, Israel, China, Nepal, siehe Beitragsauflistung im Anhang II.
[429]Vgl. Kapitel 2.4.
[430]Vgl. Kapitel 2.1.
[431]Vgl. Anhang I und II: Beitragsauflistung der *Weltspiegel*- und *auslandsjournal*-Sendungen. Hier können die Länderzuordnungen im einzelnen nachgesehen werden.

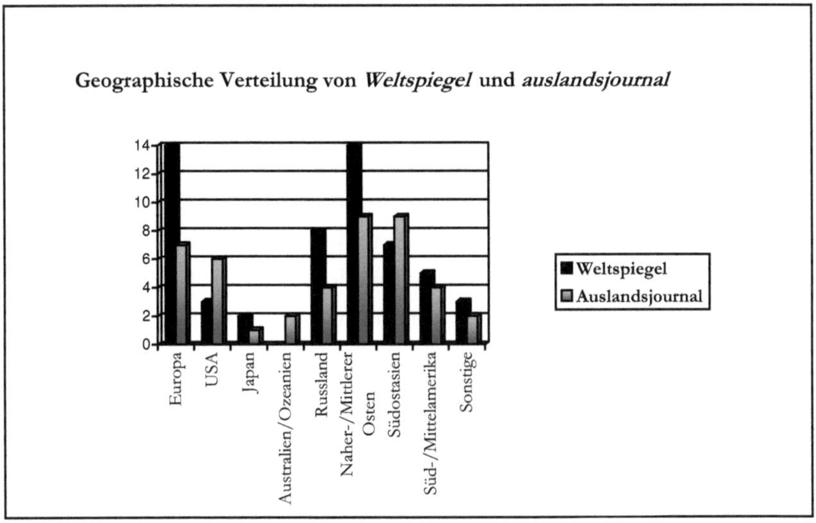

Abbildung 2: Geographische Verteilung der Berichtsländer bei *Weltspiegel* und *auslandsjournal* insgesamt (Anfang Juli bis Anfang Oktober 2003)

Wie die obige Abbildung zeigt, liegt der Schwerpunkt der Berichterstattung bei beiden Auslandsmagazinen eindeutig auf dem Nahen und Mittleren Osten (*Weltspiegel* (WS): 14 von 66 Beiträgen, *auslandsjournal* (aj) 9 von 46). Anteilmäßig ebenso vertreten bei *Weltspiegel* ist die Berichterstattung aus Europa (14). Danach kommt Russland mit acht Beiträgen, gefolgt von Südostasien mit sieben und Süd- und Mittelamerika mit fünf Beiträgen. Die USA (5), Japan (2) sowie Australien (0) sind relativ wenig vertreten.[432] Beim *auslandsjournal* findet Südostasien mit neun Beiträgen eine ebenso hohe quantitative Beachtung wie der Nahe und Mittlere Osten, vor Europa (7), gefolgt von den USA mit sechs Beiträgen. Russland sowie Süd- und Mittelamerika sind mit jeweils vier Beiträgen vertreten. Australien und der pazifische Raum sind mit zwei Beiträgen ebenfalls relativ wenig vertreten.[433]

Daraus folgt zunächst, dass sich, mit leichten Abwandlungen, die Berichterstattung bei *Weltspiegel* und *auslandsjournal* schwerpunktmäßig auf Europa und die „klassische Krisenregion" des Nahen und Mittleren Osten konzentriert. Bei *Weltspiegel* ist der

[432] „Gebiete", die keinen autonomen Länderstatus haben, wurden der Rubrik „Sonstiges" zugeordnet, wie Guam, Tschetschenien und Tibet. Für die Analyse wurden sie zur anschließenden Dritten-Welt-Berichterstattung dazugerechnet.

[433] Unter die Rubrik „Sonstige" fällt beim *auslandsjournal* ebenfalls ein Land, das „quasi nicht existiert": Abchasien sowie ein Jubiläumsbeitrag zu 30 Jahren *auslandsjournal*.

Anteil des regionalen Auslands (Regionalismus)[434] relativ hoch. Beim *auslandsjournal* ist die häufige Präsenz der Beiträge aus den USA auffällig, wenn man bedenkt, dass sie als nordamerikanischer Kontinent eine eigene Kategorie bilden, wohingegen die meisten anderen Staaten zu einem geographischen Gebiet zusammengefasst wurden.[435] Die Ausrichtung an der wirtschaftlichen und kulturellen Nähe zu Deutschland könnte man zunächst als ethnozentristische Orientierung auslegen, die auch mit der ungleichmäßigen Verteilung der Auslandskorrespondentennetze konform geht, die wesentlich mehr auf Westeuropa und den USA verteilt sind und weniger auf die Entwicklungsländer.[436] Angesichts der wenigen, eher begrenzten Sendeplätze der Auslandsberichterstattung scheint andererseits die bevorzugte Behandlung unserer „unmittelbaren Nachbarschaft" durchaus legitim und sinnvoll. Schließlich gilt es unter anderem auch, der Entwicklung der Europäischen Union Rechnung zu tragen. Anhand des Verhältnisses von Industrie- und Entwicklungsländern wird sich im Folgenden zeigen, ob bei *Weltspiegel* und *auslandsjournal* die bevorzugte Berichterstattung über unsere europäischen bzw. soziokulturellen Nachbarn die Ausblendung anderer Kulturkreise einhergeht.

Die zweite auffällige Konzentration der Berichtsländer in beiden Magazinen ist der Nahe und Mittlere Osten. Auch hier sind aktuelle Ereignisse wie der Irak-Krieg und der fortwährende Israel-Palästina-Konflikt zu berücksichtigen, die sich natürlich quantitativ in der Berichterstattung niederschlagen und damit eine gewisse Kontinuität und „Nachhaltigkeit" der Berichterstattung garantieren. Ob die Krisenberichterstattung auch deeskalierende Funktionen[437] erfüllt, kann vereinzelt nur anhand von Fallbeispielen in der qualitativen Analyse ermittelt werden. Da als Ausgangsbasis für die weitere Analyse lediglich die Entwicklungs- bzw. Schwellenländer herangezogen werden sollen, zeigt die folgende Abbildung die Anteile der

[434]Vgl. Kapitel 3.

[435]Bis auf Russland und Japan. Diese Entscheidung begründet sich dadurch, das Russland, als größtes Land der Welt, sich quasi über einen Großteil des eurasischen Kontinents erstreckt und somit als eigenständige Kategorie gelten kann. Japan wurde nicht zu Südostasien gezählt, da es ebenso wie die USA, Europa (und z. T. Russland), zu den „einflussreichsten", „westlich" orientierten Wirtschaftsmächten gehört und somit nicht zu dem Rest des südostasiatischen Raums, der größtenteils aus Entwicklungs- und Schwellenländern besteht, gerechnet werden kann. Eine Ausnahme bildet auch Taiwan, das zwar mit zu Südostasien gehört, jedoch eindeutig zu den Industrienationen zählt.

[436]Vgl. Kapitel 2.3.1.

[437]Vgl. Kapitel 5.

Dritten Welt bzw. der Schwellenländer an der Auslandsberichterstattung im Verhältnis zu den Industrienationen.

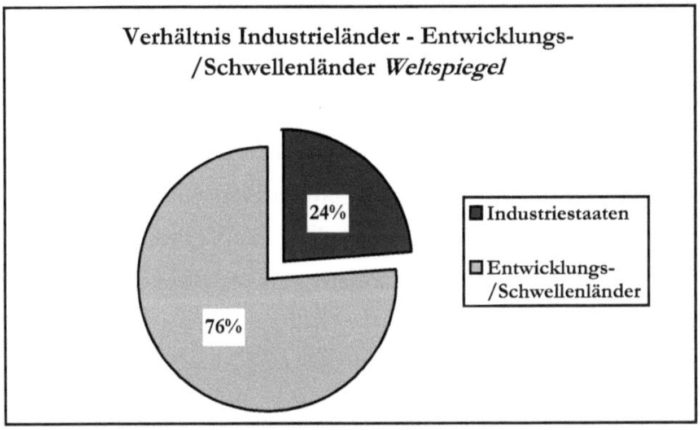

Abbildung 3: Anteil der Dritte-Welt-Berichterstattung bei *Weltspiegel* (06. Juli 2003 – 26. Oktober 2003)

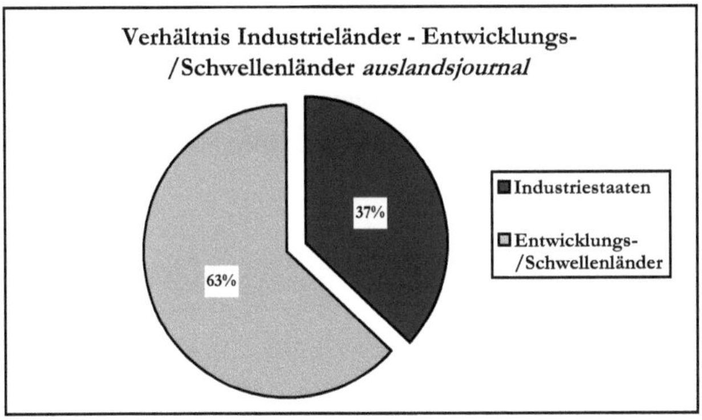

Abbildung 4: Anteil der Dritte-Welt-Berichterstattung bei *auslandsjournal* (06. Juli 2003 – 26. Oktober 2003)

Wie aus den beiden Grafiken von *Weltspiegel* und *auslandsjournal* zu sehen ist, ist der Anteil der Dritten-Welt-Berichterstattung[438] an der gesamten Auslandsberichter-

[438]Der hier verwandte Begriff von Dritte-Welt-Berichterstattung ist natürlich nicht einwandfrei korrekt, da wie gesagt auch die Schwellenländer aus oben genannten Gründen (vgl. Exkurs zur

stattung relativ hoch. Bei *Weltspiegel* sind über drei Viertel der gesamten Auslandsberichterstattung der Dritten-Welt-Berichterstattung zuzurechnen. Würde man hier noch genauer differenzieren, wären immer noch über 55% der Beiträge tatsächlich aus der Dritten Welt und circa 20% aus Schwellenländern. Die Dritte-Welt-Berichterstattung beim *auslandsjournal* kommt immerhin auf einen Anteil von 63% an der Gesamt-Auslandsberichterstattung, wovon rund 46% tatsächlich aus der Dritten Welt und circa 17% aus den Schwellenländern sind. Damit lässt sich die Hypothese des Ethnozentrismus aus quantitativer Sicht nicht aufrechterhalten. Der *Weltspiegel* widmet etwa 70% seiner Sendezeit[439] der Vermittlung von Ereignissen und Begebenheiten aus Entwicklungsländern; das *auslandsjournal* rund 60% seiner gesamten Sendezeit.[440]

6.4.2.2 Sachgebiete der Berichterstattung

Von den insgesamt 66 Beiträgen des *Weltspiegel* wurden 51 zu dem Bereich Dritte-Welt-Berichterstattung gezählt, die zur Übersicht in acht Kategorien eingeteilt wurden.[441] Von den 51 Beiträgen befassen sich 16 mit negativen Konflikten und 15 mit Themen aus dem Bereich Kultur. Dreizehn Beiträge beschäftigen sich mit neutral oder positiv zu bewerteten Konflikten, gefolgt von den Sachgebieten Politik (11), Human Interest (5) und Wirtschaft (5). Ein Beitrag befasst sich mit dem Thema Umwelt und zwei Filme waren keiner Sparte zuzuordnen.[442] In der folgenden Grafik wird der prozentuale Anteil der einzelnen Sachgebiete noch einmal aufgezeigt:

Dritten Welt in Kapitel 6.4.1) mit in die Analyse eingehen. Trotzdem soll er hier der Lesbarkeit wegen benutzt werden.

439 Der *Weltspiegel* berichtete in den 12 untersuchten Sendungen mit einer Gesamtsendezeit von 480 Minuten (8 Stunden) rund 332 Minuten über Dritte-Welt- bzw. Schwellenländer (Beitragslänge + Moderation).

440 Das *auslandsjournal* berichtete in den 12 untersuchten Sendungen mit einer Gesamtsendezeit von 360 Minuten (6 Stunden) um die 200 Minuten über Dritte-Welt- bzw. Schwellenländer (Beitragslänge + Moderation).

441 Vgl. die eingangs unter Kapitel 6.4 genannten Definitionen zu den Themenschwerpunkten des Kriterienkataloges.

442 Vgl. Anhang I und II.

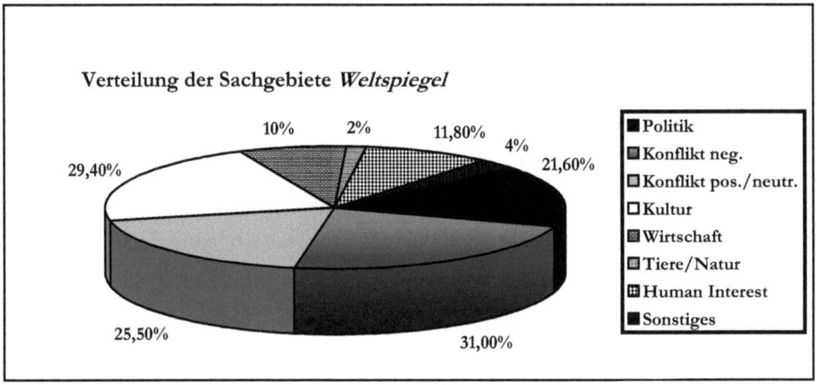

Abbildung 5: prozentuale Verteilung der Sachgebiete bei *Weltspiegel* (06. Juli 2003 – 26. Oktober 2003)

Von den insgesamt 46 Beiträgen des *auslandsjournal* wurden 29 zu der Dritten-Welt-Berichterstattung gezählt, wovon jeweils sieben zu den Bereichen Konflikte im Sinne des Negativismus, zu Kultur und zu Human-Interest-Geschichten gezählt wurden. Vier Beiträge fielen unter „Sonstiges", Tier- und Umweltthemen waren ebenfalls viermal vertreten. Politik und wirtschaftliche Themen sind lediglich mit drei Beiträgen berücksichtigt worden. Über positive oder neutrale zu bewertende Ereignisse berichteten nur zwei Beiträge. In der folgenden Grafik werden die prozentualen Anteile der einzelnen Sachgebiete dargestellt:

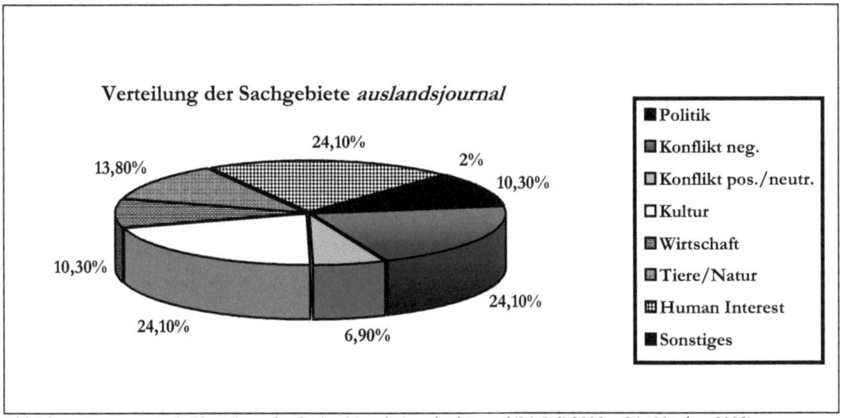

Abbildung 6 : prozentuale Verteilung der Sachgebiete bei *auslandsjournal* (06. Juli 2003 – 26. Oktober 2003)

Krisen- und Konfliktberichterstattung

Die thematischen Schwerpunkte bei *Weltspiegel* und *auslandsjournal* bestätigen zunächst die Vermutung, dass die Dritte Welt verstärkt auf die Medienagenda der beiden Magazine rückt, wenn negative Ereignisse wie kriegerische Auseinandersetzungen, Konflikte und kriminelle Handlungen den Anlass zur Berichterstattung liefern. Die Kategorie „Konflikte im Sinne von Negativismus" nimmt mit 16 Beiträgen bei *Weltspiegel* und sieben Beiträgen bei *auslandsjournal* eindeutig den ersten Platz ein. Dies bestätigt die Annahme, dass konflikthaltige oder kriminelle Ereignisse aufgrund der Anormalitätsdefinition einen hohen Nachrichtenwert haben. Die Frage, inwiefern die Dritte-Welt-Berichterstattung durch eine Konfliktperspektive gekennzeichnet ist, ist abhängig von der Definition und den Wert, den man festlegt, um von einer Überrepräsentanz von Konflikten sprechen zu können. Da der Konfliktbegriff hier relativ weit festgelegt wurde und sich nicht nur auf Katastrophen und Kriege beschränkt, sondern auch auf „regulärere" Formen der Gewalt wie allgemeine Kriminalität ausgedehnt wurde, sollte sich die Konfliktperspektive in einer „ähnlichen Gesamtbilanz von positiver, negativer und neutraler Berichterstattung" niederschlagen.[443]

Positive Konflikt-Berichterstattung

Aus der weiteren Verteilung der Sachgebiete werden die ersten Unterschiede zwischen *Weltspiegel* und *auslandsjournal* sichtbar. Erfolgs- bzw. neutrale Ereignisse und Entwicklungen in der Dritten-Welt-Berichterstattung werden bei *Weltspiegel* mit 13 Berichten berücksichtigt, während es bei *auslandsjournal* lediglich zwei sind. Bei diesen Geschehnissen handelt es sich überwiegend um gesellschaftspolitische oder kulturell-religiöse Debatten, wie zum Beispiel den Stellenwert des traditionellen Islam in Indonesien oder dem Iran, wo konservative islamische Kleriker mit der jungen Generation konfrontiert werden[444] und Frauen als erfolgreiche Modedesignerinnen oder Stilistinnen als revolutionär gelten, wie in Pakistan oder Afghanistan.[445] Tendenziell wertfrei bis positiv einzustufen sind auch Diskussionen um die heutige Bedeutung von „Sklaverei", die Formate wie „Big Brother" in Südafrika auslösten.

---

[443] Vgl. Kapitel 3 und Hafez (2002), Bd. 1, S. 63.
[444] *Weltspiegel* am 06.07.2003 und am 13.07.2003.
[445] *Weltspiegel* am 10.08.2003 und am 07.09.2003.

Auch über eigenständige positive Entwicklungen wurde berichtet, wie der erfolgreiche Umgang mit AIDS-Waisenkinder in einer Schule in Südafrika belegt.[446]

Bedeutend für die Analyse ist in diesem Zusammenhang auch die Thematisierung bzw. Nicht-Darstellung von Themen in Verbindung mit Ländern für das Wirkungspotential in Bezug auf die Öffentlichkeit, Gesellschaft und internationalen Beziehungen (Tourismus, Wirtschaft, Kommunikation usw.).[447] Bezüglich der Berichterstattung im *Weltspiegel* bestätigt sich die Hypothese der Konfliktperspektive insofern nur teilweise. Zwar treten negative Berichte quantitativ häufig auf, allerdings kann von einer „Unterrepräsentiertheit positiver Berichterstattung"[448] nicht die Rede sein. So berichtete der *Weltspiegel* neben den üblichen Krisenberichterstattungsgebieten beispielsweise auch über die „kleinen Leute" im Irak oder in Liberia, die trotz des Krieges versuchen wieder Normalität und Frieden herzustellen.[449] Auch im Falle des „klassischen" Krisengebietes Israels erkennt man sichtliches Bemühen, nicht nur einseitige Terrorberichte - wie man sie aus den Nachrichten kennt - zu präsentieren, wie der Beitrag über israelische Piloten im Gewissenskonflikt bei der Bombardierung palästinensischer Gebiete zeigt.[450]

Beim *auslandsjournal* hingegen lassen sich positive Ereignisse relativ wenig konstatieren. So ist der Beitrag über den Autoboom in China[451] und das Dilemma der iranischen Mullahs,[452] je nach Perspektive, eher als neutral einzustufen. In jedem Fall stimmen die vorliegenden Daten mit der „Foreign News"-Studie der UNESCO überein, *„dass das Problem der Überpräsentation ‚negativer' Nachrichten möglicherweise weniger gravierend ist als das der Unterrepräsentation ‚positiver'.*[453] Als Erklärung für den geringen Wert beim *auslandsjournal* muss hier eventuell berücksichtigt werden, dass die Ko-

[446] *Weltspiegel* am 05.10.2003.
[447] Ob die Beziehungen zu einem Land positiv oder negativ gedeutet werden, hängt entscheidend davon ab, wie das Verhältnis von Thematisierung bzw. Nicht-Thematisierung gestaltet wird. Vgl. Hafez (2002), Bd. 2, S. 124.
[448] Vgl. Kapitel 3.
[449] *Weltspiegel* vom 14.09.03 und 26.10.03.
[450] *Weltspiegel* vom 05.10.03.
[451] *auslandsjournal* am 02.10.2003.
[452] *auslandsjournal* am 02.10.2003.
[453] Vgl. Kapitel 2.1 und Hafez (2002), Bd. 1, S. 63 f.

dierung der positiven und neutraler Ereignisse relativ streng definiert worden ist.[454] Andernfalls muss resümiert werden, dass die Berichterstattung über Dritte-Welt-Länder des *auslandsjournal* die Ermittlung positiverer Werte einfach nicht zulässt.

Kulturberichterstattung

Einen weiteren thematischen Schwerpunkt bei beiden Magazinen bildet die Kulturberichterstattung (*WS*: 15, *aj*: 7), deren Einordnung mit einem relativ weiten Kulturbegriff vorgenommen wurde.[455] Schlüsselt man die Sparte „Kultur" weiter auf, kristallisiert sich heraus, dass sowohl *Weltspiegel* als auch *auslandsjournal* vorwiegend über die Alltagskultur in anderen Ländern berichten, beide mit einem auffälligen Fokus auf russische Dörfer und Völker.[456] Relativ häufig findet die kulturelle Berichterstattung auch in Verbindung mit den bereits erwähnten religiös motivierten Debatten Berücksichtigung, wie sie sich in islamischen Republiken, wie dem Iran oder Indonesien abspielen, die sich mit der Öffnung gegenüber „westlichen Werten" konfrontiert sehen. Auch der Zusammenhang zwischen den Problemen im Alltag anderer Kulturen und der „Kollision" mit „westlichem Fortschritt und Entwicklung" findet Berücksichtigung, wie zum Beispiel der Beitrag über die „letzten Eisstecher aus den Anden"[457] zeigt. Aber auch Kultus und überlieferte Traditionen anderer Religionen werden vermittelt, wie zum Beispiel der Bericht über den hinduistischen Kumari-Kult in Nepal[458] oder eine buddhistische Pilgerreise zum heiligen Berg in Tibet[459] zeigen. Berichte über die Güter der klassischen Hochkultur und Kulturschaffende sind die Ausnahme, ebenso wie Historisches. Lediglich der *Weltspiegel* berichtet vereinzelt auch über Geschlechterverhältnisse in

---

[454] So hätte man zum Beispiel auch Rettungsaktionen von Tierschutzorganisationen als „positiven Konflikt" zählen können, diese wurden jedoch ausschließlich dem Sachgebiet „Tiere/Natur" zugeordnet.

[455] Vgl. Kriterienkatalog am Anfang des Kapitels und die Themenzuordnung anhand der Beitragsauflistung im Anhang I sowie Kapitel 2.5.1.

[456] Ob dies damit zusammenhängt, dass das ZDF während des Untersuchungszeitraums aus den oben vermuteten Gründen eine Spezialreihe „Russlands Küsten – Russlands Sehnsucht" sendete und das gedrehte Material der Korrespondenten aus naheliegenden Gründen gleich für das *auslandsjournal* mitverwendet wurde und sich der *Weltspiegel* eventuell an dessen *agenda setting* orientiert hat, oder ob dies rein zufällige Themen-Übereinstimmungen sind, bleibt hier rein spekulativ.

[457] *Weltspiegel* am 05.10.2003.

[458] *auslandsjournal* am 23.10.2003.

[459] *Weltspiegel* am 07.09.2003.

Kabul,[460] außergewöhnliche Kulturpolitik in Brasilien[461] und archäologische Kulturgüter aus der Türkei[462] sowie geschichtliche Rückblicke aus Vietnam.[463]

Auffallend ist die Übereinstimmung beider Magazine in Hinblick auf die Entführung unter anderem auch deutscher Geiseln in Mali.[464] Beide Magazine sahen sich aufgrund des Aktualitätszwangs offenbar genötigt, trotz der zu diesem Zeitpunkt fehlender Hintergrundinformationen zu der Entführung über das „rechtsfreie Niemandsland der Nomaden" zu berichten.[465] So hatten die spektakulären Titel „Spuren im Sand – Das endlose Geiseldrama in der Wüste" (*aj*) oder „Endloses Geiseldrama" (*WS*) relativ wenig mit dem Inhalt zu tun. Beide Auslandsmagazine nutzten also die aktuelle Krisensituation als Aufreißer für den Beitrag, berichteten letztendlich aber eher über das Land selbst und lassen den deutschen Zuschauer somit etwas über Lebensbedingungen der Menschen in diesem Land erfahren, um gleichzeitig durch spekulative Hinweise auf eventuelle Mittelmänner, deutsche Botschaften etc. einen Bezug zu Deutschland herzustellen. Insgesamt vermittelte der *Weltspiegel* mehr Hintergrundinformationen zum Land selbst und über alltagsnahe Situationen der Menschen.[466]

Politikberichterstattung

Ein weiteres Augenmerk des *Weltspiegels* liegt auf der Politikberichterstattung. Mit lediglich zehn von 51 Beiträgen kann man zwar nicht von einer medialen Politik-

---

[460]Beitrag „Lockenwickler für Kabul" in *Weltspiegel* am 07.09.2003.
[461]Beitrag „Wenn ein Musiklegende Kulturminister wird" in *Weltspiegel* am 13.02.2003.
[462]Beitrag „Kein Geld für Königsgräber" in *Weltspiegel* am 05.10.2003.
[463]Beitrag „Auf den Spuren Ho Chi-Minhs" in *Weltspiegel* am 26.07.2003.
[464]*Weltspiegel* am 10.08.2003 und *auslandsjournal* am 07.08.2003.
[465]Der *Weltspiegel* gibt in der darauffolgenden Woche noch einmal aktuelle Informationen zu dem Geiseldrama und Moderatorin Tina Hassel lässt sich sogar per Direktschaltung live zum Korrespondenten aus der Hauptstadt verbinden, was bei den Auslandsmagazinen zumindest während des Untersuchungszeitraumes nicht vorkam und als Orientierung an aktuelle Ereignisse gedeutet werden kann.
[466]Das *auslandsjournal* vermittelte einen Eindruck von den harten alltäglichen Lebensbedingungen der Nomaden in der Wüste, denen die Geiseln eventuell gerade ausgeliefert sind. Spekulative Hinweise auf angenommene Mittelsmänner der Tuareg mit der Bundesregierung können eher als zwanghafte Versuche interpretiert werden, einen Bezug zu Deutschland (und damit zu den Interessen bundesdeutscher Zuschauer) herzustellen, als dass tatsächliche Information vermittelt würde. Der *Weltspiegel* nutzt das Geiseldrama - nach einer kurzen Einführung zur Lage, in der auf die Verhandlungen mit der deutschen Botschaft in der Hauptstadt hingewiesen wird – um, auf eines der zehn ärmsten Länder aufmerksam zu machen, wo dringend mehr deutsche Entwicklungshilfe nötig wäre. Anhand von drei Geschichten aus den umliegenden Dörfern wird immer wieder der Bezug zu deutschen Entwicklungsgeldern oder der Entführung hergestellt.

zentrierung sprechen, allerdings bestätigen sich die in Kapitel 3 geäußerten Tendenzen zu einem zwangläufig negativerem Auslandsbild und zur Konzentration auf Eliten in Verbindung mit politischer Berichterstattung. Betrachtet man die elf politischen Beiträge näher, so stellt man fest, dass jeweils die Hälfte davon von offiziellen Eliten, Militär und Justiz dominiert wird. Demzufolge ergibt sich zum Teil eine Konzentration auf politische Eliten (z. B. Wahlkampfkandidaten in Russland und Tschetschenien),[467] die wiederum sehr mit personalisierter Darstellung einhergeht, z. B. das Portrait Nelson Mandelas[468] oder der Bericht über Brasiliens Kulturminister[469], so dass diese Berichte in der Tat etwas von „human-interest-stories" an sich haben, da sie im Prinzip wenig über komplexe politische Sachverhalte aussagen. Erwähnenswerte Ausnahme bildet die äußerst kritische Hintergrundberichterstattung über die Gewinner und Verlierer im russischen Wirtschaftsroulette unter Putin, die die Auswirkungen der Politik an den Lebensbedingungen der Menschen widerspiegelt.[470]

Beim *auslandsjournal* nimmt die politische Berichterstattung entgegen dem Selbstverständnis des Sendekonzeptes eher eine marginale Bedeutung ein. Allerdings zeichnet sich auch hier die bei *Weltspiegel* beschriebene Tendenz zu negativen Ereignissen und politischen Eliten ab. Auffällig ist, dass die während des Untersuchungszeitraumes untersuchten drei Beiträge des Sachgebietes „Politik" ausschließlich aus Sicht des Militärs oder einer anderen ausführenden Gewalt berichten. So beginnen die Beiträge häufig mit „Unterwegs mit Putins Steuerpolizei",[471] „Wir haben US-Soldaten aus Friedberg bei ihrer gefährlichen Mission im Irak begleitet"[472] oder „Aus der Perspektive der *UN*-Friedensmission in Abchasien"[473]. Folglich begünstigt die politische Berichterstattung offensichtlich eine elitenorientierte und personalisierte Akteursverteilung oder steht häufig im Zusammenhang mit negativen konnotierten Ereignissen.

---

[467] *Weltspiegel* am 14.09.2003 und am 28.09.2003.
[468] *Weltspiegel* am 26.10.2003.
[469] *Weltspiegel* am 13.07.2003.
[470] *Weltspiegel* am 05.10.2003.
[471] *auslandsjournal* am 10.07.2003; zwar sehr stereotyp, doch ansatzweise auch kritische Hintergrundberichterstattung bezügliche der Bestechlichkeit des russischen Staates.
[472] *auslandsjournal* am 14.08.2003.
[473] *auslandsjournal* am 21.08.2003.

Human Interest

Das Sachgebiet „Human Interest" ist bei *Weltspiegel* mit sechs Beiträgen an fünfter Stelle vertreten, während es beim *auslandsjournal* mit sieben Beiträgen genauso viel Platz einnimmt wie die Konflikt- und Kulturberichterstattung. Diese an Individuen und vor allem an prominenten bzw. politischen Persönlichkeiten orientierten Beiträge haben starke Unterhaltungsausrichtung und dienen vorwiegend dazu, Emotionen anzusprechen und Zuschauerinteresse zu stimulieren, ohne wirklich Bedeutungszusammenhänge zu vermitteln, wie zum Beispiel die Reportage über „Motorradrocker aus Moskau"[474], „Das riskante Leben" eines Türstehers aus Tel Aviv[475] oder „Kochduell in Kabul – der Siegeszug des deutschen Schnitzels"[476] belegen. Daraus lässt sich der Schluss ziehen, dass das *auslandsjournal* eine größere Gewichtung auf unterhaltende Aspekte legt. Dieser Eindruck verstärkt sich, wenn man die vier Beiträge aus der Sparte „Sonstiges" mit einbezieht, deren Inhalte mit spektakulären Titeln wie zum Beispiel „Tour des Todes – Bolivienurlaub am Rande des Abgrunds"[477] oder „Schweinische Spürnasen in Israels Anti-Terrorkampf"[478] angekündigt wurden. Doch auch der *Weltspiegel* macht nicht halt vor den sogenannten „Ausland-light-Themen" wie Portraits über den „Hofkameramann" Saddam Husseins[479] und Nelson Mandela[480] zeigen. In Verbindung mit zwei Filmen über Hotels in Moskau und Liberia aus der Sparte „Sonstiges" kommt der Weltspiegel immerhin auf einen Wert von rund 16%, in einer Rubrik, die man zusammenfassend vielleicht als „bunten Themenmix" bezeichnen könnte, ohne dass hier eine erkennbare Relevanz der erhaltenen Information zu verzeichnen ist oder tiefergehendes Wissen für das Verstehen der Kultur oder Hintergründe vermittelt wird.

Wirtschaft

Der Wirtschaft wird in beiden Magazinen verhältnismäßig wenig Aufmerksamkeit geschenkt. Die insgesamt fünf Beiträge des *Weltspiegels* und die drei Beiträge des *auslandsjournal* befassen sich überwiegend mit der wirtschaftlichen Situation oder Arbeitslage, ohne dies jedoch zwingend in Verbindung mit der wirtschaftlichen E-

---

[474] *auslandsjounrnal* am 09.10.2003.
[475] *auslandsjounrnal* am 31.07.2003.
[476] *auslandsjounrnal* am 11.09.2003.
[477] *auslandsjounrnal* am 24.07.2003.
[478] *auslandsjounrnal* am 06.11.2003.
[479] *Weltspiegel* am 28.09.2003.
[480] *Weltspiegel* am 26.10.2003.

lite zu setzen. Im Gegenteil, sowohl bei *Weltspiegel* als auch *auslandsjournal* geht es eher um die ökonomische Situation des Volkes als auch die Infragestellung bzw. Auswirkungen der kapitalistischen Marktwirtschaft.[481] Die Hypothese, dass sich die Dritte-Welt-Berichterstattung auf wirtschaftliche Eliten eines Landes konzentrieren würde, kann hier somit nicht aufrecht erhalten werden.

Tiergeschichten

Das Sachgebiet „Tier & Natur" nimmt beim *auslandsjournal* mit vier Beiträgen (rund 14%) mehr Platz ein als die positive Konflikt- oder Politikberichterstattung (ca. 7% und 10%). Während der *Weltspiegel* im Laufe des Untersuchungszeitraumes einen Bericht über die „größte Wildtier-Auktion der Welt" bringt, berichtet das *auslandsjournal* gleich viermal über Tierschutz-Organisationen in Dritte-Welt-Ländern. *Auslandsjournal*-Moderator und ZDF-Auslandschef Dietmar Ossenberg wünscht sich sogar für jede Sendung eine Tiergeschichte.[482] Mit den während des Untersuchungszeitraums gesendeten Beiträgen wie „Unterwegs mit Pandaschützern von Sichuan", „Das Affenwaisenhaus am Mount Cameroon" oder „Freiheit für Frisca – Rettung der letzten indonesischen Orang-Utans" handelt es sich nicht „nur um Tiergeschichten", sondern die Beiträge zeigen durchaus wichtige Zusammenhänge zwischen Lebensräumen von Mensch und Tier sowie die bedeutsame Arbeit von Umwelt- und Tierschutzorganisationen.

6.4.2.3 Auftretende Personen(-gruppen): Aussageträger

Das Vorhaben der quantitativen Analyse der Aussageträger ist es, herauszufinden, welche Akteure die Dritte-Welt-Berichterstattung bei *Weltspiegel* und *auslandsjournal* direkt oder indirekt zu Wort kommen. Der prozentuale Anteil an den einzelnen Personen(-gruppen) veranschaulicht die folgenden Grafiken:

---

[481] Z. B. der Beitrag „Der Moskauer Sklavenmarkt" des *Weltspiegel* vom 05.10.2003, in dem über die Gewinner und Verlierer des wirtschaftlichen Aufschwungs in Russland berichtet wird. oder z. B. der Beitrag „"Autoboom in China und die Folgen" des *auslandsjournal* vom 02.10.2003.

[482] Röhrig, Meike: Her mit den einäugigen Löwen, in: *taz* Nr. 7177 vom 09.10.2003, S. 18.

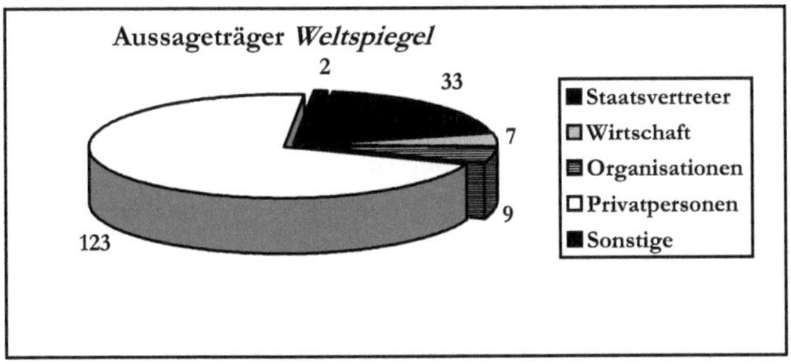

Abbildung 7: Anzahl der aussagenden Personen(-gruppen) bei *Weltspiegel* (06. Juli 2003 – 26. Oktober 2003)

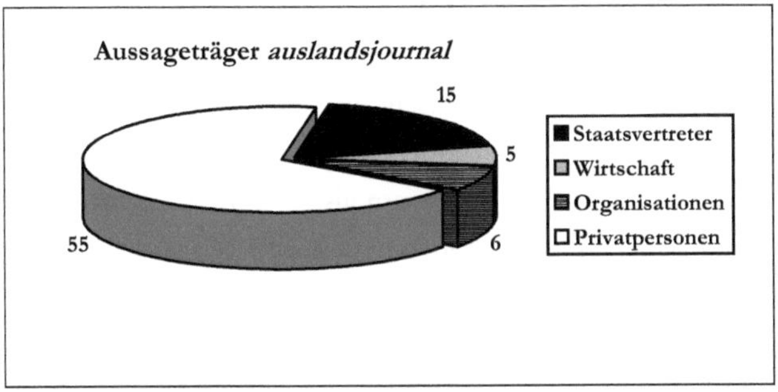

Abbildung 8: Anzahl der aussagenden Personen(-gruppen) bei *auslandsjournal* (06. Juli 2003 – 26. Oktober 2003)

Die Daten zu den Aussageträgern weisen bei beiden Auslandsmagazinen auf einen großen Anteil an öffentlich in Erscheinung tretenden Privatpersonen in den Beiträgen hin, die zu einem bestimmten Sachverhalt zur Sprache kommen. Die dieser Kategorie zugrunde gelegten Hypothese der Elitenzentrierung auf Kosten der breiten Bevölkerung und sozialen Bewegungen bzw. Gruppen kann somit nicht verifiziert werden. Diese nichtorganisierten Gruppen treten dabei meist als Einzelpersonen auf, die als Betroffene interviewt werden. Dies verstärkt in manchen Beiträgen den Eindruck, dass Menschen aus Dritte-Welt-Länder als passive Opfer wahrgenommen werden und nicht als eigenständige, aktiv handelnde Individuen. Andererseits ist es im Falle einer Berichterstattung, die auf Missstände und Konflikte aufmerksam machen will, wohl unvermeidbar, die Probleme aus Sicht der Betroffenen zu schildern, um dem Rezipienten ein Ereignis näher zu bringen und Anteilnahme hervorzurufen. Allerdings sollte die Opferperspektive von passiv Betroffenen nicht überwiegen, sondern auch aktiv handelnde Personen aus der Dritten Welt in den Mittelpunkt stellen.[483]

Aus den Abbildungen geht weiterhin hervor, dass bei beiden Sendungen, mit deutlichem Abstand zu Privatpersonen, die offiziellen Staatsvertreter repräsentiert sind. Bei der Aufschlüsselung der Daten zeigt sich, dass es sich hierbei überwiegend um Vertreter der Exekutive handelt, also um Regierungsmitglieder wie Wahlkandidaten, Minister oder Präsidenten. Auffallend sind auch die häufigen und gerade im Zusammenhang mit negativer Berichterstattung auftretenden Militärgeneräle und Soldaten. Dies verwundert allerdings nicht weiter, wenn man bedenkt, dass Journalisten sich häufig im Deckmantel des Militärs in Krisengebieten bewegen, was sich auch in den Berichten beider Magazine gezeigt hat. Akteure der Legislativen oder Judikative treten hingegen eher marginal bzw. gar nicht in Erscheinung, es sei denn in allgemeiner Form des Justizwesens, wie die Beiträge aus dem Gefängnis in La Paz „Hölle hinter Gittern" (*WS*) oder „Auf der Suche nach dem Superknacki" (*WS*) zeigen. Daten zu den Staatsvertretern als Akteure der Dritten-Welt-Berichterstattung zeigen also eine starke Orientierung an Exekutivvorgängen (und Parteien), die im Zusammenhang mit der festgestellten Dominanz von negativen Ereignissen steht. Die Verteilung der Subjekte der Berichterstattung in Bezug auf Negativismus und Politik sind bei den Magazinen gleichzeitig die Bereiche, in denen das Mittel der Personalisierung häufig angewandt wird. Im Zusammenhang mit der krisenorientierten Berichterstattung über Dritte-Welt-Länder könnte dies darauf hinweisen, dass die Ursachen der gezeigten Konflikte kaum eine angemessene Erörterung finden dürften.

Im Hinblick auf „Vertreter der Wirtschaft" und „gesellschaftliche Organisationen" unterscheiden sich *Weltspiegel* und *auslandsjournal* ebenfalls wenig. Insgesamt nimmt die Kategorie „Organisationen" in der untersuchten Dritte-Welt-Berichterstattung eine eher untergeordnete Rolle ein. Schlüsselt man die Organisationen noch einmal weiter nach staatlichen bzw. politischen Organisationen und regionalen oder internationalen Nichtregierungsorganisationen (NGO) auf, so zeigt sich, dass es sich in

[483]An dieser Stelle hätte man zusätzlich noch eine detaillierte Aufschlüsselung nach passiven und aktiven Aussageträgern machen können, also danach, ob jemand etwas unterlässt, selbst agiert oder etwas erleidet. Aus praktischen Gründen wurde dies jedoch unterlassen, da eine „pauschale" Tendenz als für ausreichend im Rahmen dieser Arbeit erachtet wurde.

erster Linie um internationale Militär-/oder Friedensmissionen der *Vereinten Nationen* handelt, um internationale oder nationale Tierschutzorganisationen oder auch um Sprecher gesellschaftlicher Organisationen. Es ist aber keine eindeutige Tendenz einer Bevorzugung staatlicher Organisationen gegenüber Nichtregierungsorganisationen festzustellen.

Was die „Vertreter der Wirtschaft“ anbetrifft, so kommen diese, wie in Abbildung 9 und 10 zu sehen ist, im Verhältnis zu den übrigen Aussageträgern am wenigsten vor. Bei den auftretenden Akteuren handelt es sich auch im wenigsten Falle um wirtschaftliche Eliten, sondern eher um die „kleinen Leute“, die - im Zusammenhang mit der Schilderung der meist prekären ökonomischen Lage – versuchen, sich ihren Lebensunterhalt zu verdienen. Diese Berichte, zumeist Reportagen, vermitteln überraschender Weise durchaus ein recht positives Bild in einer eher krisengeschüttelten Lage, wie beispielsweise die Beiträge vom *Weltspiegel* über die wieder neuauflebenden Traditionsberufe in Warschau[484] oder die Optimismus verbreitende Geschäftstüchtigkeit im Nachkriegs-Liberia zeigen.[485] Auch kritische Berichte wie zum Beispiel über die Gewinner und Verlierer in der russischen Transformationsgesellschaft[486] lassen weniger die Elite, sondern vielmehr die ausgebeuteten Tagelöhner zu Wort kommen. Andere Berichte wiederum zeigen die Seite, die von den Nachkriegsverhältnissen profitieren, wie der Bericht des *auslandsjournal* „Beverly-Hills in Bagdad“[487] zeigt. Auf jeden Fall lässt sich insgesamt in der Berichterstattung weder bei *Weltspiegel* noch *auslandsjournal* eine Konzentration auf ökonomische Themen noch eine auf wirtschaftliche Eliten feststellen.

6.4.2.4 Schauplätze der Berichterstattung

Die in Abbildung 11 vergleichend zusammengefasste Darstellung der Verteilung der Berichtsorte bei *Weltspiegel* und *auslandsjournal* falsifiziert die These der Metropolenorientierung. Bei beiden Magazinen gleicht sich die Berichterstattung aus urbanen Schauplätzen und ruralen bzw. dörflichen Schauplätzen nahezu aus, mit einer leichten Dominanz ländlicher Regionen, was tendenziell mit einer größeren Repräsentativität der Aussageträger aus Bevölkerung und ethnischen Minderheiten

[484] *Weltspiegel* am 07.09. 2003.
[485] *Weltspiegel* am 26.10.2003.
[486] *Weltspiegel* am 05.10.2003.
[487] *auslandsjournal* am 24.07.2003.

einhergeht. Bei den meisten Berichten aus Metropolen zeigt sich in hohem Maße eine Fokussierung auf die Hauptstädte, da dort in aller Regel die wirtschafts-politische Vormachtstellung und Infrastruktur und auch die größte Anzahl der Korrespondentenbüros[488] vertreten sind.

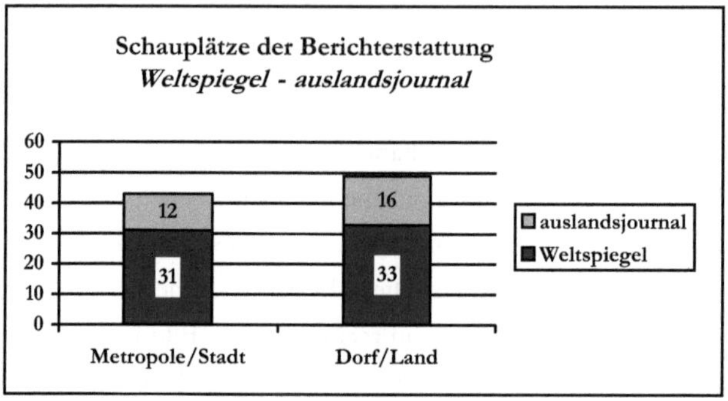

Abbildung 9: Gegenüberstellung der Verteilung der Berichtsorte bei *Weltspiegel* und *auslandsjournal* (06. Juli 2003 – 26. Oktober 2003)

6.4.3 Zusammenfassende Bewertung

Beide Auslandsmagazine räumen der Berichterstattung über die Dritte Welt relativ viel Platz ein. Die Hypothese des Ethnozentrismus konnte somit nicht bestätigt werden. Die quantitative Analyse hat ergeben, dass sich alle Beiträge[489] während des Untersuchungszeitraums auf konkrete Ereignisorte und Länder bezogen haben; es gibt also keine übergreifenden Beiträge, in denen z. B. „die islamische Welt" oder „der Westen" thematisiert werden. Folglich bedeutet die staatliche Einteilung einer Region zugleich eine Ordnungsfunktion für die Berichterstattung und *„dass die systematischen Aspekte des Auslandsbildes in der Regel georäumlich (genauer: geostaatlich) verortet werden."*[490] Die Verteilung der Länder zeigt, dass kriegerische Unruhen und andere aktuelle Ereignisse negativer Art die Resonanz in der Dritten-Welt-Berichterstattung erhöhen (vor allem Irak, Liberia, Mali). Die Befunde zur Thematisierung negativer Ereignisse decken sich mit bisherigen Studien. Die zentralen Auswahlfaktoren der Dritten-Welt-Berichterstattung, sprich das Geschehen, das den Ausschlag für den Beitrag gibt, sind Kriege, Krisen und Konflikte. Trotz des relativ hohen Anteils an Negativismus bei *Weltspiegel* und *auslandsjournal*, lassen sich

[488]Vgl. Kapitel 2.3.1.
[489]Bis auf den Jubiläumsbeitrag des *auslandsjournal* am 02.10.2003.
[490]Hafez (2002), Bd.2, S. 114.

gewisse Unterschiede feststellen: Die Hypothese der „bad news are good news" bestätigt sich nur bei dem *auslandsjournal*, das die Berichterstattung über positive Geschehnisse während des Untersuchungszeitraumes sehr vernachlässigt und stark krisen- und konfliktorientiert ist, während andere Lebensbereiche, Sachgebiete und Themen in diesen Ländern größtenteils ausgeblendet werden. An der vor rund 25 Jahren festgestellten Unausgeglichenheit des MacBride-Berichts zwischen den „bad news" und positiven Berichten hat sich demnach beim *auslandsjournal* nicht viel geändert.[491] Bei *Weltspiegel* lässt sich ein erkennbares Bemühen um „good news" feststellen. Krisengeschüttelte Länder, wie Israel, Irak und Russland, werden auch im Zusammenhang mit gesellschaftlich-kulturellen Reportagen aus dem Alltag der Völker und Hintergrundberichten zu Wirtschaft und Politik berücksichtigt. Neben der üblichen stereotypen Berichterstattung über Mafia, Korruption und Prostitution erreicht vor allem Russland eine auffallende Beachtung in der Kulturberichterstattung beider Magazine und darüber hinaus in der politischen und wirtschaftlichen Berichterstattung bei *Weltspiegel*. In der Bewertung des Zusammenhangs zwischen Länder- und Negativismus-Darstellung scheint die Dritte-Welt-Berichterstattung des *Weltspiegels* zumindest bemüht, ein ausgeglichenes Negativ-Positiv-Bild zu erzielen.

Bei *auslandsjournal* besteht die Gefahr, dass ein verzerrtes „Dritte-Welt-Bild" vermittelt wird. Radke begründete den Vorwurf der Krisenzentrierung einst damit, *„dass die Entwicklung moderner Gesellschaften sich mit wenigen Ausnahmen nicht in gemächlich undramatischen Formen vollzieht [...]"*[492] Gerade deshalb aber ist das Kriterium der positiven bzw. neutralen „Konflikte" für die Auslandsberichterstattung so wichtig. Mittel- oder langfristige Prozesse in politischen Systemen und gesellschaftlicher Wandel sind komplexe Vorgänge und folglich nicht einfach überschaubar. Nichts desto trotz kommt es auf die Art und Weise der Darstellung eines Konfliktes an. Ob die Konfliktberichterstattung polarisierend wirkt oder sogar mögliche Lösungsansätze aufzeigt – eine Antwort lässt sich anhand von Einzelbeispielen in der qualitativen Analyse geben.

Eine Zentrierung auf Politik und Wirtschaft ließ sich bei beiden Magazinen nicht feststellen. Auch der ökonomische Status der Länder scheint keine bedeutsame

---

[491]Vgl. Kapitel 2.1.

[492]Radke zit. nach: Waffenschmidt (1989), S. 100.

Rolle zu spielen. Die Annahme, die Berichterstattung über die Dritte Welt spiegele ein Bild der offiziellen Wirtschafts- und Politikelite wider, während gesellschaftliche Kräfte unterrepräsentiert seien, konnte in Bezug auf wirtschaftliche Themen widerlegt werden. Allerdings bestätigt sich ein kausaler Zusammenhang von Politikberichterstattung und Elitenkonzentration. Bedeutend bei der Personalisierung ist die enge Verbindung mit Macht oder Autorität, demnach nicht die Person selbst, sondern der Einfluss einer Person ein wichtiger Nachrichtenfaktor der Auslandsberichterstattung ist.[493] Dieses Selektionskriterium, nachdem Personen nur Medienpräsenz finden, wenn sie eine einflussreiche Funktion ausüben, trifft in der vorliegenden Untersuchung vorwiegend innerhalb der politischen Auslandsberichterstattung zu. Bei beiden Auslandsmagazinen wird dem Gegenpol der Eliten, der sogenannten „Masse" eindeutig mehr „Stimme verliehen". Gerade bei den Sachgebieten der positiv oder neutral zu bewertenden Konflikten und der Kulturberichterstattung kommen verhältnismäßig viele Privatpersonen zur Sprache. Die nichtorganisierten Gruppen treten allerdings vor allem beim *auslandsjournal* relativ häufig als Betroffene in Erscheinung, was bei der Dritten-Welt-Berichterstattung oftmals den Eindruck einer „opferzentrierten" Berichterstattung hinterlässt.

Dass Politik- und Konfliktorientierung sich scheinbar gegenseitig stabilisieren, deckt sich auch mit anderen empirischen Untersuchungen; d. h. *„die Politikzentrierung der Presseberichterstattung stützt die Tendenz zur Konfliktorientierung der Medien wie umgekehrt eine vorhandene Konfliktorientierung die Politikberichterstattung begünstigt."*[494] Kulturberichterstattung hingegen hängt oftmals mit positiven bzw. wertneutralen Gegebenheiten zusammen. Dies rührt sicherlich daher, dass das Sachgebiet Politik logischerweise stärker mit Gewalt oder Kriegen konfrontiert wird aber auch, weil sich die Politikberichterstattung der Dritten Welt stärker auf Konflikte als auf politische Kultur konzentriert. Hier kann es zu Problemen innerhalb der Kommunikation zwischen Kulturen kommen, da eine „latente Kluft zwischen deutschen Medien- und indigenen Selbstbildern"[495] besteht. Die Bevölkerung hat in der Regel eine abweichende Sichtweise auf ihre eigene, von individuellen Alltagserfahrungen geprägte Perspektive auf ihre Wirklichkeit, welche nicht unbedingt mit der politikzentrierten Fernsicht der Medien übereinstimmt. Dies lässt schlussfolgern, dass in

[493]Vgl. Hafez (2002), Bd. 2, S. 81 f.
[494]Vgl. ebd., S. 92.
[495]Vgl. ebd., S. 50.

den Auslandsmagazinen der Anspruch der politischen Hintergrundberichterstattung und die Auswirkungen auf die Lebensbedingungen der Menschen gerade im *auslandsjournal* im Verhältnis zum Weltspiegel weniger berücksichtigt wird.

Insgesamt kommt der Vermittlung von alltagskulturellen Phänomenen ein relativ hoher Stellenwert zu. Das Kulturverständnis des *Weltspiegel* umfasst alle möglichen Bereiche der Alltagskultur, wie Traditionen, Bräuche, Religion. Insgesamt ist das Kulturverständnis von *Weltspiegel* und *auslandsjournal* ganz im Sinne des in Kapitel 2.5.1 weit gefassten Begriffs von Alltagskultur für eine grenzüberschreitende Kultur-Kommunikation. Ob die Verwendung dieses Kulturbegriffs in den Beiträgen allein schon zu einem Dialog der Kulturen oder zu größerem Verständnis für andere Kulturen führen kann, kann an dieser Stelle nicht beantwortet werden. In der anschließenden Fallanalyse wird jedoch die Kulturberichterstattung auf Möglichkeiten untersucht werden, die einen Kulturdialog begünstigen können.

Sieht man sich darüber hinaus die Beiträge der beiden Magazine an, lässt sich im Großen und Ganzen eine relative Vielfalt im Themenspektrum konstatieren. Signifikante Unterschiede ließen sich insofern feststellen, als dass bei *auslandsjournal* eine stärkere Tendenz zu „Soft-Geschichten" mit unterhaltendem Charakter zu konstatieren ist. Dies entspricht auch der angekündigten Neupositionierung und Modernisierung in Bezug auf die konzeptionelle Gestaltung des Magazins,[496] die sich inhaltlich in der Berichterstattung über „bunte und leichte Themen" widerspiegelt. Wie die thematische und akteursbezogene Aufschlüsselung gezeigt hat, findet im Vergleich zum *Weltspiegel* relativ wenig politische Berichterstattung statt, wie es die Philosophie des ZDF-Auslandsmagazins eigentlich vorsieht.[497] Anhand einzelner Fallbeispiele in der anschließenden qualitativen Analyse werden die beiden Magazine nun auf die wertenden Strukturmerkmale der Dritten-Welt-Berichterstattung hin untersucht.

6.5 Qualitative Untersuchung

Die qualitative Inhaltsanalyse orientiert sich am singulären Phänomen und sucht durch inhaltliche Analyse von Texten bestimmte Bedeutungen zu erfassen.[498] Ha-

[496]Vgl. Kapitel 6.2.2.2.
[497]Vgl. ebd..
[498]Hafez (2002), Bd. 2, S. 29.

fez weist darauf hin, dass die Einbeziehung qualitativer Verfahren von größerer Bedeutung ist, *„weil singuläre [...] Textelemente [...] gesellschaftlich wirkungs- und bedeutungsvoller sein können als Mengenphänomene."*[499] Ziel dieser qualitativen Inhaltsanalyse ist, bestimmte Textmerkmale (inhaltlich, bildlich und sprachlich) der Dritten-Welt-Berichterstattung auf ihre Strukturen und Wirkungspotentiale zu untersuchen. Anhand von jeweils zwei Beiträgen von *Weltspiegel* und *auslandsjournal* soll exemplarisch aufgezeigt werden, was die Auslandsmagazine jeweils unter den Aspekten

a) Krisenberichterstattung und
b) Kulturberichterstattung

verstehen. Diese thematischen Schwerpunkte wurden ausgewählt, weil wesentliche Funktionen der Auslandsberichterstattung die fundierte Berichterstattung über Hintergründe aktueller Ereignisse – wie in diesem Fall der Irak-Konflikt - sowie die Vermittlung des Alltags von Menschen anderer Kulturen ist.[500] Zudem hat sich schon in der quantitativen Analyse die Hypothese betätigt, dass sich die Berichterstattung zu einem großen Teil auf negative Konflikte konzentriert.[501] Ebenso erwies sich die Kulturberichterstattung über alltagskulturelle Phänomene als wichtiger quantitativer Bestandteil in der Dritten-Welt-Berichterstattung bei beiden Magazinen. Außerdem hatten sowohl *Weltspiegel* und *auslandsjournal* einen gewissen „Russland-Schwerpunkt".[502]

6.5.1 Kriterienkatalog

Wie *Weltspiegel* und *auslandsjournal* ihren Anspruch und ihre Aufgaben bei der Berichterstattung über Dritte-Welt-Länder umsetzen[503], soll anhand bestimmter wertender Kriterien beleuchtet werden, die hier nur knapp aufgeführt werden, da sie ausführlich im ersten Teil dieser Abeit behandelt wurden. Analysiert werden:

---

[499]Ebd., S. 30.

[500]Vgl. Selbstverständnis der Redaktionen, der öffentlich-rechtlichen Sendeanstalten, der UNESCO-Mediendeklaration und der Wissenschaftler in den Kapiteln 2.2, 2.4, 2.5.1 und 6.2.1 und 6.2.2.

[501]Vgl. Kapitel 6.4.2.2.

[502]Vgl. Kapitel 6.4.2.1.

[503]Natürlich muss hier berücksichtigt werden, dass exemplarische Fallanalysen gerade vor dem Hintergrund eines relativ begrenzten Untersuchungszeitraumes keine verallgemeinernden Aussagen (deduktiver Ansatz) über eine generelle „Richtung" einer Sendung liefern können. Die Auswahl bestimmter Beiträge ist immer einer gewissen Willkür ausgesetzt. Nichts desto trotz können bestimmte Merkmale der Berichterstattung untersucht und interpretiert werden, die zu konstruktiver Kritik, Lob oder anregenden Vorschlägen führen sollen. Vgl. auch Kapitel 6.1.

- Das „Feinbild-Syndrom“[504], denn das Bild, welches wir uns von unserem Feind machen, legitimiert unsere Vorurteile und Stereotypen und sanktioniert Diskriminierung.
- Das Kulturverständnis, denn die Aufgabe der Auslandsberichterstattung ist, eine der Verständigung unter den Völkern dienende Berichterstattung zu leisten.[505]
- Der Eurozentrismus[506], denn der Begriff umschreibt eine koloniale Perspektive, nach der Korrespondenten ihre Berichtsregionen häufig nach Standtards der werstlichen Betrafchtungsweise, wie Industrialisierung, Kapitalismus, Entwicklung der Demokratie, zivilisatorischer Einrichtungen usw. bewerten.[507]
- Hintergründe, Kontext und (Lösungs-)Perspektiven[508], denn. *„eine qualitativ hochwertige, ausgewogene Auslandsberichterstattung, die versucht, so weit wie möglich Stereotypisierung und Pauschalurteile zu vermeiden, ist im Grunde nur als Hintergrundberichterstattung denkbar.“*[509]

Neben diesen qualitativen Kriterien sollen auch einige Besonderheiten der filmästhetischen Umsetzung auf sprachlicher und bildlicher Ebene untersucht und wesentliche Text-Bild-Kombinationen unterschieden werden, [510] denn Bedingung für das Verstehen eines Fernsehbeitrages ist die Übereinstimmung von Text- und Bildinformationen.[511] Sind diese nicht kongruent, wird eher das Bild als der Text wahrgenommen.[512] Durch die entsprechende Montage sorgen die Bilder für die situative Einbindung des Kommentartextes, *„auch wenn die Verbindung zwischen Bild und Spra-*

[504]Vgl. Kapitel 4.1.

[505]Vgl. Kapitel 2.2, 2.4 und Kapitel 6.2.1.2 und 6.2.2.2.

[506]Vgl. Kapitel 3 und 4.2.

[507]Allerdings muss hierbei berücksichtigt werden, dass der Blickwinkel, aus dem diese Arbeit geschrieben wird, auch nur eurozentristisch sein kann. Es ist wichtig, auch den eigenen Ausgangspunkt als kulturell verwurzelt und von einem westlichen Wissenschaftsverständnis geprägt zu begreifen.

[508]Vgl. z.B. Wimmer (2003), S. 351 und vgl. Kapitel 3.

[509]Wimmer (2003), S. 351.

[510]Da diesem Punkt in der Analyse des vermittelten Weltbildes der Dritten Welt im Rahmen dieser Arbeit keine allzu große Bedeutung zukommt, wird die Beziehung von Text und Bild hier nur vereinfacht dargestellt. Für genauere Funktionen von Text-Bild-Verhältnissen sei beispielsweise auf Verhein (1990), S. 69-77 verwiesen.

[511]Vgl. Brosius (1998), S. 222.

[512]Die Bilder erregen mehr Aufmerksamkeit und lösen mehr Assoziationen aus, daher lassen sie sich auch besser im Gedächtnis behalten als reine Wortbeiträge und haben deshalb eine wesentlich stärkere Wirkung als reine Wortnachrichten. Vgl. Kamps (1999), S. 161.

che im einzelnen selten über die bloß verdoppelnde und analogisierende hinauskommt."[513] Bilder üben durch den Schein der Unmittelbarkeit und der Authentizität eine enorme Faszination auf den Zuschauer aus, die nur durch Thematisierung der Produktionsbedingungen durchbrochen werden kann. Denn das ausgewählte Material bietet immer nur eine Perspektive, eine ganz bestimmte „Außenansicht".

> *„Jede Reportage ist eine Auswahl. Wie wird ein Gesicht gefilmt? [...] Wie wird alles zusammengeschnitten? [...] Die Reihenfolge der Sequenzen löst verschiedene Emotionen aus. Werden Töne im Original gelassen, wird darüber gesprochen? Reportagen sind nie Realität. Im besten Fall empfindet der Zuschauer das, was der Autor beim Drehen empfunden hat.*"[514]

Die Gefahr der optischen Manipulation bei Bildern ist relativ groß. Sprache kann Bilder somit relativieren.[515] *„Die relative freie Auswertung visueller Information kann jedoch durch den Kommunikator eingeengt werden. Neben optischen Mitteln ist der Begleittext die wichtigste Steuerungsmöglichkeit.*"[516] Mit dem Kriterium auf sprachlicher Ebene wird auf die Problematik von Kommunikation zwischen verschiedenen Kulturräumen hingewiesen und wird daher bei der Analyse der Beiträge auch berücksichtigt.

6.5.2 Fallanalysen Krisenberichterstattung

Am Beispiel der Krisenberichterstattung soll vor allem das Rollenverständnis von *Weltspiegel* und *auslandsjournal* in Krisensituationen untersucht werden und zudem, ob in den Beiträgen mit Stereotypen operiert wird und Feindbilder erzeugt werden.[517]

6.5.2.1 Krisenberichterstattung am Beispiel des Beitrages „Helden mit Heimweh - Bagdads Befreier wollen nach Hause (*auslandsjournal* 14.08.2003)[518]

Die etwa sechseinhalb Minuten lange Reportage berichtet aus der Sicht eines im Irak stationierten US-amerikanischem Panzerbataillons aus dem hessischen Friedberg. Die Reportage setzt sich aus vier Beitragssorten zusammen: Off-Kommentar, Interviews mit ausschließlich US-Militärs, US-Soldaten im Camp-Alltag oder auf

[513] Keppler, Angela: Konventionen der Wahrnehmung. Thesen zur Dramaturgie des Magazinfilms im Fernsehen, in: Kreuzer/Schumacher (Hg.) (1988), S. 118.
[514] Hug (1998), S. 166.
[515] Vgl. Interview mit Scholl-Latour in: *epd medien* Nr. 84/2001. Frankfurt/Main, S. 4-12.
[516] Vgl. Ballstaedt zit. nach Verhein (1990), S. 71.
[517] Vgl. Kapitel 4.1 und 4.2 sowie Kapitel 5.
[518] Ein ausführliches Sendeprotokoll von allen vier Beiträgen befindet sich in Anhang III und IV.

Patrouille in Bagdad und Umgebung. Die Reihenfolge dieser thematischen Sequenzen sieht so aus: 1. Einleitender Kommentar, 2. Soldaten in ihrem Quartier und bei Patrouille, 3. Interview mit Captain der US-Armee, 4. Soldaten in Kontakt mit Bevölkerung, 5. „Live-Angriff", 6. Alltag im Quartier, 7. Interview mit US-Soldat, 8. Alltag im Quartier, 9. Interview mit Captain, 10. „Die bösen Iraker gegen die guten Amis", 11. Soldaten auf Nachtpatrouille, 12. Interview mit US-Soldat, 13. Soldaten bei der Festnahme von Irakern, 13. Bagdad, Soldaten im Quartier, 14. Interview mit US-Sergeant, 15. Soldat beim Schachspielen, 16. Interview mit US-Soldat, 17. amerikanische Soldaten „im Dienst für Vaterland und Freiheit". Bereits in der Anmoderation (ca. 30 Sek.) wird die Intention des Beitrages deutlich. Die Funktion der Anmoderation ist die Einordnung komplexer Vorgänge: *„Sie soll den folgenden Film einordnen und den geistigen, kulturellen und politischen Hintergrund vermitteln.'*[519] In diesem Fall erfolgt in der Anmoderation keinerlei Einordnung. Sie dient offensichtlich dazu, auf die angesprochenen Aversionen einzustimmen, die offenbar mit diesem Land verbunden werden und möchte diese dem Zuschauer anhand des nachfolgenden Films plausibel machen.

> *„Ich mag die Menschen nicht, ich mag dieses Land nicht, ich will nur noch nach Hause', das sagt ein amerikanischer Soldat im Irak, und Sie werden gleich verstehen warum. [...] Unser Korrespondent Luc Walport war mit den amerikanischen Soldaten in Bagdad unterwegs, einer Stadt, in der sie sich niemals heimisch fühlen können."*

Der Beitrag bietet ein prägnantes Beispiel für die visuelle und ideologische Aufbereitung einer eurozentristischen und stereotypen Konfliktdramaturgie. Die erste Sequenz (ca. 30 Sek.) zeigt Soldaten bei Liegestützen und Säubern ihrer Waffen vor dem Hintergrund der wehenden amerikanischen Flagge und schwer ausgerüsteten Patrouillefahrzeugen. Diese rasch aufeinander folgenden Einstellungen übermitteln für sich betrachtet keinerlei zusammenhängende Information. Der Kommentar aus dem Off spricht von „dem befreiten Irak", sie „zogen erfolgreich in die Schlacht", und jetzt sind sie „Tag und Nacht unterwegs", „um das Chaos da draußen einzudämmen". Ein derartig eurozentristisches und „westliches Verständnis" von Demokratie und Frieden, bei dem per se feststeht, wer Befreier und Befreite sind, Sieger und Besiegte, mutet polemisch an, vor allem, wenn man die anschließenden

[519]Auszug aus Hörburger, Christian: Krieg im Fernsehen. Didaktische Materialien und Analysen für die Medienerziehung, unter: www.friedenspaedagogik.de/themen/medien/ (15.04.2004).

Sequenzen betrachtet, in denen eine Gesellschaft vorgeführt wird, die nur aus fanatischen und gefährlichen Irakern zu bestehen scheint.

In der folgenden Filmsequenz schärft der Captain der US-Armee seinen Soldaten ein, dass sie „auf der Hut“ sein müssen, „sonst geht ihr dabei drauf“. Der nachfolgende Kommentar mit den Füllbildern von Soldaten, Maschinengewehren und Panzern auf lehmigen Straßen verstärkt den Eindruck davon, dass überall Gefahr lauere. *„Außerhalb des sicheren Quartiers lauert ein Risiko, das niemand mehr einschätzen kann. Es ist eine Schlacht gegen einen unsichtbaren Gegner. Den Frieden wollten sie in den Irak bringen, doch nun fühlen sich die Soldaten selbst gejagt [...].“* Es folgt eine Interviewsequenz mit dem Captain der US-Panzergrenadiere, der bestätigt, dass seine Soldaten in diesem Land „ziemlich gefährlich“ leben und dass die Männer seiner Kompanie schon mehrmals unter Beschuss gewesen sind. Hier lässt sich bereits das erste Feindbild-Syndrom erkennen: Misstrauen. Alles, was von den Irakern kommt, ist böse. Die nächste Bildersequenz (ca. 20 Sek.) vermittelt den Eindruck von eigentlich freundlich gesinnten Soldaten, die den Kindern Kaugummis anbieten und das Gespräch mit der Bevölkerung suchen, letztlich aber immer „auf eine Wand aus Misstrauen und Ablehnung“ stoßen, wie der Kommentar aus dem Off bekundet. *„Und kommt einmal ein Gespräch zustande, dann ertönen schon wieder Schüsse von der Straße“*, woraufhin tatsächlich Schüsse zu hören sind. Mit Hilfe der freien Kamera werden die Soldaten „live in Action“ verfolgt, wie sie in den Wagen springen und auf einer staubigen Teerstraße dem „unsichtbaren Feind“ hinterherbrausen. Die freie Kamera wird bei der aktuellen Berichterstattung, insbesondere bei Reportagen, häufig verwendet, weil sie, technisch unaufwendig und frei geschultert, zum engagierten Beobachter wird, der seinen Gegenstand verfolgt. Das unscharfe Bild durch Verwackeln ist dabei gleichzeitig Zeugnis vermeintlicher oder tatsächlicher Aktualität.[520] Der durch die rasche Bilderfolge entstehende Eindruck drängender Bewegung wird durch die in den Bildern stattfindende Bewegung noch verstärkt. Diese Dynamik wird sowohl durch Kameraoperationen (Schwenk, Zoom, Fahrt) und Montagestil erzielt als auch durch die Montage in Detailansichten zu einer raschen Einstellungsfolge. Somit wird ein künstlicher Eindruck von Bewegung und Abwechslung und ein Gefühl des „Dabei-Seins“ erzeugt. Die ganze Sequenz spiegelt also die bedrohliche Situation wider, in der sich die als bemitleidenswert inszenier-

[520]Vgl. Hörburger, Christian: Krieg im Fernsehen. Didaktische Materialien und Analysen für die Medienerziehung, www.friedenspaedagogik.de/themen/medien/ (15.04.2004).

ten Soldaten befinden, die ihren Auftrag als „Befreier" unter den übelsten Bedingungen gewissenhaft nachkommen. Der Kommentar zu den vermeintlichen Action-Bildern aus rasenden Militärwagen und am Straßenrand stehenden Soldaten: *„Zurück in Gefechtsstellung, dem Wagen hinterher, aus dem die Schüsse auf die Soldaten abgefeuert wurden, angespanntes Absichern der Lage. Niemand wurde verletzt, also sammeln und zurück in den 70 Grad heißen Panzer."* In dieser Sequenz erfüllt sich ein zweites Feindbild-Syndrom: die Schuldzuschiebung. Die Iraker sind Schuld an den bestehenden Spannungen und Umständen.

Die darauffolgenden Bilder zeigen Ausschnitte aus dem Leben der Soldaten in ihrem Quartier. Der begleitende Kommentar spricht von Mitteln, mit der Hitze fertig zu werden und davon, dass die Sicherheitslage ein Essen in der Stadt nicht zulasse. Die Stimmung sei am Boden. Darauf hin folgt wieder ein Interview mit dem Oberbefehlshaber des Einsatzes, der besagt, dass sie natürlich alle viel lieber zu Hause sein würden, *„aber die Jungs müssen verstehen, dass sie hier bleiben müssen."* Das Zitat eines Soldaten *„Wenn die Iraker unsere Hilfe nicht wollen, sollten wir hier raus"* in Verbindung mit dem anschließenden Kommentar *„Fast täglich kommen Nachrichten von getöteten Kameraden"*, steht für eine nahezu polemische Argumentationsstruktur und Dramaturgie dieses Beitrages. Die anschließende Kombination aus Bild und Text belegt dies erneut. Ein junger Soldat fragt nach dem „Warum" dieses sinnlosen Tötens, woraufhin der circa 25-Sekündige Kommentar kommt:

> *„Weil für die andere Seite der Krieg noch lange nicht zu Ende ist; die Schmach der Niederlage nach Rache schreit. Dutzende US-Soldaten wurden seit Kriegsende verletzt, mehr als 50 starben bei brutalen Angriffen aus dem Hinterhalt. Sie werden aus Gewehren beschossen, mit Granaten beworfen und unter Raketenbeschuss genommen. Es ist ein blutiger Guerillakrieg."*

Der Kommentar trägt in diesem Beitrag somit eindeutig zur Feindbild-Erzeugung bei. Durch negative Antizipation wird den Irakern hier von vornherein unterstellt, dass sie schaden wollen. Es folgt eine kongruente „Stellvertreter"-Bilderfolge über die offensichtlichen Verbrechen und Vergehen seitens der Iraker an den Amerikanern. Es wird ein jubelnder Iraker auf einem zerstörten Panzer und brennende Reifen in Großaufnahme gezeigt. Diese bewusste Anordnung von Bildelementen ist im Rahmen der Dramaturgie als Inszenierung zu begreifen. Die verwendeten Kollektivsymbole geben Aufschluss über indirekte Botschaften der Bildinhalte, da sie als gesellschaftlich verankerte Bilder Träger symbolischer Bedeutung sind.[521] Feuer hat im Rahmen der Dritten-Welt-Berichterstattung zumeist eine zerstörerische und konfliktverheißende Symbolik.[522] In diesem Zusammenhang steht Feuer als Kollektivsymbol für Fanatismus und außersystemisches Chaos, durch das „wir" bedroht sind. In dem Bericht erscheint das Feuer in Verbindung mit einem weiteren Kollektivsymbol, dem Auto,[523] das als zentrales Symbol westlicher Kultur für technischen und wirtschaftlichen Fortschritt steht.[524] Als „Repräsentanzwert" unseres Systems gilt das Auto als Ausdruck von Stabilität, Freiheit und Privateigentum und wird mit einem hohen Grad an „Zivilisation" und „Kultur" assoziiert.[525] Gerade in der Dritten-Welt-Berichterstattung aber wird das Kollektivsymbol Auto häufig zum Autowrack und dadurch in sein Gegenteil verkehrt. *„Das fahrende/fortschreitende Auto ist zum Stillstand gekommen. Es ist nicht mehr steuerbar."* Damit wird *„eine Polarisierung der Welt betrieben, die sich seit dem 19. Jahrhundert in den Antonymen zivilisiert/primitiv, fortschrittlich/rückständig ausdrückt."*[526] Durch die Kombination der Kollektivsymbole Feuer und Auto, verwandelt in ein brennendes Autowrack, wird ein explosiver Konflikt signalisiert. Die ausgebrannten oder lodernden Wracks stehen für die zerstörerische Kraft des Feuers. Die in dem Beitrag bildfüllende Darstellung des brennenden Fahrzeugteils in Verbindung mit dem oben zitierten Kommentar von „Rache", „getöteten US-Soldaten" und „brutalen Angriffen aus dem Hinterhalt" weist auf einen Zustand hin, in dem die Amerikaner die Kontrolle verloren haben. Der zerstörte Panzer mit dem daraufstehenden jubelnden Iraker und das brennende Fahrzeugteil gelten als „Anschläge" auf das geltende Wertesystem „unserer Zivilisation". Es findet hier eine Identifikation mit dem Bösen statt, wobei die Iraker

---

[521]Vgl. Vaillant (1995), S. 15.

[522]Feuer unterliegt in der traditionellen Symbolik und im Journalismus einem dualistischen Prinzip: Während es als domestiziertes (zivilisiertes) Feuer im Kamin brennt und damit eine Kulisse für einen Empfang oder offizielles Staatsgespräch gibt und somit Stabilität und Wohlstand symbolisiert, kann andererseits von ihm auch eine Bedrohung für das System ausgehen, indem es droht angesteckt zu werden oder zu explodieren. Vgl. ebd., S. 14/15.

[523]Wobei dies aus dem Bild nicht genau hervorgeht, ob es sich um einen Panzer oder um einen Pkw handelt, da es sich um eine Großaufnahme handelt, in der eher das Unterteil eines heftig brennenden Fahrzeuges gezeigt wird. Dies dürfte aber die Interpretation in diesem Zusammenhang nicht beeinflussen.

[524]Vgl. Vaillant (1995), S. 18

[525]Vgl. ebd., S. 19.

[526]Ebd., S. 20.

das Gegenteil von „unseren" Werten verkörpern und deswegen – so könnte das Fazit in der Öffentlichkeit und der Politik lauten - vernichtet werden dürfen.[527]

Die folgenden Bilder dieser Sequenz demonstrieren sozusagen die „Opfer" dieser nach „Rache schreienden" Iraker: Verwundete, blutüberströmende oder leblose Soldaten. Die beängstigende Lage wird in den folgenden Sequenzen verstärkt: Auf Nachtpatrouille haben es die Amerikaner in der Dunkelheit noch schwerer, ihre Arbeit an den Kontrollpunkten zu beherrschen und sind daher allen Irakern gegenüber misstrauisch. *„Nach elf herrscht eigentlich Ausgangssperre, doch diese Verordnung der Besatzer interessiert kaum einen Iraker. Der Kontrollpunkt könnte ein leichtes Ziel sein. Trotz der Nachtsichtgeräte und höchster Vorsicht bleibt die Angst."* So der Kommentar aus dem Off zu Bildern von Soldaten mit angelegten Gewehren, die auf mit Irakern mit erhobenen Händen zielen. *„Du weißt nie, was dich erwartet, wenn du so einen Wagen untersuchst [...]"*, beschreibt ein Sergeant die Gefahr. Die weiteren Bilder zeigen, wie die US-Patrouille mit Irakern besetzte Wagen anhält und diese examiniert, zwei Iraker werden an den Händen gefesselt in den Wagen gebracht. Der Kommentar:

> *„Hinter jedem Busch kann ein Angreifer versteckt sein. Mit einer Panzerfaust, die den ganzen LKW wegsprengen würde. Den Gedanken daran müssen sie verdrängen, aber die ständigen Angriffe hinterlassen Spuren. Wer ist hier noch unbescholtener Bürger, wer schon potentieller Feind? [...] kein Panzer da, der sie schützt".*

Diese wiederholten Aussagen in der Kombination mit dem Kommentar ergeben insgesamt ein polarisiertes Bild vom „Kampf der Guten gegen die Bösen". *„Basis dieses Polarisierungseffekts, den der Krieg auf die Medien der unmittelbaren Kriegsparteien (hier Konfliktparteien, Anm. S. B.) [...] ausübt, sind different politische, religiöse oder ethnische Grundorientierungen."*[528] Diese sind durchzogen von moralischen Urteilen, Bedrohungsbildern und interessengeleiteter Politik. Es wird immer wieder suggeriert, dass die guten Soldaten, die für Freiheit, Zivilisation und als Hüter für Recht und Ordnung stehen, dem unberechenbaren Bösen, sprich den Irakern, machtlos gegenüberstehen. Begriffsverschmelzungen, wie zum Beispiel „der Irak und das Chaos" oder auch der ausschließliche Bezug zu Eliten, hier das Militär, machen einen friedlichen Dialog zwischen den Kulturen unter diesen eurozentristischen Bewertungskriterien kaum möglich. Im Gegenteil: es werden Feindbilder aufgebaut,

[527]Vgl. 4.2.
[528]Imhof (1995), S. 10.

wenn von „Angriffen aus dem Hinterhalt“ und heimtückischen Irakern gesprochen wird: *„Es gibt Iraker, die uns mögen. Andere allerdings mögen uns nicht. Da wird man bitter enttäuscht. Sie winken dir freundlich zu, und im nächsten Moment feuern sie mit der Kalaschnikow auf dich.“* Es wird der Eindruck von heroisch durchhaltenden Soldaten vermittelt, die in patriotischer Mission ihre Pflicht erfüllen, - „im Dienst für Vaterland und Freiheit“ - aber eigentlich in (für uns!) erbärmlichen Zuständen leben und Stunde für Stunde ihr Leben für „den Frieden“ (sic!) riskieren. *„Viele fühlen sich von der Politik im Stich gelassen“*, da *„warnende Hinweise in den Marschbefehlen“* nicht vorkamen, wie der Kommentar abschließend erzählt.

In dem ganzen Beitrag ließ sich kein Hinweis auf eine fundierte und ausgeglichene Hintergrundberichterstattung erkennen, geschweige denn eine Einordnung in globale Zusammenhänge und noch weniger Angebote zur Konfliktlösung. Im Gegenteil, Zitate wie: *„Also ich habe die Nase gestrichen voll. Ich hasse es hier zu sein. Ich habe diese Leute satt, ich habe das Land satt, ich will nach Hause. [...]“* und Bilder von Irakern, die Symbole westlicher Repräsentanzwerte zerstören, dienen eher zur Rechtfertigung weiterer militärischer Vorgehen und werben für Verständnis der nervös und aggressiv agierenden US-Soldaten. In der Abmoderation versucht Dietmar Ossenberg weder zu differenzieren, noch den einseitigen Tendenzen in dem Beitrag in irgendeiner Form entgegenzusteuern oder neu zu gewichten. Statt dessen verstärkt er die Paranoia vor dem Fremdem, assoziiert explizit den Irak und abschließend noch den Iran mit Terrorismus (von dem im Bericht nicht die Rede war) und *Al Quaida*: „*Und vielleicht müssen sie noch länger bleiben, weil der Iran das nächste Angriffsziel ist. Undenkbar ist das nicht, denn viele Top-Terroristen der Al Quaida haben nach ZDF-Informationen im Reich der Mullahs Unterschlupf gefunden. Mehr dazu gleich im heute-journal.*“

Dass Journalisten immer wieder der Kritik ausgesetzt sind, durch ihre Berichterstattung Kriege vorzubereiten, militärische Handlungen zu legitimieren und maßgeblichen Anteil an ihrem Verlauf zu haben, ist allgemein bekannt, auch wenn der tatsächliche Einfluss wissenschaftlich umstritten ist.[529] Es ist aber davon auszugehen, *„dass die Bilder – egal ob in Bild oder Schriftform – [...] Anteil daran haben, wie Kriege*

[529]So wurde bisher weder erforscht, ob sich die von den Medien verwendete Sprache des Krieges im Selbstverständnis der Bevölkerung niederschlägt, noch ob ein bestimmter Sprachgebrauch wirklich ablehnende oder befürwortende Haltungen hervorrufen kann. Vgl. Krüger (2003), S. 35 und vgl. Iten (1995), S. 13-21.

in der Bevölkerung aufgenommen werden und welche Reaktionen sie hervorrufen.'[530] Die Bilder mit ihren negativen Bedeutungszusammenhängen dienen allein der Charakterisierung einer symbolischen Bedrohung, die den Blick auf möglicherweise komplexe Ursachen und Erklärungen verstellt.[531] Hier lässt sich das „polarisation principle"[532] feststellen, nach dem ein Dritte-Welt-Land als Bedrohung oder als Verursacher eines Problems und die westliche Welt als Befreier und Erlöser des Problems dargestellt wird. Die Symbolik dieser Bildmontage deutet nicht nur auf den Gegensatz von „guten Amerikanern" und „bösen Irakern" hin, sondern auch auf eine Beobachtungsstrategie, bei der es um das Aufspüren von Interessengegensetzen zwischen der USA (und implizit der gesamten „westlichen" Welt) und eines islamischen „Schurkenstaates" geht. Wo diese Gegensätze nicht direkt filmbar waren, wurden sie mit Hilfe von Kameraperspektive und Montagetechnik inszeniert. Ein Problem, dass der Kommentar dadurch zu verdecken versucht, indem er umso ausdrücklicher von besonders gefährlichen Situationen spricht und auf latente Konfliktpotentiale verweist, die durch entsprechende Dramaturgie in Szene gesetzt werden.

Sprache und Bilder sind somit wichtige Instrumente, um Kriegsakzeptanz zu erzeugen. Freund- und Feindbilder werden durch sogenannte harte und weiche Sprache bestimmt, die eine „wir-sie-Asymmetrie" ausdrücken.[533] Harte Sprache wird verwendet, um die jeweils andere Partei mit negativen Attributen zu kennzeichnen.[534] Begriffe und Konstellationen wie „Chaos", „unsichtbarer Gegner", „blutiger Guerillakrieg" in Verbindung mit Kommentaren und Bildern, die eine unberechenbare Gefahr suggerieren, stehen in Kontrast zu der Verwendung weicher Sprache. Positiv besetzte Begriffe wie „Befreier" und „Überbringer der Demokratie" erwecken den Eindruck, die Soldaten seien nur in Sachen Frieden unterwegs. Sie „befreien" und „bringen Ordnung", während die Iraker „brutale Angriffe aus dem Hinterhalt" durchführen und „im nächsten Moment mit einer Ka-

[530]Krüger (2003), S. 35.
[531]Vgl. Vaillant (1995), S. 17.
[532]Vgl. Teichert zit. nach: ebd., S. 9.
[533]Vgl. Krüger (2003), S. 36.
[534]Dies war z. B. auch in einer Verschärfung des Tonfalls gegen das Milosevic-Regime zu beobachten: Um die deutsche Beteiligung, die in der Öffentlichkeit sehr umstritten war, im Kosovo-Krieg zu rechtfertigen, verwandte Verteidigungsminister Scharping häufig Begriffe wie „Völkermord", „Nazi-Herrschaft", „Auschwitz". Derartige Vorwürfe legitimieren zugleich das eigene Handeln als „humanitäre Einsätze von UN-Friedenstruppen". Vgl.ebd., S. 36.

laschnikow feuern". Bezeichnungen wie „Einsatz" oder „Auftrag" haben eine sehr breite, auch nichtmilitärische Bedeutung. Dem Krieg wird so die spezifische, düstere Sonderheit genommen, denn die Begriffe sind im allgemeinen, alltäglichen Sprachgebrauch verankert.

Diese Darstellungsweise konstruiert Auto-Stereotype im Sinne von „Wir, die Befreier und Hüter der Ordnung" und Hetero-Stereotype von „Sie, die hinterhältigen, bösartigen Gegner".[535] Roberte LeVine und Donald Campbell stellten in diesem Zusammenhang „universal stereotypes" fest: *„We are peaceful, loving people, hating only our vile enemies. They are hostile people who hate us. We are moral and clean. They are unmoral and unclean.'*[536] Das *auslandsjournal* vermittelt hier ein antagonistisches Weltbild, ein Dualismus zwischen „Gut" und „Böse" mit vordefinierten Rollen. Dies erscheint umso fataler, da das weit entfernte Publikum dem Auslandskorrespondenten gewissermaßen die Meinungsführerschaft überträgt und einen „ordnenden" Kommentar bei der Einschätzung von Konflikten erwartet.[537] In diesem Fall scheint sowohl der Korrespondent als auch der Moderator die Rolle der Co-Konfliktpartei zu übernehmen, sie sind nicht in der Lage einen eigenen Diskurs zu entwickeln.[538] Das Medium verliert die kritische Distanz zum Geschehen, in dem es parteinehmend über den Konflikt berichtet und mit stereotypen Feindbildern operiert. Die Parteilichkeit wird hierbei vom „Krisenverhalten gesellschaftlicher Eliten"[539] beeinflusst. *„Medien sind zur Gestaltung ihrer Auslandsberichterstattung auf Elitendiskurse angewiesen, was bedeutet, dass mangelnde Vielfalt und Parteilichkeit der medialen Krisenkommunikation auch eine entsprechende Ausrichtung der Eliten reflektieren kann.‘*[540] Zugleich trifft hier zum Teil das Rollenmodell von Medien als dritte Konfliktpartei[541] zu, denn die Wahrnehmung einer existentiellen Bedrohung für zentrale Werte und Ordnungen fördert ein „emotionales Krisenklima" anstelle eines „Friedensklimas".

Der personalisierte Konflikt wird also durch den ausschließlichen Blickwinkel des Militärs betrachtet, wobei irakische Zivilisten anonyme und stumme Statisten blei-

[535]Vgl. Kapitel 5.
[536]Levine und Campell zit. nach: Ginneken (1998), S. 212.
[537]Vgl. Kapitel 2.4.2 und Kapitel 5.
[538]Vgl. Kapitel 5.
[539]Vgl. Hafez (2002), Bd. 1, S. 158.
[540]Ebd. und vgl. auch: Ruhrmann (1993), S. 89.
[541]Vgl. Kapitel 5.

ben. Damit lässt sich „the responsibility and expert strategy“ als weiteres Strukturprinzip dieses Beitrages feststellen.[542] Demnach wird die Kommentierung des Konflikts politischen Eliten überlassen. Dies reduziert die komplexe Problematik des Nachkriegsiraks im Kontext des Films auf wenige stellvertretende (und ausschließlich männliche) Handlungsträger und klammert die Hintergründe der Krise völlig aus.

Die benutzten Feindbilder können sich verselbständigen und schließlich zu einem Verhalten führen, das (möglicherweise) der Realität nicht angemessen ist. Der Grad der Verzerrung ist schwer zu bestimmen, aber jegliche Verzerrung, die stattfindet, verstärkt den Konflikt und behindert eine gewaltlose Aufhebung desselben.[543] Der Trugschluss im öffentlichen Diskurs könnte lauten, dass ein Land, das derart mit „westlichen Werten“ umgeht, auch keines Schutzes mehr bedürfe. Wenn sich dieser Diskurs in den Massenmedien wiederholt, werden schwarz-weißmalende Weltbilder und dichotome Weltdeutungen mit Feindbildern produziert, verfestigt oder sogar radikalisiert und können zu fehlerhaften Schlussfolgerungen und Handlungen führen, wie zum Beispiel die legitime Anwendung von Gewalt.[544] Dies kann wiederum auf den Umgang mit Ausländern im In- und Ausland zurückreflektieren.[545] Völker- und Nationenbilder sind zu einem großen Teil davon abhängig, ob sie in der Berichterstattung in einem negativen Themenkontext oder neutralen/positiven Themenkontext in Erscheinung treten. Demzufolge kann die Art und Weise, in der über ein Land berichtet wird, für lange Zeit entscheidend für ein positives oder negatives Image sein. Themen sind Bestandteile der Kommunikation, *„in deren Zusammenhang Bedürfnisse, Interessen und Ereignisse interpretiert [...] werden. In welchem Themenkontext Länder in der Presse Erwähnung finden, ist daher wichtig zur Bestimmung der Stellung eines Landes im zeitgenössischen Diskurs.‘*[546] Die unterschwellige Botschaft dieses Films in Kombination mit der Moderation hilft auf Dauer, einen (neuerlichen) Angriff auf den Irak und den Iran ideologisch vorzubereiten. Dass solche Beiträge nach perpetuierter Ausstrahlung eine gewisse propagandistische Wirkung entfalten, meint auch der Journalist Volker Lilienthal, und zwar dann *„[...] wenn sich im Medienkonzert ein entsprechender Anti-Irak-Konsens herausbildet und die er-*

[542]Vgl. Teichert zit. nach: Vaillant (1995), S. 9.
[543]Vgl. Ostermann, Änne/Nicklas, Hans: Vorurteile und Feindbilder. München 1976, S. 228.
[544]Vgl. auch hervorgehobene Defizite des MacBride-Berichts Kapitel 2.1.
[545]Vgl. Kapitel 4.
[546]Hafez (2002), Bd. 2, S. 121.

wähnten Vorurteile immer wieder bedient werden und so langsam ins Bewusstsein geträufelt werden. „[...] Aus diffuser Angst sind schon viele Kriege entstanden.“[547]

6.5.2.2 Krisenberichterstattung am Beispiel des Beitrages „Die Rache der Amis“ (*Weltspiegel* 26.10.2003, WDR)

Die etwa siebeneinhalb Minuten lange Reportage aus dem Alltag des Nachkriegsiraks, wo amerikanisches Militär gegen angeblich unschuldige Zivilisten vorgehen, repräsentiert eine gänzlich andere journalistische Herangehensweise als die des oben untersuchten *auslandsjournal*, die bereits in der circa 50-sekündigen Anmoderation deutlich wird:

> *„[...] Frieden – der ja genau fehlt im Irak. Dort steigen die Spannungen. Keine Befreier, sondern Besatzer seien die US-amerikanischen Soldaten. So sehen es immer mehr Iraker. Und eben diese Besatzer bringen nahezu ungestraft Iraker um, auch Zivilisten. Alles Propaganda fanatischer Saddam Hussein Anhänger? Nein. Es sind US-amerikanische Menschenrechtler, die das eigene Militär anklagen. Allein in Bagdad hätten die GIs 20 Zivilisten getötet, erklärt die angesehene Organisation „Human Rights Watch“. Andere Quellen sprechen sogar von fast 100 Tötungen. Doch während jeder Anschlag auf die US-Soldaten akribisch untersucht wird, glauben diese, auch das sagt „Human Rights Watch“, jederzeit abdrücken zu können. Allein das steht in krassem Gegensatz zu einem erklärten Kriegsziel: Nämlich dem Aufbau der Demokratie im Irak.“*

Hier wird - über zwei Monate nach dem Beitrag des *auslandsjournal*[548] - die Rolle der Amerikaner als Befreier in Frage gestellt. Um hier nicht Gefahr zu laufen, Partei für eine Seite zu ergreifen und Propaganda zum Opfer zu fallen, wird auf eine seriöse Nichtregierungsorganisation aus Amerika als Quelle zurückgegriffen, die Fälle von willkürlich brutal vorgehendem Militär kritisiert. Gleichzeitig wird dabei auf

---

[547] Lilienthal, Volker: Nahaufnahmen in der Fremde. Ausland im Fernsehen – eine Programmbeobachtung, in: Cippitelli (2003), S. 42.

[548] Man könnte hier mit der Entwicklung des Konfliktes im Zeitablauf berücksichtigen, dass das *auslandsjounral* Mitte August eventuell noch nicht die entsprechenden Informationen hatte oder die Konsequenzen absehen konnte. Andererseits ist die Argumentationsstruktur so einseitig deutlich, dass dies bezweifelt werden kann. Es lassen sich während des Untersuchungszeitraumes auch keine weiteren Beiträge über den Irak finden, die dieser Tendenz irgendwie entgegensteuern oder andere Perspektiven vermitteln würden. Außerdem sollten Medien gerade in Krisenzeiten ihre Funktion als Kontrollorgan und „Frühwarnsystem“ aufrechterhalten. Denn: „Was nützt eine Debatte um einen Krieg, der bereits beendet ist?“ fragt sich zu Recht Kai Hafez in Bezug auf die Medienberichterstattung während des Einsatzes in Afghanistan. Demnach begannen die wichtigsten Medien erst vier Wochen nach Kriegbeginn die Grundsatzdebatte über Sinn oder Unsinn einer militärischen Aktion. Vgl. Hafez, Kai: Schluss mit den Klagen. Krisenmanagement im Journalismus. In: Zeitschrift für Kultur-Austausch. Institut für Auslandsbeziehungen, Band 52, Heft 1, 2002.

eines der Gründe für die militärische Invasion angespielt und die Frage suggeriert, ob auf diese Weise wirklich die Demokratie gefördert werden könne.

Zunächst wechseln sich blockweise die Arbeit des „Peacemaker-Teams" mit der Vorstellung von Fallbeispielen willkürlicher US-Gewalt- bzw. Vorgehensweise des Militärs ab. Die Reportage beginnt mit der Vorstellung von David und Kathleen, zwei Mitgliedern eines weltweit tätigen „Peacemaker-Teams", deren Mission es ist, *„denen zu helfen, um die sich sonst niemand kümmert: den Opfern willkürlicher US-Gewalt"*, wie wir aus dem Kommentar erfahren. Dies deutet schon auf eine gänzlich andere Perspektive des Beitrages hin: nicht aus dem Blickwinkel militärischer Eliten, sondern gerade die Opfer der Macht, *„die Schwächsten der Schwachen"*, so der Kommentar, werden in den Mittelpunkt journalistischen Interesses gestellt. Die nächste Bildsequenz zeigt die beiden Amerikaner des „Peacemaker-Teams" bei ihrem Besuch einer dieser Opfer. Während der Kommentar von der Nacht erzählt, als die US-Soldaten die Tür aufbrachen, die Wohnung verwüsteten und den Vater mitnahmen, werden David und Kathleen gezeigt, wie sie inmitten der Familienangehörigen Platz nehmen, es wird Wasser gereicht. Der Kommentar spielt auf die Zweifelhaftigkeit des drastischen Vorgehens seitens des US-Militärs an. Die „Füllbilder", auf die hier der Kommentar gesprochen wird, zeichnen sich häufig durch das dramaturgische Mittel der Personalisierung aus, die zur Darstellung von Opfern und Leidtragenden unabdingbar ist.[549] In Groß- und Nahaufnahme werden die traurigen Gesichter der Kinder und Mutter gezeigt, die über ihr Leid berichten und im Gegenzug die beiden Gäste des Teams, die aufmerksam zuhören und sich Notizen machen.

Die nächste Interviewsequenz mit David des „Christian Peacemaker-Teams" betont die Menschlichkeit und Gastfreundschaft, die sich die Familienangehörigen trotz der demütigenden und radikalen Vorgehensweise der Soldaten bewahrt haben. Es wird damit ein gänzlich anderes Bild der Iraker im Vergleich zu dem Bei-

[549]Wenn Fernsehen Mitgefühl und Mitleid auslöst, kann bei den Zuschauern der Wunsch nach Handlung und Veränderung wachgerufen werden. Dieser „vermittelten Menschlichkeit" sind in der Realität allerdings enge Grenzen gesetzt. Denn man muss bedenken, dass „das im Bildkontext gezeigte Leid oder der Krieg bei Zuschauern als ‚außenstehendes Ereignis' erlebt wird, dem die sinnliche Nähe der unmittelbaren sozialen Erfahrung abgeht." Hörburger, Christian: „Betroffenheit", „Mitleid" in: Das Fernsehalphabet, zusammengestellt vom Institut für Friedenspädagogik Tübingen e. V., vgl.: http://www.friedenspaedagogik.de/themen/medien/fernseh2.htm, (15.04.2004).

trag des *auslandsjournal* gezeichnet. Interessanterweise werden hier die Iraker als zivilisiert und human beschrieben und dargestellt:

> *„Hier sind tiefe Gefühle des Zorns entstanden und viel Wut. Aber was den größten Eindruck auf mich gemacht hat, ist ihre Zivilisiertheit und Menschlichkeit. Selbst wenn wir hier hereinplatzen und sie uns ihre traurige Geschichte erzählen, behandeln sie uns sehr zuvorkommend. Das macht Hoffnung, und es ist einfach bewundernswert."*

Die nächsten Bilder, sogenannte „Füllbilder", stellen die keinen erkennbaren inhaltlichen Zusammenhang zur Sprache dar oder einen rein dekorativen Bezug zum Text. „Füllbilder" dienen dazu, die Aussagen des Kommentars zu belegen, um damit die Authentizität der Situation zu dokumentieren.[550] Diese Bilder werden auch als „textbezogene Illustration" bezeichnet. Hier zeigen sie noch einmal den freundlichen Umgang zwischen den beiden Mitgliedern des „Peacemaker-Teams" und der Familie: Sie schauen sich Fotos aus offenbar glücklichen Familientagen an. Der Kommentar bezieht sich auf die Art des US-Militärs: *„[...] Keine Anklage, kein Verfahren, kein Schuldspruch und nicht einmal eine Mitteilung."*

Die folgende circa 20-sekündige Bildfolge stellt im Prinzip das genaue Gegenteil der obigen „Stellvertreter-Bildersequenz" des *auslandjournal* dar: Diesmal agieren die US-Soldaten und nicht die Iraker „barbarisch" und „unzivilisiert" gegen die Zivilbevölkerung. Die Bilder dokumentieren die groben Maßnahmen der Soldaten, wie sie in Nacht- und Nebel- Aktionen Häuserwände mit Panzern platt machen, in Häuser eindringen, diese verwüsten. Man sieht verschreckte Frauen und Kinder in Kombination mit den Maschinengewehren der Soldaten und ein Mann im Nachthemd, der von einem Soldaten zu Boden gezwungen wird. Der Kommentar bezieht sich direkt auf die Bilder und spiegelt das Gesagte wider:

> *„Immer wieder gehen den Amerikanern bei ihren Nachtrazzien auch Terroristen ins Netz. Keine Frage. Doch die martialische Art, wie sie sich Zugang zu den Häusern verschaffen, Möbel zertrümmern, Frauen in Nachthemden keine Zeit zum unverzichtbaren Verhüllen geben, Kinder oft traumatisieren und Väter vor aller Augen demütigen, das macht ganze Sippen zu ihren Feinden."*

Diese Aussagen zeugen von einer differenzierten Betrachtungsweise. Während einerseits die Bedeutung der Militäraktionen bei ihrer Jagd auf Terroristen nicht angezweifelt wird, wird umso mehr die Art und Weise des Vorgehens hinterfragt. In

---

550 Vgl. Keppler (1988), S. 115, 117.

einem weiteren Beispiel wird dies erneut deutlich: ein anderes Wohnzimmer mit Familienmitgliedern und dem „Peacemaker-Team“ wird gezeigt. Die Mutter weiß nicht, warum die Militärs ihre drei Söhne weggenommen haben, noch wo sie sind. In Nahaufnahme zeigt die Kamera die verzweifelte und wütende Frau: *„Möge der Himmel sie bestrafen. Mögen die Raketen, die sie gegen andere einsetzten auf sie selbst fallen. Möge Gott sie bestrafen.“* Einblendungen in Großaufnahme von einer zerstörten Häuserwand und einem zerstörten Spiegel an der Wand, in dem zwei kleine Kinder zu sehen sind, spiegeln das Ausmaß der inneren und äußeren Zerstörung wider. Die Darstellung von Kindern spielen in Reportagen aus der Dritten Welt eine wichtige Rolle. Sie dienen häufig als Kontrast-Bilder zu den Szenen aus der Welt der Erwachsenen. *„Der Zusammenprall von äußerem Leid, das die Erwachsenen zu verantworten haben, und kindlicher Unschuld stellen im Bild gegebenenfalls einen affektiven Dualismus dar.“*[551] Die folgende Sequenz gleicht dem vorigen Schema: Kinder, die Mutter gestikulierend, die „Peacemakers“ zwischen den Familienmitgliedern. Der darüber gesprochene Kommentar lautet: *„Nur zwei Schicksale von Hunderten. Kolateralschäden einer unfriedlichen Besatzung [...].“*

Die nächste Interviewsequenz zeigt Kathleen in Nahaufnahme. Sie sagt: *„Ich bin Amerikanerin. Und ich finde es besonders beschämend, dass solche Dinge passieren. Sie sind Teil eines Militärprojektes meines eigenen Landes.“* Hier wird offenbar - wie schon der Verweis in Anmoderation zeigte – darauf Wert gelegt, nicht Teil einer Propaganda einer Partei zu werden, sondern auch die Version unabhängiger Dritter wiederzugeben. Anhand der Arbeit dieser Menschenrechtsorganisation unterstützt der Beitrag auch den Gedanken einer „Pazifizierung“, die nicht durch Waffengewalt und Militärpräsenz, sondern vielmehr über die kleinen friedensfördernden Maßnahmen zwischenmenschlicher Beziehungen zustande kommen kann.

Der nächste Teil der Reportage stellt in einer Minute und etwa 20 Sekunden die Vernichtung eines ganzen Ackerlandes dar. Die Bilder dokumentieren entsprechend das Maß der Zerstörung anhand entwurzelter Bäume und Sträucher, breite Radspuren durch Ackerböden und Menschen bei dem Aufräumen der verwüsteten

[551] Hörburger, Christian: „Kinder“, in: Das Fernsehalphabet, zusammengestellt vom Institut für Friedenspädagogik Tübingen e. V., vgl. http://www.friedenspaedagogik.de/themen/medien/fernseh2.htm, (15.04.2004).

Felder. Der Kommentar weist auf die Sinnlosigkeit und Willkür der ganzen Aktion hin. Einleitend wird der Hintergrund der Tat erläutert: Ein kleines Dorf, von dessen Plantage aus eine US-Kolonne beschossen wurde.

> *„Die Antwort der Amerikaner: brutale Vergeltung. Die Militärs ordern drei Schaufelradbagger und walzen die fruchtbaren Felder nieder. Gerade erntereife Limonen, pralle Zucchini-Äcker, Hunderte von uralten ertragreichen Dattelpalmen. Die Attentäter wurden nie gefasst, doch die Amerikaner bestraften das Dorf pauschal: unter den Opfern könnte es ja auch Sympathisanten gegeben haben."*

Darauf kommt ein Mann zu Wort; in 30 Sekunden schildert er die Tragweite der Handlung; in den Händen hält er scheinbar die Überreste seiner Ernte: ein paar Limonen.

> *„Zitrusfrüchte, Datteln und Granatäpfel, alles haben sie sinnlos zerstört. Und warum? Ist das die Freiheit, die die Amerikaner gemeint haben? Von diesem Feld haben viele Familien seit fünf Generationen gelebt, hunderte Menschen. Jetzt ist unsere gemeinsame Existenzgrundlage vernichtet. Wovon sollen wir jetzt leben? Unsere Palmen waren schon über hundert Jahre alt, jetzt liegen sie tot am Boden. Warum haben die Soldaten sie zerstört? Wie kann man so etwas nur machen!?"*

Das nächste Interview spiegelt in ähnlicher Weise die Fassungslosigkeit und hilflose Wut der Betroffenen, denen eine ganze Existenz genommen wurde. *„Die Amerikaner haben uns unsere Zukunft genommen. Jetzt fahren sie vorbei an unseren zerstörten Feldern. Ist das etwa die Demokratie, die sie uns beibringen wollen?"* Mit diesen Aussagen wird wieder ein Bogen zu den schon in der Anmoderation erwähnten Fragen hergestellt. Diese Iraker fragen sich mit Recht, so die Botschaft, ob unter diesen Umständen wirklich die sogenannten „westlichen Werte" wie Demokratie und Freiheit, mit denen die militärische Invasion legitimiert wurde, hergestellt werden können und wenn, ob sie dann wirklich wünschenswert sind. *„Siebzig Familien haben von diesem Feld gelebt, mehr als 400 Menschen"*, erfahren wir abschließend bei einem Schwenk in der Totalen über die verwüsteten Felder.

Die folgenden 30 Sekunden zeigen eine Versammlung von Männern, die in einem Raum auf dem Boden hocken und ein Dokument vor sich haben. Es geht um einen Brief, den die von den Strafrodungen der Amerikaner betroffenen Familienhäupter an den amerikanischen Oberst verfasst haben. Die 70 Familien bestehen auf eine angemessene Entschädigung, die ihnen kategorisch verweigert wurde.

Die nächste Einstellung (ca. 25 Sek.) zeigt anhand eines Amateurvideos, das Authentizität vermitteln soll, den „amerikanischen Rachefeldzug“, in dem man Planierraupen sieht, die Felder platt walzen. Der Kommentar sagt: *„Wie schwer es für die christlichen Peacemaker-Teams sein muss, ihre Fälle zu Gehör zu bringen, wird uns klar, als wir nach einem US-Statement zu dieser hier dokumentierten Vernichtungsaktion fragen.“* In den darauffolgenden drei Sequenzen werden drei Versuche seitens des Korrespondenten unternommen, eine Stellungnahme der Verantwortlichen zu bekommen. Versuch eins: Chefverwalter Paul Bremer direkt angesprochen auf den Fall. Man bekommt den Blick auf einen Saal mit Menschen und dann auf die Bühne, wo Paul Bremer hinter einem Rednerpult steht und antwortet: *„Ich habe keine Ahnung. Sie müssen die Militärbehörden fragen, ich höre das jetzt zum ersten Mal.“* Versuch zwei: Koalitionssprecher Charles Heathley, dem das ARD-Mikro hingehalten wird: *„Ich weiß über diesen speziellen Fall nichts. Ich kann mich nicht dazu äußern.“* Dritter und letzter Versuch: Die US-Basis, die für die ganze Gegend zuständig ist. Diese Szene ist filmisch akzentuiert worden, was eine der wenigen Ausnahme im Rahmen der untersuchten Beiträge darstellt. Normalerweise wird bei *Weltspiegel* und *auslandsjournal* die Augenhöhe bevorzugt, die ein optisches „Normalmaß“ eines erwachsenen Menschen repräsentiert. Diese Kameraführung ist typisch für die Berichterstattung im Fernsehen, da sie als „objektiv“ und wenig „verzerrend“ gilt.[552]

In diesem Fall sieht man aus der „Amerikanischen Kameraeinstellung“[553] heraus eine Person (wahrscheinlich den Korrespondenten) auf ein von Militär bewachtes Gebäude zugehen. Anhand der folgenden Kameraperspektive, der sogenannten Froschperspektive, wird die Identifikation mit Personen sowie die Distanz zu ihnen stark beeinflusst. Durch die außerordentliche Untersicht wirkt das gezeigte Objekt überlegen oder auch bedrohlich. Anhand dieser Einstellung werden Antagonistenpaare wie „der Gute“ und „der Böse“, oder „der Schwache“ und „der Starke“ unterschieden.[554] Der aus der Froschperspektive gezeigte schwerbewaffnete Soldat wirkt monströs und überhöht; er hat sein „Normalmaß“ verloren, die Kamera „manipuliert“ die durchs Objektiv erfasste Welt nachdrücklich und sugge-

---

[552]Vgl. Keppler (1988), S. 120.
[553]Eine aus dem Western entwickelte Kameraeinstellung; zeigt einen Menschen etwa ab Mitte des Oberschenkels bis Kopf. Vgl. z. B. Katz, Steven D.: Die richtige Einstellung. Shot by Shot. Zur Bildsprache des Films. Frankfurt/Main 1998, S. 107.
[554]Vgl. Navarro (1995), S. 36.

riert hier den Eindruck von einem übermächtigen Militärapparat, dem man macht- und hilflos gegenübersteht. So auch die Antwort per Walkie-Talkie: *„Keiner da, der verantwortlich ist."*

In der letzten dreiviertel Minute des Films begleitet das *WS*-Team noch einmal David und Kathleen, die *„Friedensmacher in einem Land des Hasses*", so der Kommentar, bei dem Besuch des Imams der Al-aadham Moschee in Bagdad. Sein Statement ist bezeichnend für den Grad der Affronts und Nichtachtungen, die das irakische Volk durch die US-Soldaten erlitten hat:

> *„Von allen Beleidigungen, die wir nie vergessen werden, sind zwei die Schlimmsten: Sie haben in Schuhen und Waffen unsere Moschee durchsucht und dadurch entweiht. Und: sie haben den berühmten Uhrenturm bombardiert. Einen der Schätze des Iraks. Grundlos und dazu noch an unserem heiligen Feiertag."*

Die Schlusssequenz zeigt die beiden Peacemakers, wie sie an der Moschee entlang gehen und endet mit einem Zoom auf den zerstörten Uhrenturm. Der auf diese Bilder gesprochene Kommentar resümiert mit folgenden nachdenklichen Worten die vorherrschende Situation: *„Die Amerikaner haben das Land von einer brutalen Diktatur befreit. Doch der Kampf um die Herzen der Bevölkerungsmehrheit geht mit jedem zerstörtem Palmenhain, jedem sinnlos verhafteten Familienvater und jeder entweihten Moschee ein Stück mehr verloren."*

Sicherlich hätte man in diesem Beitrag noch expliziter historische und globale Zusammenhänge thematisieren können. Eine Aufgabe, die ansatzweise in der Abmoderation vorgenommen wird:

> *„Der russische Präsident Putin hat die USA vor kurzem warnend an die bittere russische Lehre in Afghanistan erinnert. Dabei brauchen die Amerikaner eigentlich gar keine Ratschläge. Sie haben ja selbst einen großen Kolonialkrieg, den Krieg gegen Vietnam, verloren. Damals brachte Washington eine gewaltige und moderne Militärmaschine in Stellung, denn der Gegner war diszipliniert [...]."*

6.5.2.3 Zusammenfassender Vergleich der Krisenberichterstattung

Keiner der untersuchten Beiträge erfüllt das eigentlich „durchgängige Darstellungsprinzip"[555] einer „antithetischen Strukturierung"[556] von Magazinfilmen. Im

[555] Vgl. Keppler (1988), S. 118.

Gegenteil: es werden nicht zu jedem Themenaspekt verschiedene Meinungen vorgetragen, es wird jeweils aus der Perspektive einer Seite erzählt, wobei beide Reportagen aus einer opferzentrierten Darstellung berichten. Der entscheidende Unterschied ist, dass in der Reportage des *Weltspiegel* die irakische Zivilbevölkerung Opfer des US-Militärs ist, das als „Besatzer" wahrgenommen wird. Es wird aus der Perspektive der zivilen Opfer berichtet, die Gewalt und Erniedrigung durch das US-Militär erleiden. In dem Film dient die Opferperspektive nicht als „voyeuristische Befriedigung" stummer Leidender, sondern der Anspruch der Zivilisten auf Wort, Bild und Stimme, wie ihn die UNESCO-Mediendeklaration fordert,[557] wird erfüllt. Auch Christian Hörburger, vom Institut für Friedenspädagogik, weist darauf hin, dass Fernsehen im Interesse des Friedens vor allem auch über Zivilisten berichten sollte, deren Anzahl in der Regel wesentlich größer ist als die der bewaffneten Soldaten.[558] Zivilisten sind die einzigen Handlungsträger, die kriegerische Handlungen ernsthaft in Frage stellen und verhindern können. Das Fernsehen kann die Friedensinteressen der Zivilbevölkerung in Erfahrung bringen, um militärisches Handeln als „Destruktion der Humanität erfahrbar zu machen".[559]

Im *auslandsjournal* hingegen werden die US-amerikanischen Soldaten, die sich als „Befreier" wahrnehmen und auch so kommentiert werden, als Opfer der aus niederen Motiven wie Rache handelnden irakischen Bevölkerung dargestellt. Der Beitrag des *Weltspiegel* über den Irak gibt sich hier vergleichsweise zumindest noch die Mühe, eine „objektivere" und umfassendere Sichtweise zu erlangen. Es erfolgen nicht nur Interviews der Betroffenen, sondern es wird auch versucht, Statements der „Gegenpartei" einzufangen, der mehrmals Gelegenheit zur Äußerung gegeben wird, die jedoch nicht wahrgenommen wird. Diese Interviewversuche werden bewusst dazu eingesetzt, ein noch stärkeres Gefühl von Willkür, Abschottung und Ignoranz des zuständigen Militärs bzw. der verantwortlichen Politik beim Betrachter auszulösen. Der Beitrag des *auslandsjournal* klammert das zivile Leben der irakischen Bevölkerung völlig aus und verstellt damit den Sinn für ein konstruktives Miteinander. Die dichotome Einteilung von „Gut-Böse" dient zur Abgrenzung ge-

---

[556]Vgl. ebd.
[557]Vgl. Kapitel 2.2.
[558]Vgl. Hörburger, Christian: „Zivilisten", in: Das Fernsehalphabet, zusammengestellt vom Institut für Friedenspädagogik Tübingen e. V., vgl. http://www.friedenspaedagogik.de/themen/medien/fernseh2.htm (15.04.2004).
[559]Vgl. ebd.

genüber dem Fremden, sprich den Irakern. Bemerkenswert ist hier die gewisse Verachtung gegenüber dem irakischen Volk: Die verwendeten Metaphern wie „Chaos da draußen", „Schlacht gegen einen unsichtbaren Gegner", „die Schmach der Niederlage schreit nach Rache", „blutiger Guerillakrieg" unterstreichen die Bedeutung von Stereotypen und Feindbildern. Es gibt nur noch das dualistische Bild des Konfliktes, das in Feindes- und das in Freundeslager eingeteilt ist. Der Beitrag erfüllt nahezu vollständig die Kriterien des Feindbild-Syndroms.[560] Das irakische Volk wird mit negativen stereotypen Attributen beschrieben oder dargestellt: gefährlich, hinterhältig, aggressiv, inhuman, irrational etc. Dem US-Militär in der Rolle des „Guten" und „Befreiers" werden positive Eigenschaften zugeschrieben, die sich wiederum an den gesellschaftlichen und kulturellen Werten messen lassen: rational, gerecht, freundlich, patriotisch etc. Die inszenierten Bilder stellen cultural codes dar, die auf bestimmte gesellschaftliche Zusammenhänge hinweisen, denn Kulturen sind symbolische Zeichensysteme.[561] *„Die Analyse der Zusammenhänge und der Art und Weise des Gebrauchs dieser ‚cultural codes' vermittelt dann eine bestimmte ‚archeology of imagination' der betreffenden Gesellschaft.‘*[562] Die gebrauchten Kollektivsymbole vom brennenden Autowrack implizieren zugleich das jeweils entgegengesetzte Bild, das *„[...] gleichermaßen Anzeichen für eine Welt, die aus dem Lot geraten ist"* repräsentiert.[563] Feuer: zerstörerisch-zivilisiert/domestiziert; Auto-Autowrack. Die Wahrnehmungs- und Vermittlungsweise der Dritten Welt beruht demnach auf einer *„Strategie der Erfassung des Fremden durch Angleichung an das Bekannte und durch das Entgegengesetzte zu ihm"*.[564] Diese cultural codes vermitteln auch eine Bedrohung unseres Systems und betonen Distanz zu etwas, das außerhalb unseres Systems liegt, sowohl im geographischen als auch im ideologischen Sinne., da sie auf gesellschaftliche Moral- und Ethikvorstellungen hindeuten.[565] In Kapitel 4 wurde gezeigt, wie diese Wahrnehmungsbilder auf kulturell verankerten Mustern beruhen und ideologisch als Stereotypisierung und Feindbilder genutzt werden. Die Ab-

[560]Vgl. Kapitel 4.1 und 6.5.1.1.
[561]Vgl. von Barlöwen, Constantin: Zur Bedeutung der Kultur für entwicklungspolitische Arbeit, in: Piazolo, Michael (Hrsg.): Kulturelle Identität zwischen Tradition und Moderne: zur Bedeutung sozio-kultureller Faktoren in der entwicklungspolitischen Zusammenarbeit. München 1997, S. 77; vgl. auch Kapitel 2.5.
[562]Vaillant (1995), S. 4.
[563]Vaillant (1995), S. 30.
[564]Ebd., S. 29; Vaillant wies diese Topoi in der Dritten-Welt-Berichterstattung der *Tagesschau* nach.
[565]Vgl. auch Kapitel 4.

grenzungsfunktion gegenüber der Dritten Welt, wie sie in dem Entwurf der Gegenwelt zum Ausdruck kommt, hat also eine gemeinschaftsstiftende und systembestärkende Wirkung. Im Diskurs über den „Anderen“ wird ein scheinbarer Konsens erzielt, der zur Bestätigung der eigenen gesellschaftlichen Werte und Normen dient. Der Diskurs über das abgegrenzte Fremde kann so zum rassistischen Diskurs werden, was eine deeskalierende Konfliktlösung und eine friedliche Verständigung blockieren und sogar verhindern kann.

Die Kombination von Ländern und bestimmten Themen kann unter anderem für eine dauerhafte Feindbildkonstruktion entscheidend sein, da der Irak hier in ein Gut-Böse-Schema gebracht wird, welches entscheidend auf der affektiv-wertenden Ebene des Auslandsbildes wirkt.[566] Die Gefahr besteht darin, dass solche „Denkschablonen“ der „verzerrten Alltagserfahrung“ auf den Bereich der internationalen Politik und Gesellschaft übertragen werden.[567] Es bestätigt sich die Vermutung, dass Gewaltkonflikte in der Auslandsberichterstattung stärker präsent sind als Strukturkonflikte.[568] So kann von den tatsächlichen Ursache-Wirkungszusammenhängen abgelenkt werden, die möglicherweise auch unsere Gesellschaft, bzw. unsere Politik, betreffen könnten. hier die tatsächlichen (ideologischen) Gründe des Konflikts zu benennen, wird das Problem bewusst ausgeblendet und sogar von tiefergehenden Analysen abgelenkt. Die Strukturierungsprinzipien der Polarisierung und die Kommentierung der Ereignisse durch das Militär bestätigen auch die Erkenntnis aus der ethnologischen Forschung, wonach Berichte über fremde Kulturen „oft mehr über die Werte und Normen des Beobachters als über die der beobachteten Kultur“ verraten.[569] Der Korrespondent Luc Walport und Moderator Dietmar Ossenberg ergreifen hier offensichtlich eindeutig Partei. Bei ihrer „Kulturübersetzung“ greifen sie eindeutig auf essentialistische Kulturkonzepte zurück, indem sie die Kultur des irakischen Volkes als für unvereinbar mit den eigenen Werten darstellen.[570]

[566]Vgl. Hafez (2002), Bd. 2, S. 125.
[567]Vgl. auch hervorgehobene Defizite des MacBride-Berichts Kapitel 2.1.
[568]Vgl. auch Abschnitt 3.6.
[569]Vgl. Gizicki (1977), S. 139.
[570]Vgl. Kapitel 2.5.2.

Die Aufgabe der Medien nach einem Konflikt ist die der Mittler- und Mediatorenrolle sowie die aktive Beteiligung am Aufbau einer Friedensgesellschaft.[571] Der Beitrag des *Weltspiegel* nimmt zwar auch Partei und bietet fast ausnahmslos die Identifikation mit einer Seite der Opfer, nichts desto trotz werden im Rahmen des Friedensjournalismus wichtige deeskalationsorientierte Aspekte vermittelt:[572] Der Krieg und das militärische Vorgehen werden in Frage gestellt und die Frage nach dem Sinn militärischer Gewalt als notwendiges oder geeignetes Mittel der Konfliktaustragung aufgeworfen. Durch die Arbeit des „Peacemaker-Teams" werden Ansätze von Vermittlungsbemühungen Dritter dargestellt, die wiederholt inmitten der Familien in verständnisvollem und freundlichem Umgang miteinander gezeigt werden. Dadurch werden in der kulturellen Übersetzungsleistung des Korrespondenten auch die Gemeinsamkeiten herausgestellt. Thomas Aders legte seiner Berichterstattung offenbar ein synkretistisches Kulturkonzept zugrunde.[573] Durch derlei Einstellungen festigt sich das Bild von gegenseitiger Akzeptanz und Verständigung, die zumindest in Ansätzen die Idee eines möglichen Dialogs der Kulturen vermitteln und für eine friedliche Alternative zu dem radikal vorgehenden Militär stehen. Hier wird besonders auch Artikel III der UNESCO-Mediendeklaration im Kampf für den Frieden und gegen Kriegshetze, Rassismus etc. umgesetzt.[574] Berichte und Reportagen, die Gewaltverzicht als Basis für menschliches Miteinander in den Mittelpunkt stellen und den Zuschauer dazu befähigen, Fremdes angstfrei ertragen zu können,[575] sind als positiver Beitrag dafür zu sehen, abstrakte Begriffe wie Frieden und Völkerverständigung medial zu vermitteln.

Im Hinblick auf Moderation und Bewertung lässt sich resümieren, dass die meisten Korrespondenten nicht bei einer rein neutralen Informationsrolle bleiben, sondern durchaus häufig die Rolle des Mitgestalters der Außenpolitik im Sinne von Medien als „vierte Gewalt" einnehmen.[576] Während die Moderatoren durchaus offener ihre persönlichen Bewertungen vornehmen, versuchen die Korrespondenten ihre Standpunkte vielmehr indirekt anhand der Gestaltung des Beitrags und der Aus-

---

[571]Vgl. Kapitel 5.
[572]Vgl. ebd.
[573]Vgl. Kapitel 2.5.2.
[574]Vgl. Kapitel 2.2.
[575]Vgl. Hörburger, Christian: „Frieden", in: Das Fernsehalphabet, hrsg. vom Institut für Friedenspädagogik e. V. Tübingen, unter: www.friedenspädagogik.de/themen/medien/fernseh2.htm (15.04.2004).
[576]Vgl. Kapitel 2.3.2.1.

wahl der Interviewpartner.[577] Dies bestätigt wiederum, dass das Gezeigte viel häufiger die Einstellung des Journalisten reflektiert als die tatsächlichen Umstände.[578] Diese „unterschwellig" wertende Berichterstattung ist auch durchaus im Sinne der Macher, die sich bewusst sind, dass Berichterstattung immer subjektiv gefärbt ist. Im Bewusstsein, dass es die „wahre Objektivität" nicht gibt, wählt der *Weltspiegel* hier einen Mittelweg:

> *„Objektiv, das ist jenseits der Meinung und distanziert von den Tatsachen. Objektiv heißt, einen Hergang, eine Entwicklung schildern ohne Vorurteil und nicht an den Tatsachen vorbei. Aber Objektivität fordert vom Journalisten Kenntnis, Kenntnis von dem, worüber man spricht oder berichtet, und einen Standpunkt. Standpunkt sollte aber nicht mit Ideologie verwechselt werden. Für den Ideologen ist der Weg zur Erkenntnis vorgezeichnet, für den unabhängigen Journalisten ist der Pfad zur Erkenntnis immer wieder ein unbekanntes Abenteuer."*[579]

Männer dominieren bei ARD und ZDF auffälligerweise sowohl vor als auch hinter der Kamera. Hierbei wird angenommen, dass die patriarchalisch verankerte Auslandsberichterstattung oftmals auch den Blick und die Einschätzung von Zusammenhängen und Hintergründen in der Berichterstattung selbst beeinflusst.[580]

6.5.3 Fallanalysen Kulturberichterstattung

Am Beispiel der Beiträge aus dem Bereich Kultur soll untersucht werden, inwieweit alltagskulturelle Berichterstattung über andere Völker die angestrebte Verständigung fördern kann.

---

577 Dies scheint sich im Laufe der Jahre teilweise geändert zu haben. Nach den Untersuchungsergebnissen von Scharf und Stockmann über den *Weltspiegel* und das *auslandsjournal* im Jahre 1996/97, stellten sie fest, dass Bewertungen vor allem durch die Moderation vorgenommen wurden, während die Korrespondenten in ihrer Meinung sehr zurückhaltend waren. Vgl. Scharf/Stockmann (1998), S. 82.

578 Vgl. Kapitel 2.4.2 zur individuellen und beruflichen Sozialisation des Journalisten.

579 Ebd., S. 78.

580 Christian Hörburger meint, dass Männer die krisengeschüttelte Welt ganz selbstverständlich dominieren. Eine Stereotypisierung globaler Konflikte geht damit einher. Der Krieg erscheint dadurch per se ein Männermythos, eine geschlossene bellizistische Männergesellschaft. Männer führen Krieg und machen Politik, während Frauen meist eine (medien-)traditionelle Opferrolle zugewiesen bekommen. Frauen als „Frontberichterstatterin" könnten demnach der Berichterstattung neue Impulse geben, da „sie weniger zu Soldaten mutieren", sondern scheinbar geschlechtsspezifische „männliche" Merkmale entmythisieren und durch ihre andere Perspektive auch soziale und gesellschaftliche Verschränkungen prüfen. Krieg wäre dann keine Angelegenheit von gewalttätigen Männern allein und Frieden keine Sache von strickenden oder kinderbehütenden Frauen. Vgl. Hörburger, Christian: „Männer", in: Das Fernsehalphabet, hrsg. vom Institut für Friedenspädagogik e. V. Tübingen, abrufbar unter: www.friedenspädagogik.de/themen/medien/fernseh2.htm (15.04.2004).

6.5.3.1 Kulturberichterstattung am Beispiel des Beitrages „Sterbende Dörfer“ (*Weltspiegel* 03. August 2003, NDR)

Die Reportage (sechseinhalb Minuten) berichtet über eines von zehntausenden Dörfern Russlands, die fast vergessen und einsam ihrem Schicksal überlassen werden. In der Anmoderation (40 Sekunden) erfolgt von Andreas Cichowicz zunächst eine thematische Einordnung: Er gibt Hintergrundinformationen zu der Lebenserwartung der Russen und deren Armut. Hier klingt eine Kritik an der heutigen russischen Transformationsgesellschaft an, in der es keine Unterstützung mehr für die gibt, die nicht von dem wirtschaftlichen Aufschwung profitieren. Die Anspielung auf die Mafia deutet andere Missstände und Problematiken an, mit denen das Land sonst zu kämpfen hat, und über die im Rahmen des Untersuchungszeitraumes auch berichtet wurde.[581] *„[...] In Russland wird man nicht alt, und das liegt nicht an der Mafia. Viele Russen leben in unglaublich armen Verhältnissen. Vor allem in Sibirien. Fünfzigtausend Dörfer sind wie ausgestorben. Anders als zu Sowjetzeiten gibt es kein Geld mehr, keine Unterstützung [...].“*

Dann vollzieht Cichowicz einen Übergang von der allgemeinen Situation zum Konkreten. Es erfolgt eine geographische Einordnung mit dem abschließenden Verweis, der eigentlich eine „umgekehrte“ Situation reflektiert: Nicht die „Anderen“, also die Russen, sind die Fremden, sondern das Fernsehteam aus dem Westen wird als „das Fremde“ wahrgenommen und nichts desto trotz als Freund empfangen: *„[...] Udo Lilischkies und sein Kameramann Maxim Tarassuggin reisten in eine gottverlassene Gegend in der Region Komi. Sie wurden angestaunt, als kämen sie von einem anderen Stern - und aufgenommen wie Freunde.“* Die Anmoderation der *Weltspiegel*-Beiträge erfüllt damit wesentliche Anforderungen wie die gründliche Vorbereitung der Thematik der Filme und die allgemein verständliche Einordnung von Hintergründen innerhalb kurzer Zeit.

Der Beitrag zeichnet sich durch eine recht einfache Struktur aus: Anhand von fünf verschiedenen Einzelschicksalen von Dorfbewohnern werden deren Verhältnisse und Lebensweisen dargestellt. Die erste Sequenz gibt ein Gefühl für die Verlassenheit dieser Gegend wieder: Das Fernsehteam unterwegs auf einem Fluss, umgeben

[581] Vgl. z. B. Beiträge des *Weltspiegel* „Endstation deutsches Bordell“ (06.07.03), „Prinzessin an die Macht“ (14.09.03), „Der Moskauer Sklavenmarkt“ (05.10.03).

von Wäldern. In Verbindung mit dem Kommentar wird die Abgeschiedenheit und die Intention der Reise widergespiegelt: *„Über 50 Kilometer fahren wir schon auf dem Fluss Whol. Er ist die einzige Verbindung zu unserem Zielort. Matoli, der Chefarzt, besucht einsame Dörfer, um zu helfen.“* Hilfe ist das, was Menschen hier in diesem Teil der Erde dringend benötigen. Und es werden Menschen gezeigt, die bereit sind, Unterstützung zu leisten, so der mitreisende Arzt: *„Hier im Norden sind die Lebensbedingungen so hart. Ohne gegenseitige Unterstützung können die Menschen hier nicht überleben. Wir sind einfach zur Nachbarschaftshilfe gezwungen.“* Die folgenden Bildfolgen und Kommentare geben einen Eindruck von den Lebensumständen der wenigen Menschen des Dorfes: Die meisten Häuser stehen leer, der letzte Holzbetrieb wurde vor Jahren geschlossen, und so bleibt den Bewohnern nicht viel zu tun, wie dieses Interview mit einigen Männern dokumentiert, die gerade einen Kuhstall bauen:

> *„Was kann man hier noch machen?“*
> -*„Nun, Kühe halten, auf die Jagd gehen, was bleibt schon, man muss sich ja ernähren.“*
> *„Und was ist, wenn Sie Geld brauchen, um irgendwas zu kaufen?“*
> -*„Unsere Eltern sind doch Rentner, von deren Pensionen leben wir.“*

In den darauffolgenden Szenen sieht man den Arzt in der Wohnung eines älteren Paares. Er hat gerade die Frau untersucht, die 30 Jahre lang im Forstbetrieb „geschuftet“ hat und nun unter hohem Blutdruck, Herzproblemen und Gallensteinen leidet. Ihr Mann sagt, dass alle Pensionäre hier krank seien und seine Bemerkung drückt die Isoliertheit des Dorfes aus und die damit verbundene Problematik: *„Im Winter gibt es keine Straße, der Fluss ist gefroren, und wenn du dann ernsthaft krank wirst, bist du einfach tot.“* Die Kamera zeigt die Gesichter der beiden Alten in Großaufnahme, eine Kameraeinstellung, die gerne zur Auflockerung in einem Interview genommen wird. Da Großaufnahmen auf Dauer aber sehr direkt und suggestiv wirken, wird diese Kameratechnik nur in Ausnahmefällen eingesetzt.[582] Die beiden lächeln. Der Mann erzählt, dass einmal zwei Krankenschwestern ins Dorf kamen und Aspirin verteilten. Das war aber vor der Bürgermeisterwahl. Jetzt hoffen sie auf den Arzt, der per Boot Medikamente schickt.

Die nächsten fast anderthalb Minuten zeigen den alten Mann, wie er stolz seinen alten Arbeitsplatz, den ehemaligen Flughafen, präsentiert. Die Kamera fängt die Trostlosigkeit und die Vergänglichkeit des halb zerfallenen Gebäudes in Groß- und

---

[582]Vgl. Keppler (1995), S. 121.

Naheinstellung ein. Der Kommentar gibt die Situation mit folgenden Worten wieder: *„[...] Iljanit weiß, dass sein Dorf nur eines von Zehntausenden ist, die nach und nach aussterben, aber es tut darum nicht weniger weh. Stolz zeigt er uns sein Funkgerät. Damals war er der wichtigste Mann im Dorf.“* Man sieht dazu den alten Mann mit einem uralten Funkgerät. Plötzlich erfolgt ein Schnitt und die Einstellung wechselt in braunweiße Archivbilder über, die einen jungen Mann beim Funken und vor dem Flughafengebäude zeigen sowie alte Flugzeuge und Krankentransporte. Es erklingen traurige Klaviertöne (eine der wenigen Male, wo Musik als akustisches Mittel in den untersuchten Beiträgen eingesetzt wird). In diesem Zusammenhang erzeugt die Musik eine affektive Nähe zu dem Mann, der damals jung war und verantwortlich für einen Flugplatz, der regelmäßig angeflogen wurde. Der Blick in die Vergangenheit kombiniert mit Musik ermöglicht Assoziationen und erzeugt Emotionen, wodurch ausladende Kommentare „verkürzt“ werden. So wird mit der begleitenden Sprache auch relativ sparsam umgegangen, so dass die Eindrücke auf den Betrachter wirken können. Aus dem Kommentar erfährt man, dass damals aus der Bezirkshauptstadt die Maschinen kamen und sogar Rettungsflüge kein Problem waren.

Nach dieser Retrospektive spiegelt die Bild-Kommentar-Kombination erneut die Gegenwart wider: Ein paar Leute lehnen an einem Zaun und unterhalten sich, es wird zu der nächsten Sequenz hingeleitet. *„Heute sind sie froh, wenn der Dorfladen geöffnet ist. Strom haben sie längst keinen mehr, der Generator steht seit Jahren.“* Die folgenden Szenen spielen sich in einer Holzhütte ab, dem offenbar einzigen Laden. Ein Mann geht dort Zigaretten kaufen und unterhält sich mit der Frau hinter der Theke. Aus dem Gespräch und dem Kommentar erfährt der Zuschauer, dass das Dorf zwei- bis dreimal pro Jahr mit Nahrungs- oder Genussmitteln versorgt wird, der Wodka schon alle ist und die Verkäuferin die einzige jüngere Frau im Dorf ist. Diese geht in der nächsten Einstellung mit dem Korrespondenten auf ein altes Holzhaus zu. Dass der Korrespondent selbst im Bild ist, bildet bei der Berichterstattung von *auslandsjournal* und auch *Weltspiegel* eher die Ausnahme. Mittels entsprechender Darstellungstechnik wird immer der Eindruck vermittelt, er sei ein „Nicht-Beteiligter“, ein „Augenzeuge“ und „Beobachter“.[583] Während die Interviewten nahezu immer von vorne in Groß- oder Nahaufnahmen im Bild sind, wird der Korrespondent

[583]Vgl. Keppler (1995), S. 119.

höchstens aus größerer Distanz und von der Seite aufgenommen. Somit wird er durch die Bildkomposition räumlich separiert, was seine Rolle als unbeteiligter, neutraler Beobachter und Analytiker festigt.[584]

Die Frau erzählt dem Korrespondenten, dass es im Winter furchtbar langweilig sei, aber dass sie im Sommer fischen oder Beeren sammeln geht. Sie zeigt ihm das Innere des ehemaligen Kulturzentrums des Dorfes: Die Kamera schwenkt über altes Gerümpel, kaputte Fußböden und umgestürzte Bücherregale. Ruinen und Risse in der Struktur verweisen in der Berichterstattung symbolisch auf die Schwäche und Labilität des Systems.[585] Die Gebäude dienen hier als Kollektivsymbole, die in ihr entgegengesetztes Bild verwandelt werden und als verfallene Gebäude, als Ruine, gezeigt werden. Die Einstellungen, wie zuvor auch bei dem alten Flughafengebäude, erinnern an den „Demontageblick", wie ihn die Auslandsberichterstattung häufig anlässlich des Zusammenbruchs der DDR und des Kommunismus in den Staaten des „Ostblocks" einsetzte.[586] Bilder von halb zerfallenen und verlassenen Gebäuden, bröckelnden Fassaden und leeren Regalen reflektieren die maroden Verhältnisse und die sozialen Missstände dieses Dorfes, die durch die Anmoderation und Wortbeiträge der Bewohner, explizit auf ganz Russland ausgebreitet werden. In dem Raum werden einige Bilder zusammengetragen. In Kombination mit dem Kommentar wird hier wiederholt die „gute alte Zeit" beschworen und zugleich auf die politische Folgenlosigkeit angespielt:

> *„[...] Filme wurden hier früher gezeigt, Parties gefeiert und eine Bibliothek gab es auch. Aber das war vor allem solch ideologischer Kram, nichts Vernünftiges, meint Alek. Auf Politiker und Ideologen sind hier alle ziemlich schlecht zu sprechen. Große Worte, denen auch damals meist keine Taten folgten."*

Man sieht den Mann, der vorher Zigaretten gekauft hat und nun hinter den Portraits von ehemaligen russischen Staatsoberhäuptern steht. Er sagt: *„Da, was für ´ne*

[584]Vgl. Keppler (1995), S. 119.

[585]Vgl. Vaillant (1995), S. 24.

[586]Die leitende Perspektive, aus der das internationale Geschehen beobachtet wurde/wird, macht deutlich, dass die Zeit des Kommunismus abgelaufen ist und die kommunistische Herrschaft aufgrund gesellschaftsimmanenten Gegensätzen zerbricht. Im Hinblick auf die DDR und Russland rückt(e) die Kamera soziale Missstände, Misswirtschaft, Elend und Zerfall ins Bild, während dem Zuschauer klargemacht wurde, wie zurückgeblieben all diese Verhältnisse im Vergleich zur BRD waren/sind. Vgl. Zimmermann (1996), S. 156/157.

schöne Sippschaft, und was gibt es für uns schon für einen Unterschied zwischen denen und Putin. Gar keinen. Und wer nach Putin kommt, ist für uns auch egal."

Die nächste Sequenz leitet auf einen weiteren Dorfbewohner über, der besonders arm ist. Man sieht die Siedlung, die an den Ufern eines Flusses liegt, Männer sitzen auf einer Bank vor der Tür, es hat offenbar keiner was zu tun. Es wird auf die Wichtigkeit des Flusses angespielt, denn die Fische stellen im Sommer die einzige Nahrungsquelle für die Bewohner dar. Am Beispiel eines alten Fischers wird erzählt, dass der ganze Fluss von der Holzindustrie vergiftet ist, die Menschen dennoch ihr Trinkwasser davon nehmen. In der vorletzten Einstellung sitzt der alte Mann mit seiner Ausbeute, drei kleinen Fischen, auf seinem alten Kahn und sagt: *„Das ist doch kein Leben hier bei uns. Wir existieren hier nur noch, ihr seht doch selbst."* Und dann blickt die Kamera dem Fischer hinterher, wie er sich in der (stimmungsvollen) Abenddämmerung auf einem Pfad mit folgenden Worten aus dem Off entfernt: *„Aber weg aus dem Dorf will auch Alek nicht. ‚Womit denn soll ich ein neues Leben anfangen", meint er. „Und außerdem liebe ich die Taiga. Ich will hier sterben."*

Der Beitrag des *Weltspiegel* macht auf die isolierte Lage des Dorfes aufmerksam, das fernab der „Zivilisation" auf „Nachbarschaftshilfe" angewiesen ist. Insofern wird hier nicht von passiven, hilflosen Empfängern berichtet, sondern von einer mitmenschlichen Unterstützung untereinander, die nicht von außen durch westliche Hilfsorganisationen o.ä. funktioniert, sondern sozusagen „durch innen heraus." Die Menschen werden in ihrer Lebensweise und ihrem Umfeld gezeigt. Implizit wird auch auf den kritischen Faktor Politik in Russland angespielt, da es für den Alltag der Menschen völlig bedeutungslos ist, wer im weitentfernten Moskau an der Macht ist. Hier hätte man versuchen können, eine Stellungnahme der russischen Regierung zu bekommen und/oder die Bemühungen von (auch russischen) Nichtregierungsorganisationen, die Druck auf die Politik ausüben, um die Lebensgrundlagen indigener Völker zu verbessern.[587] So wird zwar ansatzweise eine Ursa-

[587]So legte zum Beispiel das Institut für Ökologie und Aktions-Ethnologie gemeinsam mit internationalen und russischen Menschenrechtsorganisationen erstmals 1997 einen sogenannten Schattenbericht dem UN-Ausschuss vor, in dem wesentliche Problemfelder bezüglich der Lebensbedingungen indigener Völker Russlands dargelegt wurden. Die russische Regierung, die dem UN-Ausschuss alle fünf Jahre einen Rechenschaftsbericht ablegen muss, ging jedoch in keiner Form auf die bemängelten Fakten ein. Vgl. Artikel „Genf: INFOE berichtet vor UN-

chenanalyse für die vorherrschende Armut betrieben, Zukunftsperspektiven bleiben jedoch, wie in den meisten Beiträgen, aus. Es erfolgt keine Abmoderation, die eventuelle Aussichten auf Veränderung bietet. Insofern bleibt der Zuschauer resigniert zurück und kann sich allenfalls denken: „Uns geht's ja noch gold."[588]

6.5.3.2 Kulturberichterstattung am Beispiel „Die letzten Ureinwohner Sachalins" (*auslandsjournal* 14. August 2003)

Die etwas kürzere Reportage des *auslandsjournal* (rund fünf Minuten) berichtet ebenfalls über den Alltag eines vom Aussterben bedrohten Volkes in Russland, den Niwchen, die auf einer Insel „am Ende der Welt" um ihr Überleben kämpfen. Der kurze Kommentar (42 Sekunden) gibt nur eine kurze Einordnung in historische Gegebenheiten. Man erfährt, das Sachalin 1945 zweigeteilt war und der Süden japanisch war. Heute gehört die Insel wieder zu Russland. Die ersten Bildeinstellungen und der Kommentar (21 Sekunden) spiegeln die Abgeschiedenheit dieses Ortes wider: *„[...] Irgendwo hier, am Ufer des Ochotskischen Meeres, leben die letzten Ureinwohner Sachalins. Nach Stunden, einige Boote am Strand, Hütten und – eine freundliche Großmutter."* Das Gesagte wird durch „Stellvertreterbilder" unterlegt, die das Gesagte spiegeln.[589] *„Die Sprache präzisiert die visuell wahrnehmbaren Phänomene in ihrer Bedeutung für den Argumentations- oder Erzählzusammenhang."*[590] Die Bilder haben in diesem Zusammenhang auch eine Stützfunktion, indem das Bild genau die im Text dargestellte Situation zeigt oder die Einordnung von Bild und Sprache sich gegenseitig kommentieren.[591] Sie zeigen in der Totale ein paar Holzboote am Strand, darüber die Weite des Himmels und dann eine ältere Frau, die sich in einer kleinen, spärlich aber ordentlich eingerichteten Holzhütte bewegt und beteuert, dass sie mit ihren 63 Jahren kerngesund ist und hier alles zum Leben hat, was sie braucht: In den folgenden circa anderthalb Minuten wird auf die Bedeutung des Fisches für das Überleben des ganzen Volkes hingewiesen. Es werden die Ureinwohner bei ihrer traditionellen Art des Fischfanges gefilmt, und der Kommentar beschreibt, wie die Fischer nach Art ihrer Vorväter fischen. Es wird bereits die Problematik der mageren

---

Ausschuss...", o.V. vom Institut für Ökologie und Aktions-Ethnologie, unter www.infoe.de (30.06.04).

[588]Volker Lilienthal über die Ausbeutung des exotischen Fremden und Elends für die Fernsehunterhaltung und die Schadenfreude der Satten. Vgl. Lilienthal (2003), S. 48.

[589]Vgl. Keppler (1998), S. 117.

[590]Kuchenbuch, zit nach: Verhein (1990), S. 71.

[591]Vgl. Verhein (1990), S. 74/75.

Fangerträge angedeutet, die in den letzten Jahren aufgrund der Erdölförderung drastisch zurückgegangen sind. Das Interview mit einem Fischer belegt dies ausdrücklich:

> *„Die Fische ziehen nicht mehr hierher."*
> *- „Hat das auch mit den Bohrinseln zu tun, die vor der Küste stehen?"*
> *„Natürlich und wie. Überall, wo Erdöl gefördert wird, kommt es zu einer Verschmutzung des Wassers. Wir registrieren eine erhebliche Zunahme der Schadstoffe, das ökologische Gleichgewicht wird zerstört, und wir Fischer haben den Schaden. Die Fische ziehen in andere Regionen, oder sie krepieren hier."*

Innerhalb der nächsten knappen Minute wird explizit auf den Zusammenhang zwischen den Bohrinseln, dem Fischsterben und der davon ausgehenden Bedrohung für die Existenz der Niwchen aufmerksam gemacht. Aus der Vogelperspektive des Hubschraubers wird in der Totalen ein Überblick über die Insel gegeben und dann eine Bohrplattform im Meer aus der Obersicht gezeigt. Der zu diesen Bildern korrespondierende Kommentar verknüpft den Lebensraum des Volkes mit den Namen großer, internationaler Ölfirmen, deren Bohrinseln Lecks aufweisen und deren gravierende Folgen in Bildern von Unmengen toter, anstrandender Fische dokumentiert werden.

> *„Die Ostküste Sachalins. Der Lebensraum des kleinen Volkes der Niwchen. Nach dieser Küste strecken derzeit die Ölriesen der Welt ihre Finger aus: Exxon, Marathon Oil, die britisch-holländische Shell, denn vor Sachalin wurden die größten Erdölvorkommen des Fernen Ostens entdeckt. Molipack, die erste Bohrplattform, sie gehört Shell und ist nicht immer ganz dicht. Nach einer Havarie vorletztes Jahr, 50.000 Tonnen Hering tot angeschwemmt an Sachalins Küste. Leidtragende: die Niwchen, ihnen gehen die Fische aus, vor allem in der Nähe des Ufers. Viktor Pak fischt im Meer mit einem Stellnetz."*

Mit dem Fischer am Strand wird wieder auf die Situation des kleinen Volkes aufmerksam gemacht. In einem Interview erfährt man, dass der Mann seit zehn Tagen bereits nicht einen Fisch gefangen hat. Die nächste Sequenz zeigt wieder die Großmutter in ihrer Räucherkammer. Von dem Kommentar erfahren wir, dass es sich um Buckellachs handelt, eine Delikatesse auf den Fischmärkten der Welt und die Haupteinnahmequelle der Niwchen. Der Fisch reiche gerade mal für sie selbst, aber sie haben nicht genügend für den Verkauf, sagt die Großmutter. In der Schlusssequenz werden die Großmutter und mehrere Personen in und vor einer Hütte bei der Zerlegung des Fisches und der Vorbereitung des Essens gezeigt. Mit einer abschließenden Großaufnahme auf einen beschrifteten Pfosten und der Blick in einer weiten stimmungserzeugenden Einstellung über die Küste deutet der Kommentar erneut auf den Zusammenhang zwischen der Existenzgrundlage des Volkes und des Erdöles hin und schließt mit den nachdenklichen Worten:

> *„Stirbt der Fisch, wird auch das Volk der Niwchen sterben, meint Swetlana. Denn wovon sollen sie sich ernähren, an der Ostküste Sachalins. Noch schätzt man, leben zwei- bis dreitausend dieser Ureinwohner am äußersten Osten von Russland. Verdrängt das Erdöl aber den Fisch, fürchten sie, wird es ihre Siedlung in wenigen Jahren vielleicht nicht mehr geben. Nichts wird dann noch an die Niwchen erinnern, außer dieser Pfosten am Strand. Auf dem haben sie sich verewigt für alle Zeiten, an der Küste des ochotskischen Meeres."*

Die Abmoderation von Dietmar Ossenberg im Anschluss an diese drastisch-mahnenden Worte beschränkt sich lediglich darauf, auf einen weiteren Teil der ZDF-Spezialreihe „Russlands Küsten, Russlands Sehnsucht" von dem selben Korrespondenten aufmerksam zu machen. Die Worte „mehr von diesen faszinierenden Bildern heute um 22:15 Uhr" erscheinen in Anbetracht dieses doch eher tragischen Sachverhalts nicht sehr passend. Sie reduzieren die Lebensumstände des Volkes „am Ende der Welt" eher auf eine befremdlich erscheinende, exotische Kulisse, um die der Zuschauer sich nicht zu kümmern braucht, da sie weit entfernt ist und die nächsten „faszinierenden Bilder" schon im Anschluss warten. Im Zusammenhang mit dem Verweis auf „Russlands Sehnsüchte" lässt dies beim Rezipienten vermutlich eher Imaginationen von Exotik und Schönheit wach werden, als ernsthafte Gedanken über die dunkle Kehrseite des Alltags anderer Völker. Trotz des im Beitrag explizit hergestellten Zusammenhangs zwischen bekannten Erdölfirmen und der Bedrohung für die Lebensgrundlage und Traditionen eines ganzen Volkes wird der Zuschauer mit dieser Überleitung in die Folgen- und somit Bedeutungslosigkeit des Films entlassen. Der Bericht des *auslandsjournal* hätte insgesamt über die Informationsfunktion hinaus auch noch mehr Orientierung im Hinblick auf die Mitverantwortlichkeit der deutschen Bürger und internationaler Ölkonzerne liefern können.

6.5.3.3 Zusammenfassende Bewertung der Kulturberichterstattung

Bei dem Beitrag des *auslandsjournal* wird dargestellt, wie die Kultur eines ganzen Volkes durch westliche Ölinteressen bedroht ist. In diesem Falle hätte man noch explizierter den Zusammenhang für den deutschen Zuschauer und dessen Betroffenheit „ausbauen" können. Immerhin bezieht Deutschland jährlich etwa ein Drittel seines Erdöls aus Russland, wie *Greenpeace* berichtete.[592] Das *auslandsjournal* hat schließlich den Anspruch, dem deutschen Zuschauer gesellschaftliche und politische Zusammenhänge darzustellen sowie zur Diskussion anzuregen: *„[...] es ist schon unsere Aufgabe, dem ‚global citizen' Einblick in globale Abhängigkeiten und Vernetzungen zu verschaffen. Trotzdem müssen wir auch bei einer Auslandssendung fragen: Was hat es mit mir zu tun? [...]'*[593] Nach Informationen der Umweltschutzorganisation *Greenpeace* wird die Bevölkerung zunehmend Opfer der Umweltvergiftung, die durch Lecks in Pipelines entsteht und Wälder, Seen und Flüsse der Taiga und Tundra verseucht. *„Wer [...] russisches Erdöl kauft, verarbeitet und damit Millionen Gewinne erzielt, ist mitverantwortlich für die katastrophalen Umweltschäden im Herkunftsgebiet des Öls.'*[594] Man hätte somit Positionen der Firmen in Bezug auf internationale Umweltstandards einholen sowie nach einer Reparatur der Ölrohre fragen können, um deren Verantwortung im Hinblick auf die Menschen und der Umwelt zu hinterfragen. Zusätzlich hätte man die Arbeit regierungsunabhängiger Organisationen dokumentieren können, die sich aktiv für die Entwicklung von Umweltrichtlinien zwischen westlichen Mineralölkonzernen und russischen Ölfirmen einsetzen. Solche Maßnahmen hätten dem deutschen Fernsehpublikum die Notwendigkeit der Hilfe von Fachleuten vor Ort bestätigt und die globale Mitverantwortung der deutschen Zuschauer angesprochen. Immerhin aber zeichnet sich der Beitrag durch eine investigativere journalistische Herangehensweise im Vergleich zu dem des *Weltspiegel* aus. Korrespondent Udo Lilischkies hätte seine potentielle Rolle als „Mitgestalter und Kommentator der Außenpolitik" durchaus engagierter wahrnehmen können. Die Verantwortung des Korrespondenten spielt gerade bei der Analyse von Hintergründen und transnationalen Zusammenhängen eine entscheidende Rolle.[595]

Bezüglich des Kulturverständnisses wurde bei beiden Beiträgen der Begriff der Alltagskultur[596] verwendet. Beide Filme machen auf die Lebensbedingungen, alltäglichen Situationen und Traditionen eines indigenen Volkes in Russland aufmerksam. Was bei beiden Beiträgen fehlt, ist die Orientierung und der Ausblick auf Veränderung: Wozu werden die Lebensbedingungen dieser Völker dargestellt? Hier kommen die Auslandsmagazine scheinbar nicht über ihre Informationsfunktion hinaus:

---

[592]Vgl. Krause, Christoph: Greenpeace sorgt für „Ölspur", in: *taz* Nr. 6230 vom 28.08.2000, S. 8.
[593]Vgl. Frey (1999), S. 126, vgl. auch Kapitel 6.2.2.
[594]Ebd.
[595]Vgl. Kapitel 2.4.
[596]Vgl. Kapitel 2.5.1.

Sie berichten über bedenkliche Zustände eines vom Aussterben bedrohten Volkes, lassen den Zuschauer am Ende aber relativ alleine. Es werden weder Perspektiven noch Auswege vorgestellt. Wir erfahren zwar von der Tradition und der Bedeutung des Fischfangs, wohl auch noch, dass westliche Interessen (aj) oder das politische System Russlands (WS) mitverantwortlich für die Zustände der Völker sind, dennoch verflacht das Schicksal der Menschen letztendlich zur Bedeutungslosigkeit für den deutschen Zuschauer. Eine Dramaturgie ohne Kontextualisierung und mögliche Lösungsperspektiven kann beim Zuschauer den Eindruck entstehen lassen, dass die Lebenssituationen der Menschen anderer Kulturen unabänderlich seien und eine endgültige Konstante darstellen. Insofern wird letztlich auch die politische Funktion der Völkerverständigung nur ansatzweise erreicht.[597] Die Beiträge lassen im Sinne der UNESCO-Mediendeklaration die Menschen zu Wort kommen, die wohl sonst kaum Gelegenheit hätten, auf ihre Lage aufmerksam zu machen, und es werden Aspekte der Alltagskultur dargestellt.[598] Ob dies aber letztlich zu dem angestrebten Dialog der Kulturen beitagen kann, bleibt zweifelhaft.

Im Hinblick auf die Bilder der insgesamt untersuchten Beiträge haben diese in der Regel Belegcharakter, wie es typisch für die Auslandsberichterstattung bei *Weltspiegel* und *auslandsjournal* ist. Für Bilder gilt im Prinzip das gleiche wie für Originaltöne: Sie werden selten als eigenständige Ausdruckmittel und Träger eigenständiger Botschaften eingesetzt, sondern haben allenfalls eine Begleitfunktion, *„die den diversen Kontexten, die im Kommentartext zur Sprache kommen, den Anschein geben sollen, auf verbundene Situationen bezogen zu sein.“*[599] Wenn gar kein erkennbarer Zusammenhang besteht, wird dieses Text-Bild-Verhältnis auch als „Text-Bild-Schere“ bezeichnet. Demnach sind Sprache und Bild nicht sinnvoll aufeinander bezogen, sondern als eigenständiges Ganzes gestaltet, die sich wechselseitig in ihrer Wahrnehmung behindern, da der Zuschauer zwei unterschiedliche Botschaften aufnehmen und verarbeiten muss.[600] Die Bilder werden eingesetzt,

> *„um das Gesagte zur quasi objektiven, weil sichtbaren Realität zu steigern. Es entsteht eine tautologische Interferenz zwischen Bild und Ton; der in Kritikerkreisen bemängelten ‚Text-Bild-Schere' wird hier eine Text-Bild-Referenz entgegengesetzt, das Optische wird akustisch, das*

[597]Vgl. Kapitel 2.3.3.
[598]Vgl. Kapitel 2.2.
[599]Keppler (1988), S. 118.
[600]Vgl. Verhein (1990), S. 72/73.

Sprachliche bildlich gespiegelt. Die parallele Decodierung von Sprache und Bild ermöglicht ein reflektierendes Verständnis des Beitrages."[601]

6.6 Zusammenfassende Gegenüberstellung von Weltspiegel und auslandsjournal

In der folgenden Tabelle werden in einem zusammenfassenden Überblick ausgewählte formale, quantitative und qualitative Merkmale von *Weltspiegel* und *auslandsjournal* während des Untersuchungszeitraumes verglichen:

	Weltspiegel	*auslandsjournal*
beteiligte Sendeanstalten	NDR; BR, WDR, SWR	ZDF
Sendetag-/zeit	ARD Sonntags, !9:10 – 19:50 Uhr	ZDF Donnerstags, 21:15 – 21-45 Uhr
Sendehäufigkeit	wöchentlich	wöchentlich
durchschnittliche Beitragslänge	5,4 Min.	6,1 Min.
durchschnittl. Moderationslänge	63 Sek.	0, 59 Sek.
durchschnittl. Beitragsanzahl	5-6	4
Moderation	abwechselnd Andreas Cichowicz (NDR), Tina Hassel (WDR), Peter Metzger (BR), Patric Leclerq (SWR)	Dietmar Ossenberg
Zuschauerzahlen	durchschnittl. 3 Mio.	durchschnittl. 2, 96 Mio.
Philosophie/Konzept	Orientierung über aktuelle Ereignisse in der Welt, Aufzeigen von wichtigen Entwicklungen abseits der aktuellen Programme, politische Hintergrundberichterstattung und interessanter Alltagsberichterstattung über Menschen anderer Länder, bunter Themenmix mit zunehmend „unterhaltenden" Geschichten über Lifestyle und Tiere	(politische) Hintergrundberichterstattung aktueller Ereignisse, Darstellung von gesellschaftlichen und politischen Zusammenhängen, Erklärung von wirtschaftlichen und sozialen Entwicklungen, betroffene Menschen als Mittelpunkt der Berichterstattung, Tier- und Human-Interest-Geschichten
Länderschwerpunkt	Russland, Irak, Südafrika	Russland, Irak
Schwerpunkte der geographische Verteilung	76% der gesamten Berichterstattung aus Entwicklungs- und Schwellenländern: 1.Naher-/mittlerer Osten, 2. Afrika, 3. Russland, Süd-/Ostasien	63% der gesamten Berichterstattung aus Entwicklungs- und Schwellenländern: 1. Naher-/mittlerer Osten, 2. Süd-/Ostasien, 3. verschiedene Länder
Themenschwerpunkt	31% Konfliktberichterstattung im Sinne des Negativismus, über 29% Kulturberichterstattung mit Schwerpunkt auf Alltagskultur und religiös motivierten Debatten in islamischen Republiken, über 25% neutrale/positive Konfliktberichterstat-	je ca. 24% negative Konfliktberichterstattung, Kulturberichterstattung mit Schwerpunkt auf Alltagskultur und Human-Interest

[601]Kreutz, Anja: Kultur im Magazinformat. Wiesbaden 1995, S. 244.

	tung	
Handlungs- bzw. Aussageträger	große Repräsentanz der Bevölkerung bei kulturellen oder sozialen Themen, z.T. Elitenorientierung in der politischen Berichterstattung	große Repräsentanz der Bevölkerung bei kulturellen oder sozialen Themen, aus der Sicht von Militär und Polizei bei politischen Themen
Schauplätze der Berichterstattung	Darstellung des urbanen – ruralen Lebens halten sich in etwa die Wage mit leichter Dominanz Kleinstädte/Dörfer/Land	Darstellung des urbanen – ruralen Lebens halten sich in etwa die Wage mit leichter Dominanz Kleinstädte/Dörfer/Land
Hintergrund, Kontext, Lösungsperspektiven	bleibt meist auf kurze Einordnung des Geschehens am Anfang begrenzt, globale Kontexte werden teilweise angerissen, Lösungsperspektiven bilden die Ausnahme	knappe Hintergrundinformation, Kontextinformation auch nur teilweise gegeben, Lösungsansätze werden kaum angeboten
Eurozentrismus	es konnte keine explizit eurozentristische Perspektive festgestellt werden	eine eurozentristische Perspektive, die latent rassistisch ist und Feindbilder-Syndrome aufweist, ließ sich in dem Fallbeispiel über den Irak konstatieren
Kulturverständnis	weit gefasster Alltagskulturbegriff, tendenziell synkretistisches Kulturkonzept	Alltagskultur, wobei Historisches, Geschlechterverhältnisse, Kulturprodukte- und Schaffende nicht vorkamen, essentialistisches Kulturkonzept im Fallbeispiel des Iraks
Kommentar	tendenziell Rollenverständnis von „Mitgestalter von Außenpolitik" im Sinne von Medien als „vierte Gewalt", differenzierter	teilweise stark wertend, teilweise auch kritische „Mitgestalterrolle"
Moderation	knappe, aber meist orientierende thematische Einordnung des Beitrags, häufig auch Abmoderation mit kurzen zusätzlichen Ergänzungen	wenig informativ, wertend, wirkt häufig „anreißerisch", ohne zusätzliche Orientierung oder „Glättung", Abmoderation selten, meist zu Verweis auf folgende Sendungen
Text-Bild-Verhältnis	Füllbilder, die überwiegend zur Illustration bzw. Verstärkung des Gesagten dienen	Füllbilder, die überwiegend zur Illustration bzw. Verstärkung des Gesagten dienen

Tabelle 3: Vergleichende Beurteilung ausgewählter formaler, quantitativer, qualitativer und ästhetischer Merkmale der Dritten-Welt-Berichterstattung bei *Weltspiegel* und *auslandsjournal* während des Untersuchungszeitraumes

7. Fazit

Es hat sich gezeigt, dass die Diskussionen um eine „Neue Internationale Informations- und Kommunikationsordnung" sowie um unverzerrte und konfliktorientierte Berichterstattungsinhalte keineswegs an Aktualität und Bedeutung verloren haben. Die Auslands- bzw. Dritte-Welt-Berichterstattung bei *Weltspiegel* und *auslandsjournal* ist sicherlich in vielerlei Hinsicht differenzierter und „ausgeglichener" als viele Studien in den 80er Jahren bei anderen Massenmedien festgestellt haben. Viele Hypothesen konnten in der Inhaltsanalyse zwar widerlegt werden, nichts desto trotz bleiben aber einige wesentliche Kriterien, die ein Auslandsmagazin, dass sich der Völkerverständigung sowie der Orientierung über weltweite Entwicklungen verschreibt, nach wie vor unberücksichtigt. Auslandsberichterstattung als wichtiger Bestandteil des öffentlich-rechtlichen Fernsehprogramms hat die Pflicht, über die Ländergrenzen hinaus zu sehen und darüber zu berichten, was in noch so abgelegenen Teilen der Erde geschieht. Dies impliziert gerade die Berichterstattung über Entwicklungen und Kultur in der sogenannten Dritten Welt und den Schwellenländern. Unser Bild von Welt hängt maßgeblich von der Auslandsberichterstattung der Medien ab; Korrespondenten bestimmen häufig den ausschließlichen Blickwinkel und Zugang, den wir zu fremden Ländern und Kulturen haben. Die Position, die die Auslandsberichterstattung zu Ereignissen und Konflikten (z. B. Menschenrechtsverletzungen, wirtschaftliche Verflechtungen etc.) einnimmt, kann außen- als auch innenpolitisch sehr wohl entscheidend sein. *„Im Umgang der Völker miteinander sind die Bilder, die sie voneinander haben, häufig ebenso wichtig wie bilaterale Verträge oder Außenhandelsstatistiken."*[602] Auslandsberichterstattung in diesem Kontext könnte und sollte zur inter- und transkulturellen Kommunikation beitragen, um den Dialog zwischen unterschiedlichen Kulturen zu fördern. Anstatt einen Monolog über kulturelle Unterschiede zu führen, sollte der Beitrag zur Völkerverständigung im Vordergrund stehen. Dabei muss man bedenken, dass die Auslandsmagazine seit der Dualisierung des Rundfunks mit der Konkurrenz der privaten Sender und einer steigenden Anzahl an Programmen konfrontiert sind. Medienimmanente Faktoren wie der Zwang zur Bebilderung, die Beschleunigung der Informationsvermittlung und die Marginalisierung von Politik sowie weitere (magazintypische) Zwänge wie z. B. Infotainment lassen offensichtlich auch klassische Formate wie *Weltspiegel* und

[602] Hans Süssmuth zit. nach Kamps (1999), S. 360.

auslandsjournal nicht unberührt.[603] Dabei muss man berücksichtigen, dass das Publikum offenbar an bestimmten Themen und Präsentationsformen, wie die der Magazine, mehr Interesse hat. Zu beantworten bleibt nun, ob die Magazinberichterstattung über die Dritte Welt zu Lösungsperspektiven und Völkerverständigung beitragen kann und inwiefern sie einem eurozentristischen Blickwinkel verhaftet bleibt. Der ehemalige Moderator des *Weltspiegel*, Winfried Scharlau, hatte 1988 noch die europäische Perspektive des *Weltspiegel* gegenüber dem amerikanischen Medieneinfluss hervorgehoben. Für ihn sieht und bewertet der *Weltspiegel* *„die Welt mit eigenen europäischen Augen, er ist, solange wir das eigene Korrespondentennetz erhalten können, ziemlich frei vom amerikanischen Medieneinfluss [...].‘*[604] Eine auffällig europäische Perspektive ließ sich in der vorliegenden Untersuchung zumindest beim *Weltspiegel* nicht bestätigen. Peter Scholl-Latour bedauert dies sogar: *„Was in Amerika News ist, wird auch in Deutschland eine Nachricht. Eine wirkliche europäische Wahrnehmung der internationalen Ereignisse gibt es kaum noch.‘*[605] ARD-Korrespondent Robert Hetkämper meint, dass der „fremde Blick“ der Auslandskorrespondenten bei der „Übersetzungsarbeit“ zwischen den Kulturen unvermeidlich sei.[606] Er sieht seine Berufsrolle in der Transferleistung kultureller Phänomene, die er für deutsche Zuschauer zu übersetzen sucht. Letztendlich geht er dabei aber von kulturellen Differenzen und „mangelnder Akkulturationsfähigkeit“ aus, die ein absolutes Verstehen fremder Kulturen unmöglich machen.[607] Scharf und Stockmann resümieren, dass „Übersetzungsarbeit“ in der Auslandsberichterstattung immer nur da gelingen kann, wo *„bei allem Bemühen um Fairneß der ‚westliche' Blick erhalten bleibt.‘*[608] Denn der Eurozentrismus gehört auch zu unserem „kollektiven Geisteserbe“, das wir alle als „kulturelle Selbstverständlichkeit“ im Laufe unserer Sozialisation erwerben.[609] Die eurozentristische Perspektive als kulturelle Verankerung kann jedoch nicht mehr akzeptiert werden, wenn komplexe Ursache-Wirkungs-Zusammenhänge von Ereignissen zu einem einfachen dichotomen Weltbild reduziert werden und mit kultur-essentialistischen Differenzen argumentiert wird. Das ist einfacher als das geduldige Verständnis einer komplexen Welt. Auf diese Weise werden Vorurteile und Missverständnisse bestätigt.

[603]Vgl. Kapitel 2.3 und 2.3.3, vgl. auch Scharf/Stockmann (1998), S. 78.
[604]Scharlau zit. nach Scharf/Stockmann (1998), S. 77.
[605]Interview mit Scholl-Latour, in: *epd medien* Nr. 84/2001. Frankfurt/Main, S. 8.
[606]Vgl. Hetkämper (1995), S. 124-131.
[607]Vgl. Hetkämper (1995), S. 131, vgl. auch Hafez (2002), Bd. 1, S. 83, 84.[608]Scharf/Stockmann (1998), S. 83.
[609]Larcher (1994), S. 198.

Die Frage nach den Ursachen wurde in den Beiträgen häufig nicht gestellt, da sie höchstwahrscheinlich auch europäische Gesellschaften betreffen würden. So hatte es Auslandskorrespondent Luc Walport in dem Fallbeispiel über den Irak anhand Kommentar, Interviewpartner und bestimmten *cultural codes* gemacht. Das Bild der Dritten Welt als Konstruktion einer Gegenwelt erscheint hier als fremd, weil das Gezeigte für den Zuschauer als das Gegenteil seiner eigenen sozio-kulturellen Welt dargestellt wird.[610] Somit wird ein Gefühl der Bedrohung von außen vermittelt. Das eigene System, das möglicherweise (mit)verantwortlich für diese Bedrohung ist, wird geschützt und stabilisiert. Zugleich werden Maßnahmen herausgefordert, um das, was „kaputt" ist, zu beseitigen.[611]

Die Orientierungsfunktion für den Zuschauer im Hinblick auf die Darstellung globaler Kontexte und das Aufzeigen von Lösungsansätzen kam bei beiden Auslandsmagazinen entschieden zu kurz. Der öffentlich-rechtliche Rundfunk lässt es an einer teilnehmenden und „transformierenden" Wahrnehmungsstrategie zunehmend fehlen:

> *„Im sich verschärfenden Parteienwettbewerb in den Aufsichtsgremien der Sender und den daraus resultierenden Repressionen auf die Journalisten hat sich ein liberaler Anpassungsjournalismus etablieren können, der zwar nach Kräften alle Faktoren einer Krise nennt, Veränderungen oder Transformationen aber nicht mehr einfordert. Im öffentlich-rechtlichen Fernsehkommentar wird der nach allen Seiten offene ‚Sowohl-als-auch-Journalismus' Tag für Tag auf die Spitze getrieben."*[612]

Christian Hörburger kritisiert zu Recht, dass in solch einem Zusammenhang das Fernsehen zu kurz greift und nur temporäre Gefühlsregungen anspricht. *„[...] Wenn Ursachenanalysen oder Zukunftsperspektiven ausbleiben, stellt sich Folgenlosigkeit ein [...]. Ohne Hintergrund von Einzelschicksalen und geschichtlichen Zusammenhängen bleiben sie (die Bilder, Anm. S. B.),schrecklich' und dienen lediglich als Nachricht mit verstecktem Unterhaltungswert."* Einseitige Krisenberichterstattung oder „stimmungsvoll" vermitteltes Elend verstellen den Blick für reale Probleme und verdrängen unspektakuläre Berichterstattung über erfolgreiche Entwicklungen im Kampf gegen Krieg und Armut. *„Diese zwei Konstruktionen – das Chaos einerseits und die Sehnsucht nach Exotik andererseits – stehen*

---

[610]Vaillant (1995), S. 30.

[611]Vgl. ebd., S. 47 und vgl. Kapitel 4 bezüglich der Nähe zur Natur, wie sie dem Dritte-Welt-Bild zugeordnet wird und die Erste Welt zum Einschreiten als Akt der Erlösung erfordert.

[612]Hörburger (1999), S. 165.

als Paradigmen für eine duale Weltsicht, die es zu überwinden gilt."[613] Wenn die Aussicht auf Veränderung nicht gegeben wird, kann dies einen apathischen, gleichgültigen Zuschauer hinterlassen, der sich durch das Fernsehen in der Annahme bestätigt sieht, dass er an dieser „schlechten Welt" nichts ändern kann. *„Die sekundäre Weltsicht durch das Medium bedient augenblicklich allzu sehr Phänomene der Angst und des Entsetzens und entmutigt Zuschauer, an konstruktiven Lösungen mitzuarbeiten.*"[614] Wenn in der Auslandsberichterstattung Gewalt und Leid als Kontinuum menschlichen Miteinanders dominieren, wird dies in der Regel kurzfristige Emotionen auslösen, die zur Folgenlosigkeit verflachen. Reale menschliche Opfer sind in „die Abstraktion der künstlichen Scheinwelt auf dem Bildschirm entrückt".[615] *„Die Medien stumpfen unsere Sinne und unsere Empfindungen ab; sie dressieren uns zu seelisch verkrüppelten Existenzen, die, von der Fernbedienung abgesehen, auf alle Perspektiven selbstverantwortlichen Handelns verzichtet haben.*"[616] Eine Berichterstattung, die den Zuschauer „mitleiden" lässt oder zu konkreten Aktionen veranlasst, wie z. B. materielle Hilfe oder zumindest die Reflektion eigener Lebensnormen, ist allerdings die Ausnahme. Dies ist aber zum Teil in der Natur des Mediums Fernsehen begründet, das notgedrungen immer nur Abbilder und Ausschnitte präsentieren kann. Andererseits gehört es zur Aufgabe der Auslandsberichterstattung, in seinen Berichten auf das Leid von Menschen zu verweisen. Wenn Bilder ohne Stereotypisierung und „Elendsdramaturgie" verwandt werden, können sie von Zuständen und Verhältnissen erzählen, die nach Veränderung drängen und Zukünftiges antizipieren. Fernsehen kann im Idealfall „zum Motor für globales Denken" werden und eine Dynamik zur aktiven Mitgestaltung der Welt entwickeln.[617]

---

[613]Luger, Kurt: Das Bild der Dritten Welt in Österreichs Öffentlichkeit. In: *Medien Impulse. Beiträge zur Medienpädagogik.* Heft 26. 1998, S. 18.
[614]Hörburger, Christian: „Katastrophen und Sensationen", in: Das Fernsehalphabet, zusammengestellt vom Institut für Friedenspädagogik Tübingen e. V., unter: www.friedenspaedagogik.de/themen/medien/fernseh2.htm, (15.04.2004).
[615]Vgl. Hörburger, Christian: „Katastrophen und Sensationen", in: Das Fernsehalphabet, zusammengestellt vom Institut für Friedenspädagogik Tübingen e. V., unter: www.friedenspaedagogik.de/themen/medien/fernseh2.htm, (15.04.2004).
[616]Kreimeier, Klaus: Lob des Fernsehens. München 1995, S. 12.
[617]Vgl. Hörburger, Christian: „Betroffenheit", in: Das Fernsehalphabet, zusammengestellt vom Institut für Friedenspädagogik Tübingen e. V., vgl. http://www.friedenspaedagogik.de/themen/medien/fernseh2.htm, (15.04.2004).

Generell zeichnen sich *Weltspiegel* und *auslandsjournal* durch die Behandlung eines vielfältigen Themenspektrums innerhalb eines weiten Kulturverständnisses aus.[618] Dies ist wohl eher im Sinne der Berücksichtigung einer kulturellen Vielfalt als die ausschließliche Fokussierung auf Krisen, Human Interest-Themen und Eliten sowie den Rückgriff auf essentialistische Kulturkonzepte. In Kapitel 2.5 wurde festgestellt, dass gerade für Prozesse der grenzüberschreitenden Medien-Kulturkommunikation der Begriff der Alltagskultur am sinnvollsten ist, um Verständnis zwischen den Kulturen anzustreben. Die relative Häufigkeit der Berichterstattung über kulturelle Phänomene bei *Weltspiegel* und *auslandsjournal* kann insgesamt als Ausdruck des Bemühens angesehen werden, dem deutschen Zuschauer Lebensweisen anderer Völker näher zu bringen. Die untersuchten Beiträge zeichnen sich durch hohe Wortbeiträge der betroffenen Menschen aus, die einerseits aus einer Opferperspektive heraus betrachtet werden, aber zumindest nicht „sprach- und bewegungslos zum Objekt der Kamera und zur Kulisse des Films degradiert werden."[619] Insofern werden zumindest zwei Kriterien, die für die Völkerverständigung wichtig sind, berücksichtigt: die Darstellung von Alltagskultur mit den entsprechenden Traditionen, Lebensweisen etc. sowie Menschen, die sonst nicht die Möglichkeit haben, sich Ausdruck zu verleihen, wird eine „Stimme gegeben".[620] Verstärkend könnte die Besinnung auf synkretistische Kulturkonzepte berücksichtigt werden, um die Gemeinsamkeit und Bedeutungsähnlichkeiten der Kulturen zu betonen. Dies würde zu positiverer Berichterstattung führen sowie gelungene Modelle des Zusammenlebens propagieren. Des weiteren hätte dies sicherlich auch einen gewissen „deeskalierenden Effekt" in Krisensituationen.

Fernsehen als meistgenutztes Medium unserer Zeit kann hier lediglich mit Anregungen zu mehr Verständnis, Toleranz, Dialog und Bewusstsein independenter Strukturen im Sinne einer Transkulturalität beitragen. Aber es bleibt ein Faktor unter vielen und kann den persönlichen Kontakt zu anderen Kulturen nicht ersetzen. Fernsehen repräsentiert nie Wirklichkeit; jeder Filmbeitrag ist inszeniert und unterliegt einem Visualisierungszwang; der Zuschauer unterliegt einer „Augenzeugenillu-

[618]Unter anderem auch mit den erwähnten quantitativen Schwerpunkten auf Negatives und unterhaltende Human-Interest-Aspekte. Vgl. Kapitel 6.4.2.2.
[619]Vgl. Vaillant (1995), S. 10.
[620]Vgl. UNESCO-Mediendeklaration Kapitel 2.2.

sion".[621] Dadurch verantwortet das Fernsehen einen großen Teil jener Weltbilder, die sich intersubjektiv nicht überprüfen bzw. modifizieren lassen.[622] Derartige Symbole sind in der Regel mit wertenden Urteilen verbunden und existieren in den Köpfen der Menschen als subjektive Konstrukte, derer sie sich selten bewusst sind und die sie daher fast immer als wahr und zutreffend betrachten.[623] Daher sollen im Folgenden einige Vorschläge und Anregungen bezüglich einer qualitativen Auslandsberichterstattung gegeben werden.

8. Vorschläge

Im Zusammenhang globaler Probleme und interdependenter Strukturen erscheint qualitativ hochwertige Berichterstattung umso wichtiger. Nach welchen Kriterien und Maßstäben sollte man Qualität in der Dritte-Welt-Berichterstattung definieren? Eine vielfältige und ausgewogene Berichterstattung zu fordern, ist eine dauerhafte Aufgabe für den Journalismus. Selbstverpflichtende journalistische Kodizes, Redaktionsgrundsätze der Fernsehanstalten oder die UNESCO-Mediendeklaration bieten Richtlinien für die Qualität in der Berichterstattung.[624] An dieser Stelle sollen einige „medienethische" Ansätze und Anregungen für eine „angemessene" und differenzierte Auslandsberichterstattung vorgeschlagen werden.[625]

1. Dialogischer Journalismus und Transkulturelle Kommunikation

Um mehr Übersetzungsarbeit zwischen den unterschiedlichen Kulturen zu leisten, sollte Auslandsberichterstattung „dialogisch" sein, in dem Sinne, dass auch Korrespondenten anderer Kulturräume in die Auslandsberichterstattung eingebunden werden.[626] An dieser Stelle könnte man die Ansätze eines „dritten Verständigungsraumes" aus den *postcolonial studies*[627] aufgreifen und auf die Dritte-Welt-

[621]Vgl. Verhein (1990), S. 70.
[622]Vgl. Maletzke (1996), S. 121.
[623]Vgl. Stereotypenbildung in Kapitel 4.1 und vgl. auch Rezeptionssituation in Hafez (2002), S. 36-39.
[624]Vgl. Kapitel 2.2 und 2.4.
[625]Auch Ginneken gibt zehn interessante Vorschläge für eine bessere Auslandsberichterstattung, die an dieser Stelle nicht wiederholt werden sollen. Daher sei auf verwiesen auf Ginneken (1998), S. 214 f.
[626]Cippitelli (2003), S. 25, vgl. auch Kleinsteuber (2003), S. 157.
[627]Der postkoloniale Diskurs hat seinen Ursprung in der „Dritten Welt" und führt den antikolonialen Diskurs früherer Unabhängigkeitsbewegungen seitens Intellektueller in modifizierter Form fort. Der postkoloniale Diskurs zielt auf Selbstbestimmung der Dritte-Welt-Länder und ist gegen einseitigen Abhängigkeiten, wie sie im Nord-Süd-Gefälle deutlich werden. Er ist bestrebt, neoko-

Berichterstattung übertragen. Viele interdisziplinäre Ansätze des Postkolonialismus diskutieren, ob man nicht einen „hypriden Überlappungsraum" brauche, der das Entstehen neuer Positionen interkultureller Interaktion ermögliche.[628] Für die kulturelle Übersetzung bedeutet dies, dass man von „Vielgleisigkeiten" der *cultural hybridities* ausgeht.[629] Angewandt auf die Auslandsberichterstattung bedeutet dies, dass durch den Austausch mit Korrespondenten und Redakteuren anderer Kulturräume eine integrative Form der Berichterstattung realisiert werden könnte, indem internationale Teams gemeinsam Beiträge produzieren. Die im „third space" des „in-between" positionierten Journalisten könnten mit ihrem multiplen historischem Wissen kreative Übersetzungs- und Transformationsarbeit vermitteln und so paradigmatisch zur Völkerverständigung beitragen. Schon die unterschiedliche religiöse, politische oder ethnische Herkunft gestattet es, andere Standpunkte zu entwickeln, einen Kulturdialog zu fördern und Vielfalt zu garantieren.[630]

2. Überwindung eurozentristischer Maßstäbe, ohne diese zu verleugnen

Diese transnationalen Perspektiven aus den Postkolonialismus-Debatten haben insgesamt zum Ziel, einen Beitrag zur Überwindung eurozentristischer Sichtweisen zu leisten, ohne zugleich die Vorstellung von "Europa" ganz aufzugeben.[631] Bachmann-Medick schlussfolgert, dass multikulturelle Koexistenz die Erhaltung von

---

lonialistische Tendenzen zu verhindern und die erreichte Entkolonialisierung zu sichern. Vor allem die Schriftsteller der Dritten Welt haben sich mit ihren Diskussionen um Eigenständigkeit und Identität in das Bewusstsein der Industrienationen eingeschrieben. Vgl. Lützeler, M. Paul: Der postkoloniale Blick, in: ders. (Hg.): Deutsche Schriftsteller berichten aus der Dritten Welt. Frankfurt 1997, S. 7 f.

[628]Die postkoloniale Weltliteraturdiskussion bezieht sich hier auf den Aufsatz von Homi K. Bhaba „The Location of Culture": „[...] eine Theorie der (Dritte-)Welt-Literatur kann weder aus der Sicht eines westlichen Lesers noch aus der eines ‚Eingeborenen' begründet werden, denn auch die erstere stellt eine Art Nativismus dar [...]." Vgl. Bachmann-Medick (1996), S. 278-280.

[629]Hier findet man den Interaktionsraum, um globale Multikultur in ihre jeweils konkreten und spezifischen Zusammenhänge „zurückzuübersetzen", was von der transnationalen Globalität unterwandert und dezentriert wird. „Postkoloniale Übersetzung bedeutet demnach Dezentrierung und Lokalisierung von (gemischten) Kulturen. Sie verläuft quer zu den traditionellen Übersetzungsachsen zwischen verschiedenen, voneinander abgegrenzten Hochkulturen [...]." Lokalisierung meint neben der räumlichen Zuordnung auch die (Selbst-)Artikulation, sprich die spannungsgeladene Einmischung unterschiedlicher Stimmen. Vgl. Bachmann-Medick (1996), S. 262-303.

[630]Wie es beispielsweise die „Deutsche Welle" macht. Mit Mitarbeitern aus ca. 70 Staaten der Welt und ca. 500 Redakteuren außer-deutscher Kulturen gibt es im öffentlichen Sektor Deutschlands keine andere Einrichtung, die eine vergleichbare „Ballung von Weltwissen und von globaler Expertise in den Köpfen der dort arbeitenden Menschen versammelt." Vgl. Kleinsteuber (2003), S. 183.

[631]Vgl. Conrad, Shalini (2002), S. 42.

Verschiedenheit ausdrücklich voraussetzt, diese aber nicht als „ethnozentristische Blockierung" fixiert werden dürfe, sondern als „notwendige Triebkraft" bei der Auseinandersetzung der Kulturen eingesetzt wird: *„Jedenfalls fordern grade die Hindernisse dazu heraus, eigene und fremde kulturelle Positionen ebenso wie kulturelle Praktiken [...] aus ihrer gewohnten Zuschreibung an Traditionen herauszulösen, sie neu zu lokalisieren und zu differenzieren.'*[632] ARD-Korrespondent Robert Hetkämper betont: *„Wir müssten lernen, fremde Kulturen und Zivilisationen in ihrer Andersartigkeit gelten zu lassen. Wir müssen davon ablassen, Europa, das Christentum und unsere Arbeitsethik zum allgemeingültigen Maßstab zu machen [...].'*[633] Dieser Meinung ist auch der Rundfunkmitarbeiter und Kritiker Ansgar Skriver:

> *„Solange es daher nicht gelingt, die bei uns herrschenden Ideale nicht als Maßstäbe für die Beurteilung fremder Kulturen anzulegen, solange Lebens- und Arbeitsweisen in der Dritten Welt nicht differenzierter auf dem Hintergrund des soziologische und moralische Spannungsfeldes abgespielt (richtig wohl: abgespiegelt) werden, in das die Bewohner dieser Länder durch die Konfrontationen mit westlichen Denksystemen geraten, solange scheint es mir das Schicksal von Berichten über die Dritte Welt zu sein, dass sie weitgehend memorierende Funktionen übernehmen.'*[634]

Damit das Konfliktpotential in Zukunft so gering wie möglich ist, muss dies durch Verständnis fremder Kulturen erfolgen, das sich von national geprägten Blickwinkeln trennt:

> *„An die Stelle der derzeitigen Visualisierung des Themas der fremden Kulturen könnte eine neue Form der Visualisierung treten, die den fremden Kulturen ihre Fremdheit lässt, aber trotzdem den Dialog mit ihnen sucht. [...] Das Ideal wäre eine Art Kommunikation, die nicht ganze Kulturkreise zu passiven Untersuchungsobjekten macht, sondern zu handelnden, aktiv kommunizierenden Teilnehmern.'*[635]

---

[632]Bachmann-Medick (1996), S. 278.

[633]Scharf/Stockmann (1998), S. 77; vgl. auch die medienethischen Vorschläge für Auslandsberichterstattung, in: Cippitelli (2003), S. 25.

[634]Skriver, Ansgar: Auslandsberichterstattung – eine Entwicklungs- und Forschungsaufgabe, in: Aufermann, Jörg: Gesellschaftliche Kommunikation und Information. Forschungsrichtungen und Problemstellungen. Ein Arbeitsbuch zur Massenkommunikation. Frankfurt/Main 1973, S. 698.

[635]Kretzschmar (2002), S. 20.

3. Kulturrelativistischer Ansatz

Die Vertreter des Kulturrelativismus[636] fordern ein „Recht auf eigene Entwicklung" abseits einer westlichen Dominanzkultur. Damit wird betont, dass auch der Gedanke der universellen Menschenrechte, der Demokratiegedanke, freie Märkte und Rechtsstaatlichkeit[637] vor unterschiedlichen historischen, kulturellen und religiösen Hintergründen gesehen werden müsse, die jeweils die Berücksichtigung nationaler und regionaler Eigenheiten impliziere.[638] Auch Rommelspacher bestreitet die Übernahme von allgemeingültigen Normen auf die Auslandsberichterstattung. Denn gerade dann würde eine Diskriminierung derjenigen vorliegen, über die berichtet wird. *„Wenn wir anerkennen, dass Menschen in unterschiedlichen Umständen leben und die Welt auch je verschieden sehen und an ihr auf unterschiedliche Weise Anteil haben, dann müssen wir gleichermaßen akzeptieren, dass es verschiedenartige Entscheidungskriterien und Wertmaßstäbe geben kann [...].'*[639] Damit widersetzen sich die Kulturrelativisten einer eurozentristischen Einstellung genauso wie der eines internationalistischen Universalismus einer Globalgesellschaft, indem sie die Verschiedenheit, Besonderheiten und Vielfalt von Kulturen betonen.[640] Der kulturrelativistische Ansatz nimmt den Auslandskorrespondenten somit eine wichtige Orientierungshilfe: den Glauben an die universale Verbindlichkeit des eigenen Wertesystems.

4. Völkerverständigung durch Alltagskultur und „good news"

Generell wird eine stärkere Präsenz von Fernsehbeiträgen über die Dritte Welt gefordert. Dabei sollten nicht immer nur Probleme beschrieben werden, sondern

---

[636]Die Mehrheit der Sozialwissenschafter und die moderne Ethnographie gehen heute von einer prinzipiellen Gleichwertigkeit unterschiedlicher Kulturen aus und fördern das Studium anderer Kulturen, um eine ethnozentristische Perspektive zu vermeiden. Der Ansatz des "kulturellen Relativismus" verlangt, dass die Entwicklungsländer nicht als rückständig bezeichnet werden sollen, sondern dass sie vielmehr integraler Bestandteil des modernen Wertesystems sind. Allerdings weise trotz dieses Ansatzes die Kulturforschung ethnozentristische Neigungen auf, wenn z. B. der Begriff Kultur beim Vergleich verschiedener Kulturen als „hoch" (oben) und „niedrig" (unten), also nicht wertfrei, interpretiert und bezeichnet wird. Vgl. Kunczik (1985), S. 22ff.

[637]Für manche impliziert das westliche Verständnis von Freiheitsrechten, wie Meinungs-, Presse- und Versammlungsfreiheit die Gefahr der Übermittlung eines fremden Weltbildes, der Verfall sittlich-moralischer Werte und kultureller Identitätsverlust durch Überfremdung.

[638]Asiatische und afrikanische Regierungen fürchten nach Meinung von Martina Thiele nicht zu Unrecht, dass die Menschenrechte als „Hebel einer neokolonialistischen Politik des Westens" missbraucht werden. Vgl. Thiele, Martina: Medien zwischen Dominanz und Toleranz. Zur Universalität der Menschenrechte, in: Luger/Renger (1994), S. 416-417.

[639]Rommelspacher zit. nach: Scharf/Stockmann (1998), S. 76.

[640]Europäer und Nordamerikaner sind überzeugt, die einzige wirkliche Kultur und Zivilisation zu besitzen; vgl. Albert, Marie-Theres: Kulturspezifische Ethnozentrismen und interkulturelles Lernen. In: Nestvogel, Renate (Hg.): Interkulturelles Lernen oder verdeckte Dominanz? Hinterfragung unseres Verhältnisses zur dritten Welt. Frankfurt am Main, S. 119.

auch die alltägliche Normalität, abseits von opfer- oder täterzentrierten Darstellungen. Dazu gehört auch die Fähigkeit der Menschen, ihr Leben in eigener Verantwortung selbst gestalten zu können.[641] *„Ja, grundsätzlich brauchen wir mehr Alltagserfahrungen in den Berichten, [...] d. h. Ausländer erleben, die weder Opfer noch Täter sind.'*[642] Auslandsberichterstattung sollte in verstärktem Maße die Bereiche Kultur, Geschichte, Religionen, Erziehung, Gesundheit und Geschlechterverhältnisse[643] anderer Länder berücksichtigen.[644] Außerdem sollten Menschen immer im Kontext ihres sozialen, kulturellen und wirtschaftlichen Umfeldes gezeigt werden. Um die kulturelle Identität und Würde der Menschen zu wahren, sollte die Kultur eines Landes als integralen Bestandteil einer jeden Entwicklung betrachtet werden. *„All people must be presented as human beings and sufficient information provided as to their social, cultural and economic environment so that their cultural identity and dignity are preserved. Culture should be presented as an integral part of development in the South.'*[645]

5. Aufzeigen globaler Strukturen und Lösungen

Über die Interdependenz wirtschaftlicher, politischer und ökologischer Faktoren sollte ebenso transparent berichtet werden, wie über die Tatsache, dass Industrienationen zur Situation und Verarmung auf anderen Kontinenten beigetragen haben und somit mitverantwortlich sind. Notwendig sind Berichte, die aufzeigen, dass individuelles Elend gesellschaftlich verschuldet ist und insofern auch nach gesellschaftlicher Veränderung und Lösung verlangt. Daher sollte das Beziehungsgeflecht gegenseitiger Abhängigkeit und gemeinsamer Verantwortung von Problemen hervorgehoben werden. Ausgehend von dem Wissen um den historischen Kontext der Dritten Welt, sollten die politischen, strukturellen oder natürlichen Ursachen

[641]Vgl. „Code of Conduct on Images and Messages Relating to the Third World" by the General Assembly of European Non-Governmental Organizations, zit. nach: Ginneken (1998), S. 168.
[642]Mikich (2003), S. 126.
[643]Unter anderem hängen mediale Wirklichkeitskonstruktionen auch von Geschlechterverhältnissen in den Medien ab. Krisenberichterstatter sind bekanntermaßen in der Regel Männer, was Krisenmanagement von Politik und Militär per se als Männerdomäne erscheinen lässt und aus deren Perspektive geschildert wird. Sendungen sollten auf diese Unterrepräsentiertheit von Frauen aufmerksam machen und „verdeutlichen, dass und wie Medien Geschlechtervorstellungen konstruieren und aufzeigen, wie diese Konstruktionen für die Unterstützung von Kriegen verwendet werden." Vgl. Löffelholz (1993), S. 29.
[644]Vgl. Schwanebeck (2003), S. 25.
[645]„Code of Conduct on Images and Messages Relating to the Third World" by the General Assembly of European Non-Governmental Organizations, zit. nach: Ginneken (1998), S. 168.

von Armut deutlich gemacht sowie Machtkämpfe angeprangert werden.[646] Eine komplizierte und komplexe Welt sollte nicht durch Gut-Böse-Ideologien und einseitigen politischen Erklärungsmustern verwischt werden.[647] Es ist davon auszugehen, dass Auslandsberichterstattung einen weit höheren Bedarf an Kontextinformationen hat als Inlandberichterstattung.[648] Hafez formuliert daher den Grundsatz,

> *"dass die journalistische Kontextvermittlung der Auslandsberichterstattung historischen und soziokulturellen Wissensdefiziten der Medienkonsumenten Rechung tragen muss, die einerseits kompensiert werden müssen, um ein diskursiv gestütztes Auslandsbild zu vermitteln, die jedoch andererseits leicht zu einer strukturellen Überforderung der Medienberichterstattung führen können."*[649]

Das Institut für Friedenspädagogik sieht die Aufgabe der Dritten-Welt-Berichterstattung in der über reine Ereignis- und Hintergrundberichterstattung hinausgehende globale Einordnung der Geschehnisse:

> *„Die Berichterstattung erfüllt vor allem dann ihren Sinn, wenn sie über die faktische Ablichtung von Tatsachen und Hintergründen hinausweist und die globale Vernetzung der Probleme aufzeigen kann. Sie lädt im günstigsten Fall zur weltweiten Diskussion über geglücktes menschliches Miteinander ein und zeigt ‚maßstabgetreu' und ohne Verzerrung auf ungelöste Fragen und Nöte; sie diskutiert Lösungsansätze."*[650]

Dafür bräuchten Auslandskorrespondenten allerdings genügend Zeit für Recherche und Aufbereitung der Themen. Das hieße: Die Wiederentdeckung der Langsamkeit, die dem Aktualitätszwang und der immer schnelleren Nachrichten- und Bildübermittlung den Raum für angemessene Interpretationen in entsprechenden Sendeformaten, wie regelmäßigen Magazin- oder Dokumentationsreihen gibt.

---

[646]Vgl. Verhaltenskodex vom Bensheimer Kreis, einem Zusammenschluss verschiedener Nichtregierungsorganisationen der Entwicklungszusammenarbeit, http://www.friedenspaedagogik.de/themen/ghandeln/12_regeln.pdf (13.08.04).

[647]Vgl. Thiele (1994), S. 426.

[648]Vgl. Hafez, (2002), Bd. 1, S. 66.

[649]Ebd., S. 67; Dekontextualisierung stellt somit ein Problem für die westlichen Industrieländer dar, denn ihrer Aufmerksamkeit entziehen sich zum Teil wichtige Entwicklungen, wie z.B. der hilflose Umgang der Medien am 11. September zeigte. Obwohl Korrespondenten bereits seit Jahren vor möglichen Folgen des Taliban-Regimes gewarnt hatten, sind sie auf Desinteresse in den deutschen Heimatredaktionen gestoßen, da der Bezug zu Deutschland fehlte. Eine fatale Fehleinschätzung. Vgl. z. B. Schott, Christina: Ausland raus! In: COVER. Medienmagazin. Hrsg. vom Institut für Journalistik und Kommunikationswissenschaft der Universität Hamburg, Herbst/Winter 2002/2003, S. 58.

[650]Hörburger, Christian: „Dritte-Welt-Berichterstattung", in: Das Fernsehalphabet, zusammengestellt vom Institut für Friedenspädagogik Tübingen e. V.: http://www.friedenspaedagogik.de/themen/medien/fernseh2.htm (abgerufen am 13.03.2004).

6. Friedensjournalismus

Im Sinne des Friedensjournalismus[651] sollten u.a. folgende Fragen thematisiert werden: Wer sind die Konfliktparteien, was sind ihre tatsächlichen Ziele? Was sind die strukturellen, kulturellen und historischen Wurzeln des Konflikts? Welche Lösungsansätze gibt es?[652] Auch Hafez hat wesentliche Eckpunkte für "journalistisches Krisenmanagement" aufgestellt: 1. Verbesserung des Quellenzugangs, um strategische Desinformation und zensierte "Wahrheit" zu vermeiden. 2. Neudefinition der Beziehung zur Politik, um nicht staatlich-militärische *Public Relations* zu übernehmen. 3. "Sabotage Communication" zur Unterbindung von "Hass-Journalismus".[653]

7. Den Konstruktions- und Produktionsprozess aufzeigen

Die Bilder stehen bei der Vermittlung von Informationen für höchstmögliche Aktualität und Authentizität.[654] Die Entstehungsbedingungen filmischer Arbeit, die Subjektivität journalistischer Nachrichtenselektion und der fragmentarische Charakter der übermittelten Wirklichkeit sollten mit angezeigt werden. *„Die weltweit eingefangenen und verbreiteten Bilder, die dem Zuschauer ohne Erklärung ihres Entstehens- und Bedeutungstextes serviert werden, so als seien sie die Wirklichkeit selbst, verschweigen ihr Gemachtsein [...].‘*[655] Der Magazinfilm als „inszenierte Authentizität" bedeutet, dass es <u>die</u> Realität nicht gibt:

> *„[...] die Wirklichkeit ist immer ein themenspezifischer Relevanzzusammenhang, der durch subjektive, kulturelle und gesellschaftliche Wahrnehmungsweisen konstituiert wird. [...] Bildführung, argumentativer Aufbau und die [...] sequentielle Folge von Ankündigung, Bericht und Coda stellten auf der Ebene der Darstellung Zusammenhänge her, die die zwangsläufige Bruchstückhaftigkeit des Gesagten und Gezeigten verwischen [...].‘*[656]

---

[651]Vgl. auch Kapitel 5.1.

[652]Vgl. Galtung, Johan: Friedensjournalismus: Was, warum, wer, wann, wo? In: Kempf, Wilhelm/Schmidt-Regender, Irena (Hg.): Krieg, Nationalismus, Rassismus und die Medien. Münster 1998, S. 3 ff.

[653]Hafez, Kai: Schluss mit den Klagen. Krisenmanagement im Journalismus. In: Zeitschrift für Kultur-Austausch. Institut für Auslandsbeziehungen, Band 52, Heft 1, 2002, S. 100/101.

[654]Die Kameraführung erzeugt die Illusion, etwas selbst gesehen zu haben. Der Wahrheitsgehalt von Bildern wird im Vergleich zum Text weniger bezweifelt. Zugleich geht von den Bildern eine stark emotionale Wirkung auf den Zuschauer aus. Vgl. Kapitel 6.5.2.1 und vgl. auch Brosius, Hans-Bernd: Visualisierung von Fernsehnachrichten, in: Kamps (1998), S. 217.

[655]Kübler zit. nach Verhein (1990), S. 70.

[656]Keppler (1988), S. 120.

8. „Moralische Qualität" durch personalisierte Präsentationsweisen

Sprache und journalistische Darstellungsformen spielen eine entscheidende Rolle bei der Darstellung des „Anderen". Durch die personalisierte Darstellung von kann die Beschreibung von Einzelschicksalen das Elend oftmals eher begreifbar machen lassen.[657] Dabei kann das Medium Fernsehen durchaus auch eine humane Wirkung entfalten. Je mehr Bedeutung das Fernsehen in unserem Alltag bekommt, desto deutlicher wird auch die Bereitschaft, an den Problemen anderer Gesellschaften Anteil zu nehmen, so Radke, ehemalig stellvertretender Chefredakteur des ZDF und Moderator des *auslandsjournal*. Er bemerkt dazu: *„Die optische Dimension des Fernsehens weckte neue Interessen und – wichtiger noch – vermochte erkennbare Betroffenheit auszulösen – in einem Ausmaß, das vom gesprochenen Wort nur selten erreicht wird."*[658] So gibt es Ereignisse, die eine weltweite öffentliche Debatte auslösen, worin, laut Radke, eine moralische Qualität zum Ausdruck komme.[659] Auslandsberichterstattung könnte daher Entscheidendes in ihrer politischen Funktion leisten, wenn es etwa um den Zusammenhang von Frieden und Menschenrechten geht, die Stärkung des Völkerrechts und internationaler Organe. Fernsehanstalten sollten in diesem Kontext Zuschauer niemals als kritiklose, passive Konsumenten ansehen, sondern dazu einladen, mitzudenken oder zu widersprechen, um im Idealfall Debatten auszulösen, die zur Initiierung von aktivem Handeln oder Veränderung des *Status quo* abseits der allgemeinen *political correctness* anregen.

9. Bindung zwischen Medien und Wissenschaft

Die Diskussion um Defizite in der Auslandsberichterstattung ist nach wie vor nicht beendet. Um Mängel und Fehler in Zukunft so weit wie möglich zu vermeiden, ist

[657] Behmer (2003), S. 359.

[658] Einleitung von Rudolf Radke in: ders.: Der Krieg begann am Feiertag. ZDF-Korrespondenten berichten über eine Welt im Wandel. Freiburg 1988, S. 14.

[659] So nennt Radke Beispiele, wo Auslandsberichterstattung nationale und internationale Debatten auslöste - sei es bei dem Verstoß gegen Menschenrechte oder Einzelschicksale - und dies humane Auswirkungen zeigte, z. B. von den Zuschauern spontan initiierte Spenden- und Hilfsaktionen. Vgl. ebd., S. 15ff, vgl. auch Kamps (1999), S. 108.

laut Hafez eine konstruktive und differenzierte Analyse der Berichterstattung notwendig. Eine positive Entwicklung, wie sie auch nach dem 11. September in Bezug auf das „Feindbild Islam"[660] zu verzeichnen war, weil viele Wissenschaftler und Experten befragt wurden. *„Dafür muss der vielbeschworene Dialog nicht nur zwischen Kulturen, sondern auch zwischen Kommunikationswissenschaftlern und Journalisten geführt werden.'*[661]

9. Aussichten

Einen Dialog zwischen den Kulturen zu führen ist Voraussetzung für das friedliche Zusammenleben in einer „multikulturellen Gesellschaft"[662], ohne dass es zu gewaltsamen Konflikten kommt. Die Erkenntnis, dass internationale Verständigung von einer entsprechenden Darstellung in den Massenmedien abhängt, gewinnt zunehmend an Gewicht.[663] Bedenkt man den hohen Stellenwert, den das Medium Fernsehen als Informationsvermittler gen eßt, über welche enorme Reichweiten es verfügt, und welch hohes Maß an Glaubwürdigkeit ihm zugesprochen wird, so kann man schlussfolgern, dass die vom Fernsehen vermittelten Weltbilder sicherlich nicht ohne Einfluss auf den Rezipienten sein können. Ereignisse, wie beispielsweise der 11. September 2001, haben gezeigt, wie wenig wir wirklich von Menschen außerhalb unseres Kulturkreises wissen. Doch in einer globalisierten Welt geht uns auch das „Andere" immer mehr an. Während das kommerzielle Privatfernsehen ein Programm präsentiert, das sich aus Werbung finanziert und sich an Konsumenten richtet, kann das öffentlich-rechtliche Fernsehen auch Platz für andere Sendeformate bieten, die ergänzende Hintergrundinformationen vermitteln. Die Effekte der

---

[660]Vgl. Hafez, Kai: Phasenverschiebung des Pazifismus. Das Orientbild der Medien nach dem 11. September, in: Journalistik, 5. Jg./Nr. 1, Frühjahr 2002, S. 14 f.; vgl. auch Hafez, Kai: Mediale Islamophobie. In: COVER. Medienmagazin. Hg. vom Institut für Journalistik und Kommunikationswissenschaft der Universität Hamburg, Herbst/Winter 2002/2003.

[661]Hafez, Kai: Schluss mit den Klagen. Krisenmanagement im Journalismus. In: Zeitschrift für Kultur-Austausch. Institut für Auslandsbeziehungen, Band 52, Heft 1, 2002, S. 100 f.

[662]Ohne hier den Begriff der multikulturellen Gesellschaft in seiner vollen Problematik zu diskutieren, bezeichnet er generell die *„durch Migration entstandene Neben- und Miteinander von Kulturen, Ethnien und Religionen im modernen Nationalstaat",* unter Wahrung ihrer sozialen und kulturellen Identität (Hafez (2002), Bd. 1, S. 174). Kritiker aus der postkolonialen Literaturtheorie sehen darin einen „europäischen Kosmopolitismus" und lehnen ihn als „monokulturelle Vereinnahmung" ab. In diesem Sinn kann Multikulturalismus auch als „eurozentristische Fassade" empfunden werden, die bestimmten ideologischen und ethnischen Interessen dient, letztendlich aber nur Ängste bezüglich separatistischer Bewegungen beruhigen soll. Vgl. Metzler Lexikon. Literatur- und Kulturtheorie. Ansätze – Personen – Grundbegriffe. Hg. Ansgar Nünning. Stuttgart, Weimar, 2001, S. 458 f.

[663]Vgl. z. B. Wilke (1998), S. 187.

Digitalisierung haben zu mehr Konkurrenz, veränderten journalistischen Darstellungsformen und neuen medialen Orientierungsangeboten geführt. Insofern erhalten Auslandsberichte abseits von tagesaktuellen News neues Gewicht.

> *„Spätestens mit der Digitalisierung des Fernsehens werden wir [...] in Deutschland eine andere Fernsehlandschaft vorfinden und von der Vielfalt der Unterhaltungsangebote überflutet werden. Das Markenzeichen des öffentlich-rechtlichen Rundfunks, mit dem er sich in den Umbruchzeiten positionieren muss, bleibt die Information und damit auch das Zeigen und Erklären von Hintergründen. Nicht nur zeigen, dass Ereignisse stattfinden, sondern auch, warum sie stattfinden, das ist die Stärke eines Fernsehsystems, das sich das größte Korrespondentennetz weltweit leistet. [...]. Der kulturelle Dialog ist heute wichtiger denn je, und ein verantwortungsvolles Fernsehprogramm sollte dafür Raum bieten."*[664]

Kommunikation ist vor dem Hintergrund der Globalisierung der Medienlandschaft sowie zunehmender Konkurrenz privater Fernsehanbieter auch ein politisches Instrument. Die Position der Medien wird dann problematisch, wenn Machtstrukturen für unternehmerische oder politische Interessen Einzelner gebraucht werden und die gesellschaftlichen Interessen in den Hintergrund geraten. Da mediale Inhalte zukünftig mehr und mehr durch Entgelt zu beziehen sein werden, besteht die Gefahr, dass bestimmte Bevölkerungskreise keinen Zugang mehr zu bedeutsamen Informationen erhalten können. Umso wichtiger sind öffentlich-rechtliche Rundfunkanstalten, die sich dem Gemeinwohl verpflichtet fühlen und dafür Sorge tragen, dass die Vorteile technischer Entwicklung allen zugute kommt. Das, was zum Beispiel heute in China passiert, kann sehr wohl Bedeutung für Deutschland haben, meint Ulrich Wickert. Der *„sprichwörtliche Reissack, der in China umfällt, geht uns in einer globalisierten Welt immer mehr an."*[665] Hier muss das öffentlich-rechtliche Fernsehen reagieren, wenn es seinem Auftrag gerecht werden will. Dies sollte unter anderem durch ein Fernsehprogramm geschehen, dass neben aktuellen Informationen den Raum für weiteres Wissen bietet, das durch investigativen und qualitativen Journalismus die Verbindungslinien „zwischen Reissack und Bürgern" herstellt. Dieses Konzept eines anspruchsvollen Journalismus für die Auslandsberichterstattung dürfte langfristig geeigneter sein, Menschen anderer Kulturen kennen und verstehen zu lernen, *„anstatt sie und ihr Land nur als exotische Ereignisdekoration zu benutzen"*,[666] oder unter Lebensgefährdung als erster vor Ort zu sein und unter Aufwendung

[664]Vorwort von Ulrich Wickert, in: Kretzschmar (2002), S. 16.
[665]Vorwort von Ulrich Wickert, in: Kretzschmar (2002), S. 15.
[666]Kretzschmar (2002), S. 148.

höchster technischer Logistik den Krieg zur *Prime-Time* live ins Wohnzimmer zu übertragen.

Eine defizitäre Berichterstattung kann als Folgeerscheinung mangelndes Interesse seitens der Rezipienten und der Politik nach sich ziehen, die aufgrund der stereotypen und geringen medialen Aufmerksamkeit „abschalten". Autor Reymer Klüver bemerkt zu diesem Teufelskreis: *„Weil Entwicklungspolitik nicht interessiert, berichten die Medien nicht; und weil niemand berichtet, interessiert sich niemand."*[667] Wenn Massenmedien durch ihre Fokussierung auf stereotypisierte Andersartigkeit und Simplifizierung komplexer Sachverhalte nur wenig zum Fremdverstehen beitragen können, weil sie zur (Re)-Produktion von (Vor)-Urteilen tendieren, dann muss man sich fragen, ob Journalisten noch Handelnde sind oder systemkonformen Konsens verbreiten. Mikich bemerkt zu Recht: *„Political correctness und stetiges Beschwören von einem demokratischen Konsens reichen nicht aus [...]. Die Republik [...] hat Angst vor Kontroversen. Die Medien scheuen auch davor zurück."*[668] Wer die Gerechten und die Ungerechten sind, das steht immer relativ schnell fest, das sind die Terroristen, demokratische Dilettanten und häufig auch die Armen, *„wenn sie zuviel Rabatz machen, wenn das Chaos von ihnen ausgeht, das dem sicherheitsgewohnten Westler Angst einflößt."*[669] Bei der medialen Einteilung in „Gut und Böse" können sich die Reporter auf den *common sense* der Zuschauer verlassen: *„[...] westlich und wohlstandsverwöhnt, demokratisch, weil wir uns es ja leisten können, und antiterroristisch sowieso. Was momentane Neigungen zum Militärischen als Konfliktlösung nicht ausschließt, ja mittlerweile voraussetzt."*[670] Von ARD und ZDF, als Anstalten des öffentlichen Rechts, darf erwartet werden, dass sie qualitativ hochwertige Berichterstattung liefern und sich klar von den Interessen privater Fernsehanbieter unterscheiden. Um mit Mikichs Worten zu schließen: Wir brauchen kein „Ausland light", sondern eine Auslandberichterstattung, die uns für Wesentliches öffnet. In diesem Sinne ist ihre Idealvorstellung von einem Auslandsberichterstatter *„ein Augenzeuge, ein Detektiv und ein Humanist."*[671]

[667]Reymer Klüver zit. nach: Wimmer (2003), S. 340.
[668]Mikich (2003), S. 126.
[669]Lilienthal (2003), S. 42.
[670]Ebd.
[671]Mikich (2003), S. 127.

10. Quellenverzeichnis

Albert, Marie-Theres: Kulturspezifische Ethnozentrismen und interkulturelles Lernen. In: Nestvogel, Renate (Hg.): Interkulturelles Lernen oder verdeckte Dominanz? Hinterfragung unseres Verhältnisses zur dritten Welt. Frankfurt am Main, S. 113-126

ARD (Hg.): ABC der ARD. Baden-Baden 1999

Bachmann-Medick, Doris: Multikultur oder kulturelle Differenzen? Neue Konzepte von Weltliteratur und Übersetzung in die postkolonialer Perspektive, in: dies. (Hg.): Kultur als Text. Frankfurt 1996, S. 262-303

Bachmann-Medick, Doris (Hg.): Kultur als Text. Frankfurt 1996

Beham, Mira: Kriegstrommeln. Medien, Krieg und Politik. München 1996

Behmer, Markus: Menschenwürde und mediale Zwänge. Anmerkung zur Berichterstattung aus der „Dritten Welt", in: Hömberg, Walter u. a. (Hg.): Communicatio Socialis. Internationale Zeitschrift für Kommunikation, Religion, Kirche und Gesellschaft. 36. Jahrgang 2003, Heft 4, S.353-365

Bentele, Günter: Fernsehen und Realität. Ansätze zu einer rekonstruktiven Medientheorie, in: Hickethier, Knut/Schneider, Irmela (Hg.): Fernsehtheorien. Dokumentation der GFF-Tagung 1990, Berlin 1992

Berger, Peter L./Luckmann, Thomas: Die gesellschaftliche Konstruktion der Wirklichkeit, 16. Auflage, Frankfurt/Main 1999

Bertelsmann Lexikographisches Insitut (Hg.): Goldmann Lexikon, Band 7, München 1998

BMZ (Bundesministerium für wirtschaftliche Zusammenarbeit und Entwicklung): Medienhandbuch Entwicklungspolitik 2000. Berlin 2000

Brosius, Hans-Bernd: Visualisierung von Fernsehnachrichten, in: Kamps, Klaus; Meckel, Miriam: Fernsehnachrichten. Prozesse, Strukturen, Funktionen. Opladen/Wiesbaden 1998, S. 213-224

Cippitelli, Claudia u. Schwanebeck, Axel (Hg.): Nur Krisen, Kriege Katastrophen? Auslandsberichterstattung im deutschen Fernsehen. Dokumentation der 21. Tutzinger Medientage. München 2003

Darschin, Wolfgang; Zubayr, Camille: Die Informationsqualität aus Zuschauersicht, in: Media Perspektiven 5/2001, S. 238-246

Deutsche Welle (Hg.): „Sagt die Wahrheit: die bringen uns um!": Zur Rolle der Medien in Krisen und Konflikten. Berlin 2001

Dietrich, Wolf: Die Auslandskorrespondenten des ZDF. In: ZDF Jahrbuch 1964. Mainz 1965

Dill, Richard W.: Wie viel Welt braucht der Mensch; In: Neudeck, Rupert (Hg.): Den Dschungel ins Wohnzimmer. Auslandsberichterstattung im bundesdeutschen Fernsehen. Frankfurt am Main 1977S. 146

Ertel, Dieter u. Zimmermann, Peter (Hg.): Strategie der Blicke. Zur Modellierung von Wirklichkeit in Dokumentarfilm und Reportage. Konstanz 1996

Faulstich, Werner (Hg.): Grundwissen Medien. München 2000

Faulstich, Werner: Medienästhetik, in: Faulstich, Werner (Hg.): Grundwissen Medien. München 2000, S. 93-97

Federico Salamanca Orrego, Daniel: Medienpolitik für die Dritte Welt. Bochumer Schriften zur Entwicklungsforschung und Entwicklungspolitik. Band 31. Frankfurt am Main 1993

Franzke, Michael: Krisenhopping statt Kontinuität, in: Zeitschrift für Kultur-Austausch. Hg. vom Institut für Auslandsbeziehungen. Band 1, Heft 1, Stuttgart 2002, S. 102-104

Frey, Peter: Die Welt aufschließen. Warum wir das „auslandsjournal" auch nach 25 Jahren noch brauchen. In: ZDF-Jahrbuch 1998. Mainz 1999, S. 124-126

Galtung, Johann: Friedensjournalismus: Was, warum, wer, wie, wann, wo? In: Kempf, Wilhelm/Schmidt-Regener, Irena (Hg.): Krieg, Nationalismus, Rassismus und die Medien. Münster 1998, S. 3-20

Ginneken, van Jaap: Understandig Global News. A Critical Introduction. London 1998

Gizycki, Renate von: Eingeschränktes Weltbild. Bemerkungen zum Selbstverständnis von Auslandskorrespondenten, in: Neudeck, Rupert (Hg.): Den Dschungel ins Wohnzimmer. Auslandsberichterstattung im bundesdeutschen Fernsehen. Frankfurt am Main 1977, S 134-143

Gleich, Uli: Qualität im Journalismus am Beispiel der Kriegsberichterstattung, in: Media Perspektiven Nr. 3/2003, S. 139-148

Görke, Alexander; Kollbeck, Johannes: (Welt-)Gesellschaft und Mediensystem: Zur Funktion und Evolution internationaler Medienkommunikation. In: Meckel, Mriam; Kriener, Markus (Hg.): Internationale Kommunikation. Opladen 1996, S. 263-281

Göttsche, Angela: Ohne Hungersnot keine Aufmerksamkeit. Betrachtungen über die 3.-Welt-Berichterstattung, in: Journalistik, 5. Jg./Nr. 1, Frühjahr 2002, S. 26-27

Hafez, Kai: Die politische Dimension der Auslandsberichterstattung. Band 1: Theoretische Grundlagen. Baden-Baden 2002

Hafez, Kai: Die politische Dimension der Auslandsberichterstattung, Band 2: Das Nahost- und Islambild der deutschen überregionalen Presse. Baden-Baden 2002

Hafez, Kai: Mediale Islamophobie. In: COVER. Medienmagazin. Hg. vom Institut für Journalistik und Kommunikationswissenschaft der Universität Hamburg, Herbst/Winter 2002/2003, S. 50-52

Hafez, Kai: Phasenverschiebung des Pazifismus. Das Orientbild der Medien nach dem 11. September, in: Journalistik, 5. Jg./Nr. 1, Frühjahr 2002, S. 14-15

Hafez, Kai: Schluss mit den Klagen. Krisenmanagement im Journalismus. In: Zeitschrift für Kultur-Austausch. Institut für Auslandsbeziehungen, Band 52, Heft 1, 2002, S. 100/101

Hafez, Kai: Auslandsberichterstattung und multikulturelle Gesellschaft. In: Nord-Süd-aktuell: Vierteljahreszeitschrift des deutschen Übersee-Instituts für Nord-Süd u. Süd-Süd-Entwicklung. Band 15, Heft 4, Hamburg 2001, S. 692-701

Hagen, M. Lutz; Berens, Harald; Zeh, Reimar, Leidner, Daniela: Ländermerkmale als Nachrichtenfaktoren, in: Holtz-Bacha, Christina; Scherer, Helmut; Waldmann, Norbert (Hg.): Wie die Medien die Welt erschaffen und wie die Menschen darin leben. Opladen/Wiesbaden 1998, S. 58-81

Hall, Stuart: Rassismus und kulturelle Identität. Ausgewählte Schriften. Hamburg 1999, 3. Auflage 2002

Hall, Stuart : Kodieren/Dekodieren. In: Adelmann, Ralf u. a. (Hg.): Grundlagentexte zur Fernsehwissenschaft. Theorie – Geschichte – Analyse. Konstanz 2001

Hall, Stuart: Die strukturierte Vermittlung von Ereignissen. In: Adelmann, Ralf u. a. (Hg.): Grundlagentexte zur Fernsehwissenschaft. Theorie – Geschichte – Analyse. Konstanz 2001

Hamm, Ingrid (Hg.) : Die Zukunft des dualen Systems: Aufgaben des dualen Rundfunkmarktes im internationalen Vergleich. Gütersloh 1998

Hans-Bredow-Institut für Medienforschung an der Universität Hamburg (Hg.): Internationales Handbuch für Hörfunk und Fernsehen 2000/2001, Baden-Baden 2000

Hartwig, Stefan: Konflikt und Kommunikation. Berichterstattung, Medienarbeit und Propaganda in internationalen Konflikten vom Krimkrieg bis zum Kosovo. Münster 1999

Heller, Peter: Hungersnot zum Abendbrot. Wo liegt die Dritte Welt? In: Ertel, Dieter u. Zimmermann, Peter (Hg.): Strategie der Blicke. Zur Modellierung von Wirklichkeit in Dokumentarfilm und Reportage. Konstanz 1996, S. 221-230

Hetkämper, Robert: Der fremde Blick. Auslandskorrespondenten in einer sich wandelnden Welt, in: ARD Jahrbuch 1995, S. 124-131

Hickethier, Knut/Schneider, Irmela (Hg.): Fernsehtheorien. Dokumentation der GFF-Tagung 1990, Berlin 1992

Hörburger, Christian: Massenmedien zwischen Kriegs- und Friedensjournalismus. In: Vogt, Wolfgang (Hg.): Friedenskultur statt Kulturkampf. Baden-Baden 1999, S. 152- 165

Hübner, Heinz Werner: *Weltspiegel* – die Story einer erfolgreichen Sendung. Freiburg 1974

Hug, Heiner: Wir, die Geier. Das knallharte Geschäft mit den Fernseh-News. Zürich 1998

Huntington, Samuel P.: Der Kampf der Kulturen. Die Neugestaltung der Weltpolitik im 21. Jahrhundert. München/Wien 1996

Imhof, Peter/Schulz, Peter (Hg.): Medien und Krieg – Krieg in den Medien. Zürich 1995

Iten, Andreas: Die Sprache bereitet den Krieg vor, in: Imhof, Peter/Schulz, Peter (Hg.): Medien und Krieg – Krieg in den Medien. Zürich 1995, S. 13-21

Jürgens, Georg: Politische Auslandsberichterstattung im Deutschen Fernsehen. Berlin 1974

Kamps, Klaus/Meckel, Miriam (Hg.): Fernsehnachrichten. Prozesse, Strukturen, Funktionen. Opladen/Wiesbaden 1998

Kamps, Klaus: Politik in Fernsehnachrichten. Struktur und Präsentation internationaler Ereignisse – Ein Vergleich. Baden-Baden 1999

Keppler, Angela: Konventionen der Wahrnehmung. Thesen zur Dramaturgie des Magazinfilms im Fernsehen, in: Kreuzer, Helmut/Schumacher, Heidemarie (Hg.): Magazine audiovisuell. Politische und Kulturmagazine im Fernsehen der Bundesrepublik Deutschland. Stuttgart 1988, S. 111-128

Kinkel, Klaus: Deutsch Außenpolitik im Dialog der Kulturen, in: Quandt, Siegfried/Gast, Wolfgang (Hg.): Deutschland im Dialog der Kulturen. Medien, Images, Verständigung. Schriftenreihe zur Deutschen Gesellschaft für Publizistik und Kommunikationswissenschaften, Bd. 25. Konstanz 1998, S. 19-25

Kleinsteuber, Hans J.: Nationale und internationale Mediensysteme, in: Merten, Klaus, Schmidt Siegfried J., Weischenberg, Siegfried (Hg.): Die Wirklichkeit der Medien. Eine Einführung in die Kommunikationswissenschaft. Opladen 1994, S. 544-569

Kleinsteuber, Hans J.: Identität im Kommunikationsraum Europa, in: Lange, Ulrich (Hg.): Identität, Integration und Verantwortung. Berlin 1994, S. 143-149

Kleinsteuber, Hans J: Der Dialog der Kulturen in der Kommunikationspolitik, in: Cippitelli, Claudia u. Schwanebeck, Axel (Hg.): Nur Krisen, Kriege Katastrophen?, Auslandsberichterstattung im deutschen Fernsehen. Dokumentation der 21. Tutzinger Medientage. München 2003, S. 145-192

Kreimeier, Klaus: Lob des Fernsehens. München 1995

Kretzschmar, Sonja: Fremde Kulturen im Europäischen Fernsehen. Zur Thematik der fremden Kulturen in den Fernsehprogrammen von Deutschland, Frankreich und Großbritannien. Wiesbaden 2002

Kreutz, Anja: Kultur im Magazinformat. Zur Geschichte, Form und Funktion von „Aspekte“ und „Titel, Thesen, Temperamente“ im deutschen Fernsehen. Wiesbaden 1995

Kreuzer, Helmut/Schumacher, Heidemarie (Hg.): Magazine audiovisuell. Politische und Kulturmagazine im Fernsehen der Bundesrepublik Deutschland. Stuttgart 1988

Kroeber, Alfred/Kluckhohn, Clyde: Culture. A Critical Review of Concepts and Definitions. New York 1963

Krüger, Antje: Friedentruppen, Marsch! – Wie Krieg durch Sprache verharmlost wird, in: Friedensforum. Zeitschrift der Friedensbewegung: Medien und Krieg., Oktober 2003, 16. Jahrgang, S. 35-37

Krüger, Udo Michael: Politikvermittlung im Fernsehen, in: Media Perspektiven 2/2002, S. 77-87

Kunczik, Michael: Massenmedien und Entwicklungsländer. Köln/Wien 1985

Kunczik, Michael: Feind-Bilder. Wie Stereotypisierungen funktionieren und wozu sie dienen, in: Deutsche Welle (Hg.): „Sagt die Wahrheit: die bringen uns um!“: Zur Rolle der Medien in Krisen und Konflikten. Berlin 2001, S. 97-105

Kunczik, Michael, in: Publizistik. Vierteljahresheft für Kommunikationsforschung, 48. Jg (2003), S. 99-102

Larcher, Dietmar: Minimundus Periculosus: Die Einübung von Ethnozentrismus, Nationalismus, Eurozentrismus und Rassismus im ganz alltäglichen Leben, in: Luger, Kurt, Renger, Rudi (Hg.): Dialog der Kulturen. Die multikulturelle Gesellschaft und die Medien. Wien 1994, S. 193-210

Leder, Dietrich: Kontrolleure der Kriegsführung, Zaungäste der Weltgeschichte? Krisen- und Kriegsreporter berichten. Ein Round-Table-Gespräch; in: Cippitelli, Claudia, Schwanebeck, Axel (Hg.): Nur Krisen, Kriege, Katastrophen? Auslandsberichterstattung im Deutschen Fernsehen. Dokumentation der 21. Tutzinger Medientage. München 2003

Lennartz, Veit: Verteufelt und vergessen. Die Dritte Welt im Spiegel elektronischer Medien, in: Ertel, Dieter u. Zimmermann, Peter (Hg.): Strategie der Blicke. Zur Modellierung von Wirklichkeit in Dokumentarfilm und Reportage. Konstanz 1996, S. 209-219

Lilienthal, Volker: Nahaufnahmen in der Fremde. Ausland im Fernsehen – eine Programmbeobachtung, in: Cippitelli, Claudia u. Schwanebeck, Axel (Hg.): Nur Krisen, Kriege Katastrophen? Auslandsberichterstattung im deutschen Fernsehen. Dokumentation der 21. Tutzinger Medientage. München 2003, S. 31-54

Lin, Susanne: Vorurteile überwinden – eine friedenspädagogische Aufgabe. Grundlegung und Darstellung einer Unterrichtseinheit. Weinheim, Basel 1999

Loewy, Ernst; Klünder, Achim: Magazinbeiträge im deutschen Fernsehen, Bd. 3, Frankfurt 1981

Löffelholz, Martin (Hg.): Krieg als Medienereignis: Grundlagen und Perspektiven der Krisenkommunikation. Opladen 1993

Löffelholz Martin: Krisenkommunikation. Probleme, Konzepte, Perspektiven. In: ders. (Hg.). Krieg als Medienereignis: Grundlagen und Perspektiven der Krisenkommunikation. Opladen 1993, S. 11-32

Luger, Kurt, Renger, Rudi (Hg.): Dialog der Kulturen. Die multikulturelle Gesellschaft und die Medien. Wien 1994

Luger, Kurt: Offene Grenzen in der Kommunikationswissenschaft. Über die Notwendigkeit eines interkulturellen Forschungsansatzes, in: Luger, Kurt, Renger, Rudi (Hg.): Dialog der Kulturen. Die multikulturelle Gesellschaft und die Medien. Wien 1994, S. 23-65

Luger, Kurt: Das Bild der Dritten Welt in Österreichs Öffentlichkeit. In: Medien Impulse. Beiträge zur Medienpädagogik. Heft 26. 1998, S. 15-19

Luhmann, Niklas: Die Realität der Massenmedien. Opladen 1996

Lützeler, M. Paul (Hg.): Deutsche Schriftsteller berichten aus der Dritten Welt. Frankfurt 1997

Lützeler, M. Paul: Der postkoloniale Blick, in: ders. (Hg.): Deutsche Schriftsteller berichten aus der Dritten Welt. Frankfurt 1997, S. 7-33

Maletzke, Gerhard: Interkulturelle Kommunikation: zur Interaktion zwischen Menschen verschiedener Kulturen. Opladen 1996

Mattern, Klaus; Küstner, Thomas : Fernsehsysteme im internationalen Vergleich, in : Hamm, Ingrid (Hg.) : Die Zukunft des dualen Systems: Aufgaben des dualen Rundfunkmarktes im internationalen Vergleich. Gütersloh 1998, S. 15-204

Meckel, Miriam: Internationales als Restgröße? Strukturen der Auslandsberichterstattung im Fernsehen. In: Kamps, Klaus/Meckel, Miriam (Hg.): Fernsehnachrichten. Prozesse, Strukturen, Funktionen. Opladen/Wiesbaden 1998, S. 257-274

Meckel, Miriam; Kriener, Markus (Hg.): Internationale Kommunikation. Opladen 1996

Meier, A. Werner: Ungleicher Nachrichtenaustausch und fragmentarische Weltbilder. Eine empirische Studie über Strukturmerkmale in der Auslandsberichterstattung. Bern/Frankfurt/New York 1984

Merten, Klaus, Schmidt Siegfried J., Weischenberg, Siegfried (Hg.): Die Wirklichkeit der Medien. Eine Einführung in die Kommunikationswissenschaft. Opladen 1994

Metzler Lexikon. Literatur- und Kulturtheorie. Ansätze – Personen – Grundbegriffe. Hg. Ansgar Nünning. Stuttgart, Weimar, 2001

Mikich, Sonia: Geistige Provinzialisierung. Eine Bestandsaufnahme, in: Cippitelli, Claudia u. Schwanebeck, Axel: Nur Krisen, Kriege Katastrophen? Auslandsberichterstattung im deutschen Fernsehen. München 2003, S. 117-127

Mikich, Sonia: „Ich will es schwer machen, wegzusehen“, in: M – Menschen Machen Medien, Zeitschrift der IG Medien; Nr. 7/2000, Jg. 49, S. 10 f.

Navarro Ramil, Beatriz: Der Krieg am Golf und seine Präsentation im Fernsehen. Eine Wort- und Bildanalyse. Coppengrave 1995

Nestvogel, Renate (Hg.): Interkulturelles Lernen oder verdeckte Dominanz? Hinterfragung unseres Verhältnisses zur dritten Welt. Frankfurt am Main 19

Neudeck, Rupert (Hg.): Den Dschungel ins Wohnzimmer. Auslandsberichterstattung im bundesdeutschen Fernsehen. Frankfurt am Main 1977

Neumann-Bechstein, Wolfgang: Die Programme – die Sendungen, in ARD/ZDF-Arbeitsgruppe Marketing, Fünfgeld, Hermann (Hg.): Was Sie über Rundfunk wissen sollten: Materialien zum Verständnis des Mediums. Berlin 1997

Opitz, Peter J.: Grundprobleme der Entwicklungsregionen: der Süden an der Schwelle zum 21. Jahrhundert. München 1999

Ostermann, Änne/Nicklas, Hans: Vorurteile und Feinbilder. München 1976

Pickert, Bernd, in: *taz* Nr. 6345 vom 13.01.2001, Seite 20

Pohl, Manfred: Kultur und Entwicklung, in: Opitz, Peter J.: Grundprobleme der Entwicklungsregionen: der Süden an der Schwelle zum 21. Jahrhundert. München 1999, S. 169-189

Postman, Neil: Wir amüsieren uns zu Tode. Frankfurt/Main 1985

Protze, Manfred: Die Qualität der Arbeit definiert sich über Wahrhaftigkeit und Glaubwürdigkeit, in: M – Menschen Machen Medien, Medienpolitische ver.di-Zeitschrift, Nr. 1-2/2002, Jg 51, S. 2

Radke, Rudolf; Brieger Norbert (Hg.): Der Krieg begann am Feiertag. ZDF-Korrespondenten berichten über unsere Welt im Wandel. Freiburg 1989

Radke, Rudolf: Kontinuität als Hauptproblem. Wachsende Interdependenz des Weltgeschehens und abnehmende Möglichkeiten der Berichterstattung, in Neudeck, Rupert: Den Dschungel ins Wohnzimmer. Auslandsberichterstattung im bundesdeutschen Fernsehen. Frankfurt am Main 1977, S.

Renger, Rudi: Der Kultur auf der Spur. Materialien zur Interkulturellen Forschung, in: Luger, Kurt, Renger, Rudi (Hg.): Dialog der Kulturen. Die multikulturelle Gesellschaft und die Medien. Wien 1994, S. 66-83

Rohn, Walter: Regelung versus Nichtregelung internationaler Kommunikationspolitik. Das Beispiel der UNESCO-Kommunikationspolitik. Wien 2002

Röhrig, Meike: Her mit den einäugigen Löwen, in: *taz* Nr. 7177 vom 09.10.2003, S. 18

Rommelpacher, Birgit: Dominanzkultur. Texte zu Fremdheit und Macht. Berlin 1995

Ruhrmann, Georg: Ist Aktualität noch Aktuell? Journalistische Selektivität und ihre Folgen. In: Löffelholz, Martin (Hg.): Krieg als Medienereignis: Grundlagen und Perspektiven der Krisenkommunikation. Opladen 1996, S. 81-96

Ruhrmann, Georg: Mediendarstellungen von Fremden. Images, Resonanzen, Probleme. In: Quandt, Siegfried/Gast, Wolfgang (Hg.): Deutschland im Dialog der Kulturen. Medien, Images, Verständigung. Konstanz 1998

Rullmann, Anja: Modernisierung und Dependenz: Paradigmen internationaler Kommunikationsforschung. In: Meckel, Mriam; Kriener, Markus (Hg.): Internationale Kommunikation. Opladen 1996, S. 19-47

Saxer, Ulrich (Hg.): Medien-Kultur-Kommunikation. Opladen 1998

Saxer, Ulrich: Bedingungen optimaler Kriegskommunikation, in: Imhoff/Schulz, Peter (Hg.): Medien und Krieg – Krieg in den Medien. Zürich 1995, S. 203-217

Schludermann, Walter: Im Süden nichts Neues. Anmerkungen zum Kontext der Dritte-Welt-Berichterstattung. In: *Medien Impulse. Beiträge zur Medienpädagogik.* Heft 26. 1998, S. 27 - 33

Schmidt, Dagmar/Wilke, Jürgen: Die Darstellung des Auslands in den deutschen Medien: Ergebnisse einer Inhaltsanalyse 1995. In: Quandt, Siegfried/Gast, Wolfgang (Hg.): Deutschland im Dialog der Kulturen. Medien, Images, Verständigung. Konstanz 1998, S. 167-181

Schäffner, Gerhard: Fernsehen, in: Faulstich, Werner (Hg.): Grundwissen Medien. München 2000, S. 174-200

Scharf, Wilfried u. Stockmann, Ralf: Zur Auslandsberichterstattung von „Weltspiegel“ und „Auslandsjournal“ in: Quandt, Siegfried/Gast, Wolfgang (Hg.): Deutschland im Dialog der Kulturen. Medien, Images, Verständigung. Konstanz 1998, S. 73-85

Scholl-Latour, Peter: Leistung zum Prinzip erhoben. In: Neudeck, Rupert: Den Dschungel ins Wohnzimmer. Auslandsberichterstattung im bundesdeutschen Fernsehen. Frankfurt am Main 1977

Scholl-Latour, Peter im Interview o.V., in: *epd medien* Nr. 84/2001. Frankfurt/Main, 2001

Schott, Christina: Ausland raus! In: COVER. Medienmagazin. Hg. vom Institut für Journalistik und Kommunikationswissenschaft der Universität Hamburg, Herbst/Winter 2002/2003, S. 58

Schubert, Klaus; Klein, Martina: Das Politiklexikon. Bonn 2001

Schuler-Harms, Margarete: Die Rundfunkordnung der Bundesrepublik Deutschland. In: Hans-Bredow-Institut für Medienforschung an der Universität Hamburg (Hg.): Internationales Handbuch für Hörfunk und Fernsehen 2000/2001, Baden-Baden 2000

Schulz, Winfried: Die Konstruktion von Realität in den Nachrichtenmedien. Analyse der aktuellen Berichterstattung. Freiburg/München 1976

Schulz, Winfried: Die Konstruktion von Realität in den Nachrichtenmedien. Analyse der aktuellen Berichterstattung. Freiburg/München 1990 (2. Auflage)

Schult, Gerhard/Buchholz, Axel (Hg.): Fernsehjournalismus. Ein Handbuch für Ausbildung und Praxis. München 1993

Schwanebeck, Axel: Die Welt im Wohnzimmer. Was leisten Auslandsberichte im deutschen Fernsehen? In: Cippitelli, Claudia u. Schwanebeck, Axel (Hg.): Nur Krisen, Kriege Katastrophen? Auslandsberichterstattung im deutschen Fernsehen. Dokumentation der 21. Tutzinger Medientage. München 2003, S. 13-30

Skriver, Ansgar: Auslandsberichterstattung – eine Entwicklungs- und Forschungsaufgabe, in: Aufermann, Jörg: Gesellschaftliche Kommunikation und Information. Forschungsrichtungen und Problemstellungen. Ein Arbeitsbuch zur Massenkommunikation. Frankfurt/Main 1973, S. 684-699

Spillmann, Kurt R./Spillmann, Kati: Feindbilder. Entstehung, Funktion und Möglichkeiten des Abbaus. in: Beiträge zur Sicherheitspolitik und Konfliktforschung Nr. 4, Zürich 1989

Staab, Joachim Friedrich: Nachrichtenwert-Theorie. u.a. Freiburg, München 1990

Stolte, Dieter: Aufgabe und Wert des öffentlich-rechtlichen Rundfunks für die Gesellschaft. ZDF-Schriftenreihe 54. Mainz 1998

Thiele, Martina: Medien zwischen Dominanz und Toleranz. Zur Universalität der Menschenrechte, in: Luger, Kurt, Renger, Rudi (Hg.): Dialog der Kulturen. Die multikulturelle Gesellschaft und die Medien. Wien 1994, S. 413-429

Quandt, Siegfried/Gast, Wolfgang (Hg.): Deutschland im Dialog der Kulturen. Medien, Images, Verständigung. Schriftenreihe zur Deutschen Gesellschaft für Publizistik und Kommunikationswissenschaften, Bd. 25. Konstanz 1998

UNESCO-Mediendeklaration, in: Handbuch für Internationale Zusammenarbeit, 153. Lieferung – Februar 1979

Vaillant, Kristina: Themen und Topoi in der Berichterstattung aus der Dritten Welt am Beispiel der „Tagesschau“ - Die Inszenierung der Katastrophe. Coppengrave 1995

Verhein, Anette: Das politische Ereignis als historische Geschichte: Aktuelle Auslandskorrespondentenberichte des Fernsehens in historiographischer Perspektive. Frankfurt/Main 1990

Vincent, C. Richard/Galtung, Johan: Krisenkommunikation morgen. Zehn Vorschläge für eine andere Kriegsberichterstattung, in: Löffelholz Martin (Hg.): Krieg als Medienereignis: Grundlagen und Perspektiven der Krisenkommunikation. Opladen 1993, S. 177-211

Viele Stimmen – eine Welt: Kommunikation und Gesellschaft heute und morgen. Bericht der internationalen Kommission zum Studium der Kommunikationsprobleme unter dem Vorsitz von Sean MacBride an die UNESCO, Konstanz 1981

von Barlöwen, Constantin: Zur Bedeutung der Kultur für entwicklungspolitische Arbeit, in: Piazolo, Michael (Hg.): Kulturelle Identität zwischen Tradition und Moderne: zur Bedeutung sozio-kultureller Faktoren in der entwicklungspolitischen Zusammenarbeit. München 1997, S. 75-84

Waffenschmidt, Ute: Spanische Kontraste. Zum Verhältnis von Zeitgeschichte und Fernsehen in der Auslandsberichterstattung des ZDF. Frankfurt 1989

Weichert Stephan Alexander: Schreiben für den Frieden, in: Journalist1/2004, S. 27-28

Welsch, Wolfgang : Transkulturalität : Lebensformen nach der Auflösung der Kulturen, in : Luger, Kurt, Renger, Rudi (Hg.): Dialog der Kulturen. Die multikulturelle Gesellschaft und die Medien. Wien 1994, S. 147-169

Wiesner, Volkert: Fernsehen, Kultur und kulturelle Identität in Europa. Ein Interpretationsversuch, in: Kleinsteuber, Hans J./Wiesner, Volkert/Wilke, Peter: EG-Medienpolitik. Fernsehen in Europa zwischen Kultur und Kommerz. Berlin 1990, S. 157-179

Wilke, Jürgen: Kultur als Thema der Auslandsberichterstattung, in: Saxer, Ulrich (Hg.): Medien-Kultur-Kommunikation. Opladen 1998, S. 187-196

Wilke, Jürgen und Quandt, Siegrid (Hg.): Deutschland und Lateinamerika. Imagebildung und Informationslage. Frankfurt 1987

Wilke, Jürgen: Auslandsberichterstattung und internationaler Nachrichtenfluß im Wandel. In: Publizistik, 31. Jg., H. 1-2, 1986, S. 53-90

Wilke, Jürgen: Konstanten und Veränderungen der Auslandsberichterstattung, in: Holtz-Bacha, Christina; Scherer, Helmut; Waldmann, Norbert (Hg.): Wie die Medien die Welt erschaffen und wie die Menschen darin leben. Opladen/Wiesbaden 1998, S. 39-58

Wimmer, Jeffrey: Das Ende der „Dritten Welt"? Ein Vergleich der Berichterstattung über Afrika in der deutschen Presse 1991 und 2001, in: Hömberg, Walter u. a. (Hg.): Communicatio Socialis. Internationale Zeitschrift für Kommunikation, Religion, Kirche und Gesellschaft. 36. Jahrgang 2003, Heft 4, S. 339-352

Winter, Rainer: Cultural Studies als kritische Medienanalyse: Vom „encoding/decoding"-Modell zur Diskursanalyse. In: Hepp, Andreas und Rainer Winter: Kultur – Medien – Macht. Cultural Studies und Medienanalyse. Wiesbaden 1999

Winter, Rainer: Der produktive Zuschauer: Medienaneignung als kultureller und ästhetischer Prozess. München 1995

Zimmermann, Peter : Auslandsberichterstattung zwischen Projektion und dokumentarischer Recherche, in: Ertel, Dieter u. Zimmermann, Peter (Hg.): Strategie der Blicke. Zur Modellierung von Wirklichkeit in Dokumentarfilm und Reportage. Konstanz 1996, S. 149-175

ZDF Jahrbuch 1964. Mainz 1965

ZDF Jahrbuch von 1997 auf CD-ROM, Mainz, Juni 1998

ZDF Jahrbuch 1998. Mainz 1999

ZDF (Hg.): Rechtsvorschriften für das ZDF. Mainz 1995

Zschunke, Peter: Agenturjournalismus. Nachrichtenschreiben im Sekundentakt. 2., überarbeitete Auflage. Konstanz 2000

Internetseiten

Becker, Sascha: Auslandsberichterstattung in den deutschen Medien. www.swr.de/swr-uniforum/spektrum/medien.html (22.04.04)

Hörburger, Christian: Das Fernsehalphabet, zusammengestellt vom Institut für Friedenspädagogik Tübingen e. V. unter: www.friedenspaedagogik.de/themen/medien/fernseh2.htm, (15.04.04)

Hörburger, Christian, Institut für Friedenspädagogik Tübingen e. V.: Gewalt in den Medien – Krise als Dauernachricht, unter: www.friedenspaedagogik.de/themen/medien/gewmed2.htm (30.05.04)

Hörburger, Christian: Krieg im Fernsehen. Didaktische Materialien und Analysen für die Medienerziehung. Bildungswerk für Friedenserziehung und Jungendarbeit Jena e.V. Verein für

Friedenspädagogik Tübingen e. V. (Hg.), unter: www.friedenspaedagogik.de/themen/medien/kif/kif_052_61.pdf, (06.06.04)
o. V.: ARD-Korrespondentenwelt: Berichtsgebiete unter: www.ard.de/korrespondentenwelt/berichtsgebiete/index.htm (03.09.03)
o. V.: Aufgaben der Auslandskorrespondenten unter: www.ndr.de/ndr/derndr/abisz/lexikon/a/index.html (12.03.04)
o. V.: Die Geschichte des Weltspiegels unter: www.ndrtv.de/weltspiegel/history.html (06.07.03)
o. V.: http://www.daserste.de/weltspiegel/kontakt.asp (03.09.03)
o. V.: Allgemeine Erklärung der Menschenrechte der Vereinten Nationen, Artikel
o. V.: http://www.zdf.de/ZDFde/inhalt/8/0,1872,2000424,00.html (22.4.04)
o. V.: Die Auslandsstudios des ZDF unter: www.zdf.de/ZDFde/inhalt/0/0,1872,2000672,00.htm (03.09.03)
o. V.:www.zdf-jahrbuch.de/programmchronik/zdf-chefredaktion/aussenpolitik.htm, (20.04.04)
o. V.: Richtlinien der ZDF-Sendungen unter: www.zdf.de/ZDFde/download/0,1896,2000719,00.pdf, (26.04.04)
o.V.: www.wdr.de/pressestelle/990127a.html (22.04.04)
o.V.: www.heute.t-online.de/ZDFheute/artikel/11/0,1367,HOME-0-2070475,00.html (17.05.04)
o.V.: Artikel „Genf: INFOE berichtet vor UN-Ausschuss...", vom Institut für Ökologie und Aktions-Ethnologie, unter www.infoe.de (30.06.04)
o.V.: Publikation „Entwicklungsländer" (Heft 252) der Bundeszentrale für politische Bildung im Internet: www.bpb.de/publikationen/08716745465554451314324595514249,0,0,Gruppierungen_von_Entwicklungsl%E4ndern.html (18.06.04)
o.V.: Verhaltenskodex vom Bensheimer Kreis, einem Zusammenschluss verschiedener Nichtregierungsorganisationen der Entwicklungszusammenarbeit, unter: www.friedenspaedagogik.de/themen/ghandeln/12_regeln.pdf (13.08.04)
o.V.: DAC-Liste (Development Assistence Commitee) der Organisation für wirtschaftliche Zusammenarbeit und Entwicklung (OECD), unter: www.oecd.org/dataoecd/35/9/2488552.pdf (23.04.2004)

Material der ARD-Auslandsredaktion

Kohler, Laura; Kroker, Kai u.a.: nicht veröffentlichte Studie der Universität Bonn, Sektion für Publizistik- und Kommunikationswissenschaft: Internationale Berichterstattung in deutschen Medien – Empirische Studien zu Presse, Hörfunk und Fernsehen. Das ARD- Auslandsmagazin Weltspiegel. Wintersemester 1998/1999
Mail von Frank Jahn, dem zuständigen Redakteur des NDR für den *Weltspiegel* am 31.08.2004, mit Angaben zu Einschaltquoten, Marktanteilen, etc., sowie Interview im NDR am 08.09.2004.

11. Abbildungs- und Tabellenverzeichnis

12. Anhang

I Beitragsauflistung der *Weltspiegel*-Sendungen

Weltspiegel vom 06. Juli 2003 (NDR)

Beitragsthema und -inhalt	Moderation in Sek.	Beitragslänge in Min.	Themenzuordnung	Land
Krieg im Kinderzimmer: Die US-Spielzeugindustrie produziert mit Hilfe der US-Armee Spielzeugsoldaten „Iraqi Freedom".	0:56	7:36	Wirtschaft/ Militär	USA
Endstation deutsches Bordell: Moskau als internationale Drehscheibe des Frauenhandels. Reportage von falschen Versprechungen, korrupten Polizisten und brutalen Menschenhändlern, und über die Odyssee osteuropäischer Frauen, die in Deutschland zur Prostitution gezwungen werden.	0:58	5:54	Konflikt/neg.	Russland
Der Slum-Express von Manila: eine Zugfahrt durch die philipinische 12-Millionen-Metropole, bei der schon unzählige Menschen überrollt wurden. Reportage über das Leben der Slumbewohner an den Gleisen.	0:40	5:56	Kultur	Philippinen
Die größte Wildtier-Auktion der Welt: In Südafrika ist der Handel mit Wildtieren ein Millionen schweres Geschäft, das kaum kontrolliert wird. Dies wirft Fragen nach der Moral der Versteigerung auf. Laut Tierparkhüter handelt es sich um eine eher unkonventionelle Form des Artenschutzes.	0:33	5:51	Tier/Umwelt	Südafrika
Erotiktanz erzürnt Gläubige: Im Land der größten muslimischen Bevölkerung geht ein Phänomen um: Wenn die Tänzerin Inul Daratista tanzt, sind Millionen begeistert und islamische Kleriker entsetzt. An dem Hüftschwung der jungen Frau entzündet sich eine Debatte um das Gesicht des Islam in Indonesien.	0:42	5:45	Konflikt/ neutral/pos. Kultur	Indonesien
„Ami, come back...": Mit der Werbekampagne „Let's fall in Love again" buhlt Frankreich um die Gunst der Amerikaner.	0:30	3:32	Politik	Frankreich

Weltspiegel vom 13. Juli 2003 (SWR)

Beitragsthema und -inhalt	Moderation in Sek.	Beitragslänge in Min.	Themenzuordnung	Land
Endzeitstimmung im Gottesstaat: Die junge Generation im Iran befreit sich aus der Mangel der iranischen Mullahs. Hinter den Fassaden gibt es Sex, Discos und Drogen.	0:40	5:40	Konflikt/ neutral/pos./ Kultur	Iran
Geld oder Leben: Wie der Hussein-Clan das Land auspresste. Ehemalige Geschäftspartner von Udai, der gefürchtete Sohn Saddams.	0:38	4:53	Konflikt/neg.	Irak
Eine Spurensuche nach den Saddam Milliarden: In einer schweizer Goldraffinerie ist man auf Funde von Saddams Vermögen gestoßen.	0:36	4:35	Sonstiges	Schweiz
Wenn eine Musiklegende Kulturminister wird: Gilberto Gil gehört zur neuen Politikergeneration, die viele Brasilianer „Regierung der Hoffnung" nennen. Gil zögert nicht, seine politische Mission in Songs zu fassen.	0:31	6:31	Politik/Kultur	Brasilien
Ihre Hoffnung heißt Amerika: Ein Bericht über die alltägliche Angst vor Kindersoldaten und Hunger. Das afrikanische Land versinkt im Bandenkrieg und wird vom Kriegsherrn Charles Taylor ausgebeutet. Dabei sollte es ein freies Zuhause für freigelassene amerikanische Sklaven werden.	0:36	5:59	Konflikt/neg.	Liberia
Mama-Patrouille gegen Straßenbanden: Nicht unweit von den Glaspalästen des Europäischen Parlamentes befindet sich ein afrikanisches Viertel, das jahrelang für Weiße Tabu war.	0:34	5:45	Konflikt/neg	Belgien

Weltspiegel vom 27. Juli 2003 (BR)

Beitragsthema und -inhalt	Modera-tion in Sek.	Beitrags-länge in Min.	Themen-zuordnung	Land
Mit der Wünschelrute gegen Wassernot: Italien leidet seit Monaten unter extremer Hitze und Dürre. So mancher Landwirt hofft auf die Kräfte einer Wünschelrutengängerin.	0:29	2:30	Sonstiges	Italien
Kein Herz für die Kinder in Bethlehem: Eine Reportage, die den deprimierenden Alltag beduinischer Eltern aus Palästina widerspiegelt, die – dank einer Aktion von *WS* - nach vier Monaten ihr Kind im Caritas-Baby-Hospital in Bethlehem wiedersehen.	0:58	7:15	Konflikt/neg	Palästina/ Israel
Als Taxi-Fahrer im reichen Riad: die alltägliche Problematik der Jobsuche von Studenten. Saudis müssen ihren Lebensunterhalt jetzt selbst verdienen. Der Staat kann seine Bürger nicht mehr grenzenlos aushalten.	0:38	6:06	Wirtschaft	Saudi-Arabien
Das „Moskwa" macht dicht: Das erste sowjetisches Hotel von 1935 soll abgerissen werden. 2006 soll an alter Stelle ein neues Hotel im westlichen Luxus eröffnet werden.	0:46	6:02	Sonstiges	Russland
Das Vorzeigedorf des Präsidenten: Präsident Lula preist sich als Anwalt der Armen. Sein Regierungsprogramm „Null-Hunger" soll das Aushängeschild seiner Regierung sein. Doch es fehlen Entwicklungshelfer und Techniker um die Pläne umzusetzen.	0:36	6:26	Politik	Brasilien
Die gespenstische Grenze: Der Alltag im Ausnahmezustand an der Demarkationslinie zwischen Nord- und Südkorea, zwei hochgerüsteten Armeen. Seit dem Waffenstillstand von Panmunjon 1953 gibt es keinen Friedensvertrag.	0:28	5:53	Konflikt/neg.	Korea

Weltspiegel vom 03. August 2003 (NDR)

Beitragsthema und -inhalt	Modera-tion in Sek.	Beitrags-länge	Themen-zuordnung	Land
Feuerbrunst: Schadensbilanz der verheerenden Waldbrände in Südeuropa	0:38	4:52	Konflikt/neg	Frankreich
Die Autoschieber von Herat: Reportage über Autohandel und Machenschaften des Provinzgouverneurs an der iranischen Grenze. Die Sicherheitslage ist angespannt, es droht der Rückfall in die Anarchie warnen Geheimdienste und Menschenrechtsorganisationen	77	5:17	Konflikt/neg.	Afghanistan
Klein-Amerika im Pazifik: strategische Bedeutung der Pazifikinsel für das US-Militär, da in der Nähe der aktuellen Krisenherde Philippinen, Nordkorea und Taiwan. Zensiertes filmen unter Aufsicht des Militärs	78	6:50	Politik	Guam
Wale zwischen Feuer und Eis: Konfrontation zwischen Umweltaktivisten, die auf sanften Tourismus setzen und Walfängern. Solange es keine strengeren Fischereigesetze gibt, verenden Wale häufig als Beifang.	0:54	5:32	Tier/Natur	Island
Sterbende Dörfer: Jugytor, eines der zehntausenden Dörfer Russlands, die fast vergessen und einsam ihrem Schicksal überlassen werden	0:40	6:28	Kultur	Russland
Rasenmäher-Formel-1: Organisiert vom Britischen Rasenmäher-Rennverband findet jedes Jahr im südwestlichen Sussex dieser exzentrische Rennsport statt.	0:30	3:38	Kuriosa	England

Weltspiegel vom 10. August 2003 (SWR)

Beitragsthema und -inhalt	Moderation in Sek.	Beitragslänge in Min.	Themenzuordnung	Land
Jagd auf Brandstifter: Fahndung nach den vermutliche aus wirtschaftlichen Interessen gelegten Brandstifters, der verheerende Folgen anrichtete.	0:29	5:23	Konflikt/neg	Portugal
Endloses Geiseldrama: Aufhänger über die 15 verschwundenen Geiseln, die inzwischen nach Mali verschleppt worden sein sollen, wo Banditen und Schmuggler ihr Unwesen treiben. Hintergründe zur einem armen Land, wo deutsches Engagement und Entwicklungshilfe notwenig wären.	0:36	6:29	Konflikt/ neg./ Kultur	Mali
Big Brother in Afrika: Es geht mal nicht um AIDS oder Hunger: Gleiches Konzept und Niveau wie in Europa, doch mit noch mehr Erfolg wird „Big Brother" fast ganz Afrika ausgestrahlt. Ein Streit unter den Container-Insassen löste eine Afrikaweite Diskussion um „Weiße", „Afrikaner" und die heutige Bedeutung von „Sklaverei" aus.	0:33	4:33	Konflikt/ neutral/pos.	Südafrika
Geheimnisvolle Tundra: Reise in die Republik Komi, wo es Öl und Kohle gibt, aber vor allem Rentiere das Leben der Nomaden bestimmen.	0:30	6:08	Kultur	Russland
Missbrauchte Kindersklaven: Nach UNICEF lebt jedes 10. Kind in Haiti als „Reste-avec". Gemeint sind Kinder von armen Familien, die an reichere Familien abgegeben wurden und meist als billige Arbeits- und Haussklaven benutzt werden.	0:34	5:35	Konflikt/neg.	Haiti
Muslimische Designerin: Die junge Modedesignerin mixt pakistanische und westliche Stile und gilt als revolutionärer Exot, die in ihrer Firma zunehmend weibliche Angestellte beschäftigt. Von religiösen Führern wird diese neue Generation erfolgreicher Frauen argwöhnisch beäugt, weil viele Frauen immer noch nur mit Genehmigung ihrer Familien arbeiten dürfen.	0:36	5:12	Konflikt/ neutral/pos./ Wirtschaft	Pakistan

Weltspiegel vom 17. August 2003 (WDR)

Beitragsthema und -inhalt	Moderation in Sek.	Beitragslänge in Min.	Themenzuordnung	Land
Aktuelle Informationen zum Geiseldrama: Direktschaltung zum Korrespondenten nach Bamako. Kurzer Hintergrundbeitrag über die Sahara.	322 inkl. Live-Schaltung	2:03	Konflikt/neg	Maili
Almauftrieb im Altai: Reportage über eine friedlich-fremde Welt alter Familienclans, die nach dem Zusammenbruch der Sowjetunion zu den alten Traditionen zurückfanden und Ackerbau und Viehzucht auf eigene Rechnung betreiben.	60	7:42	Kultur	Russland
Welcome im Interconti: Das einst erstklassige Hotel verkam im Bürgerkrieg und dienst heute als Behausung für marodierende Milizen des abgedankten Präsidenten Charles Taylor.	0:47	5:43	Sonstiges	Liberia
Rückkehr aus Guantanamo: Pakistani, die von den USA als Terroristen verdächtigt und während des Afghanistan-Kriegs festgenommen wurden, berichten, wie sie auf Kuba in Käfigen gehalten und mit Drogen gefolgert wurden. Noch immer deportieren Amerikaner Verdächtige dorthin.	0:63	6:27	Konflikt/neg.	Pakistan
Verdammt in Schlesien: Die Vertriebenenverbände behaupten, dass Deutsche in Schlesien noch immer unterdrückt und diskriminiert würden. Doch genau das Gegenteil ist der Fall: In Oppeln, sind ganze Dörfer deutsch und viele privilegiert.	0:47	6:07	Human Interest/ Kultur	Polen

Weltspiegel vom 07. September 2003

Beitragsthema und -inhalt	Moderation in Sek.	Beitragslänge in Min.	Themenzuordnung	Land
Wildwest in Nahost: eine Reportage über eine amerikanische Patrouille in Bagdad, der es nicht gelingt für Sicherheit zu sorgen. Die UNO soll helfen, deutsche Beteiligung nicht ausgeschlossen.	0:44	7:56	Konflikt/ neg./ Politik	Irak
Lockenwickler für Kabul: die Stylistin Terri Grauel aus New York hat ein neues Projekt: die erste westliche Kosmetik-Schule in Kabul. Sie will den den Frauen vor allem Mut machen, nach Jahren der Unterdrückung selbstbewusster aufzutreten. In einem Land, wo es an Essen und Medizin mangelt, bringt sie Lockenwickler und Lippenstift.	0:53	6:40	Konflikt/ neutral/pos./ Kultur	Afghanistan
Piratenalarm in Asien: Noch nie hat es weltweit so viele Überfälle auf Schiffe gegeben wie in diesem Jahr. Die berüchtigte Straße von Malakka ist Piratengebiet. Die schwer bewaffnete malaysische Seepolizei ist machtlos. Selten gelingen ihr Fänge wie Herman Jangkung, der über sein Piratenleben berichtet.	77	7:12	Konflikt/ neg.	Malaysia
Pilgerreise zum heiligen Berg: Wanderung zum Berg, Kagebo, einer von weltweit acht Gipfeln der Götter, der allen Buddhisten heilig ist.	63	7:05	Kultur	Tibet
Der Barbier von Warschau: Arbeitslosigkeit, wenig Rente oder Traditionspflege sind die Gründe, weshalb es wieder viele Berufe gibt, die in Polen lange ausgestorben waren. Da ist der Barbier-Salon von Pan Waclaw, ein Hinterhof-Orchester oder Schuhputzer in den Straßen Warschaus.	0:40	4:18	Wirtschaft/ Kultur	Polen

Weltspiegel vom 14. September 2003 (WDR)

Beitragsthema und -inhalt	Moderation in Sek.	Beitragslänge	Themenzuordnung	Land
Die Kriegsgewinner: Bericht über die kleinen Leute im Irak, die aus der Not eine Tugend und Geld machen. Die Sehnsucht nach Normalität und Frieden macht die Menschen erfinderisch.	0:58	6:33	Konflikt/ neutral/pos.	Irak
Prinzessin an die Macht: Bericht über den ungewöhnlichen Wahlkampf in St. Petersburg. Moskau tut alles, damit seine Kronprinzessin Valentina die Wahlen um den Gouverneursposten gewinnt. Der einzige ernsthaft mit Chancen ausgestattete Gegenkandidat, Pornoproduzent Prianischkow, gab überraschend auf. Jetzt ist nur noch die amtierende Vizegouverneurin im Rennen – ohne Aussicht.	0:47	7:17	Politik	Russland
Das Erbe der Deutschen: 1904 fand der erste deutsche Völkermord statt: Die Vertreibung der Hereros in die Wüste von Deutsch-Südwest, heute Namibia. Angesichts des hundertsten Jahrestages gibt es Streit um das Gedenken: Der Oberhäuptling verklagt die BRD auf Zahlungen von Reparationen und deutschstämmige Farmer fürchten, dass mit dem Herero-Gedenken die Landfrage erneut aktuell werden könnte.	0:51	6:40	Konflikt/ neutral	Namibia
Ein Volk hinter Gittern: 2,1 Millionen Amerikaner sind zur Zeit im Knast. Der Grund: drakonische Mindeststrafen bei den kleinsten Drogenvergehen. In New York formiert sich jetzt Widerstand gegen gnadenlose Urteile.	60	6:24	Politik	USA
Der Sieg der Zwerge: Jahrzehntelang hat die japanische Müllmafia auf der Insel Teshima Sondermüll der hochgiftigen Art abgekippt. Nach 25 Jahren haben nun die Bewohner von Teshima den Kampf um eine saubere Insel gewonnen.	0:41	6:11	Natur	Japan

Weltspiegel vom 28. September 2003 (WDR)

Beitragsthema und -inhalt	Moderation in Sek.	Beitragslänge in Min.	Themenzuordnung	Land
Ein Land ohne Strom: Bericht über Stromausfall in Italien	0:51	3:31	Kuriosa	Italien
Der Kameramann des Diktators: Exklusive Bilder aus dem Privatleben Saddams zeigt die Reportage über den persönlichen „Hofkameramann" von dem Dikator, der im Interview über Doppelgänger, Sicherheitswahn und den grausamen Launen des Präsidenten berichtet.	0:43	7:36	Human Interest	Irak
Der geläuterte Delphinjäger: Die blutige Treibjagd auf Delphine hat in Japan Tradition und kostete vielen Tausend Tieren das Leben. Einige der Jäger kämpfen heute für den Schutz der Delphine.	0:43	5:12	Tier/Natur	Japan
Hölle hinter Gittern: Im Gefängnis von La Paz verwalten sich die Häftlinge selber. Wer Geld hat, lebt hier nicht schlecht: Luxuszelle mit Balkon, im Penthouse wohnt der Drogenboss mit eigenem Personal und innerhalb der Gefängnismauern läuft ein reger Handel mit Waffen und Drogen.	60	6:14	Konflikt/ neg./ Politik	Bolivien
Wahlen ohne Frieden? Bericht über den Wahlkampf in einem Land, in dem Anschläge und Entführungen an der Tagesordnung sind. Achmad Kadyrow hat früher gegen die Russen gekämpft und tritt am 5. Oktober als aussichtsreicher Kandidat des Kreml an.	79	5:43	Konflikt/ neg./ Politik/	Tschetschenien
Eier auf Käfigkünstler: Der US-Aktionskünstler David Blaine will für 44 Tage in einem Glaskäfig öffentlich hungern. Manche Londoner sind darüber „not very amused"	65	2:57	Kuriosa	England

Weltspiegel vom 05. Oktober 2003 (NDR)

Beitragsthema und -inhalt	Moderation in Sek.	Beitragslänge in Min.	Themenzuordnung	Land
Showdown für Schwarzenegger: Bericht über die Wahlkampftour von Arnold Schwarzenegger, der Gouverneur von Kalifornien werden will.	78	7:12	Politik	USA
Piloten im Gewissenskonflikt: Israel diskutiert erbittert über den offenen Brief einiger Elitesoldaten, die sich weigern, weitere Einsätze in Palästinensergebieten zu fliegen, da dies unmoralisch sei und Zivilisten ums Leben kämen.	77	6:24	Konflikt/ neutral/pos.	Israel
Der Moskauer Sklavenmarkt: kritischer Bericht über die Gewinner und Verlierer im russischen Wirtschaftsroulette unter Putin. Auf der einen Seite illegale Tagelöhner auf dem Moskauer Sklavenmarkt, auf der anderen Seite steinreiche Unternehmer in Luxus-Villen.	0:34	6:58	Konflikt/ neg./ Wirtschaft/ Politik	Russland
Die Wunderkinder von Mama Jackey: An der Ithuteng-Trust-Schule nimmt man sich erfolgreich der Aids-Waisenkinder an, die sonst meist in der Kriminalität landen.	0:47	6:32	Konflikt/ neutral/pos.	Südafrika
Die Eisstecher aus den Anden: Reportage über Baltasar und Gregorio, vermutlich die beiden letzten Eisstecher in ganz Lateinamerika, die zweimal wöchentlich mit ihren Eseln auf den Vulkan Chimborazo in den Anden marschieren, um dort Eis zu stechen, das sie unten auf den Märkten – trotz Kühlschränken und Eisfabriken - verkaufen.	0:38	6:30	Kultur	Ecuador

Weltspiegel vom 19. Oktober 2003 (BR)

Beitragsthema und -inhalt	Moderation in Sek.	Beitragslänge in Min.	Themenzuordnung	Land
Kalkutta und Mutter Teresa: Die Slumbewohner beklagen sich, dass der Orden nach dem Abtritt von Friedensnobelpreisträgerin Mutter Teresa ihnen nichts von den Spenden abgibt. Der Wohlstand und die Missionstätigkeit der Schwestern ruft in der indischen Gesellschaft Kritik hervor.	0:55	5: 38	Konflikt/ neutral/pos.	Indien
Aufbruch in die Tiefe: Zehn Jahre nach dem Ende der Apartheid sind die meisten Gold- und Diamantenminen noch immer im Besitz der weißen Oberschicht. Die Regierung plant jetzt eine neue Bergbau-Charta, die den Reichtum neu verteilen soll.	68	6:40	Konflikt/ neutral/pos./ Wirtschaft	Südafrika
Steuerparadies oder Steuerhölle: In der Schweiz gibt es nicht nur Steuerparadiese, denn die Kantone treten untereinander in Konkurrenz.	0:54	6:37	Wirtschaft	Schweiz
KP-Mitglied, Kapitalist und Dichter: Zhang Xiang ist der Kommunistischen Partei in Hassliebe verbunden. Jahrelang war er in Arbeitlagern interniert, die er „Kammern der Hölle" nannte. Heute betreibt er einen Freizeitpark und fährt BMW.	0:53	6:25	Human Interest	China
Kein Geld für Königsgräber: Seit neun Jahren fahren Archäologen durch die Türkei und haben noch immer nicht alle Kulturmonumente erfasst. Es fehlt das Geld für Ausgrabungen und ohne Investition in die Kulturgüter bleiben auch die Touristen aus.	0:50	6:35	Kultur	Türkei

Weltspiegel vom 26. Oktober 2003 (WDR)

Beitragsthema und -inhalt	Moderation in Sek.	Beitragslänge in Min.	Themenzuordnung	Land
Die Rache der Amis: Immer mehr unschuldige Familien geraten zwischen die Fronten. Reportage aus dem Alltag eines Krieges über die unverhältnismäßige Gewalt der Amerikaner.	0:55	7:39	Konflikt/neg.	Irak
Auf den Spuren Ho Chi-Minhs: Reportage über den einstigen Kriegspfad „Pfad des Erleuchteten". Heute ist er Schnellstraße und soll die zweite große Nord-Südverbindung in Vietnam werden. In den spektakulären Berglandschaften begegnet man, wie schon vor Jahrzehnten, den Bauern der Bergbevölkerung.	0:45	6:32	Kultur	Vietnam
Mandela – lebende Legende: Um den 85-jährigen wird viel Personenkult getrieben. Nachdem nun auch eine Brücke nach ihm benannt wurde, hat jetzt eine Künstlerin den Entwurf für eine 110 Meter hohe Statue entworfen. Er ist der Werbe- und Hoffnungsträger eines ganzen Landes. Doch noch bleibt er ein unbequemer Politiker, der auch die eigene Regierung gerne kritisiert.	0:56	6:12	Politik/ Human Interest	Südafrika
Ein Prost auf den Frieden: Zwar gibt es in der Hauptstadt Monrovia immer noch 150 000 Bürgerkriegsflüchtlinge, denn auf dem Land bekämpfen sich noch vereinzelt Rebellentruppen. Aber in der Metropole macht sich findige Geschäftigkeit und verhaltener Optimismus breit: So wurde jetzt die einzige Brauerei in Monrovia wieder eröffnet.	0:51	4:41	Konflikt/ neutral/pos.	Liberia
Auf der Suche nach dem Superknacki: Superstar mal anders: Die Musiker sind alle als Diebe und Mörder zu langjährigen Haftstrafen verurteilt. Dem Sieger des Finales am Wochenende in Moskau winkt die Freiheit. Es ist der erste Superstar-Wettbewerb dieser Art weltweit und ein Experiment für das knallharte Justizsystem Russlands.	0:58	5:54	Politik/ Human Interest	Russland

II Beitragsauflistung der *auslandsjournal*-Sendungen

auslandsjournal vom 10. Juli 2003 (ZDF)

Beitragstitel und -inhalt	Moderation in Sek.	Beitragslänge in Min.	Themenzuordnung	Land
Kanzler boykottiert Italienurlaub: Reaktionen deutscher Touristen auf die Äußerung des italienischen Tourismus-Ministers.	60	6:15	Sonstiges	Italien
Razzia für Russland – Unterwegs mit Putins Steuerpolizei: In der russischen Transformationsgesellschaft sind Schattenwirtschaft und Steuerhinterziehung an der Tagesordnung. Es ist von „Räuberkapitalismus“ und „System-Mafia“ die Rede. Viele ehemalige Sowjetbürger zieht es nach Moskau, wo sie sich illegal und ohne Arbeitserlaubnis Jobs suchen. Es boomt die Schwarzarbeit und unsaubere Geschäftspraktiken. Doch auch der russische Staat ist aufs Engste mit den kriminellen Strukturen verflochten; Schmiergelder erschweren den Kampf gegen das organisierte Verbrechen.	0:46	5:55	Konflikt neg./ Politik/ Wirtschaft	Russland
Freiheit für Frisca – Rettung der letzten indonesischen Orang-Utans: Reportage über Rettungsaktion von Candy und Frisca, zwei als Haustiere gehaltene Orang-Utans, die von Tierschützern befreit werden.	0:28	7:09	Tierschutz	Indonesien
Kolumbiens chronische Krankheit - das grausame Geschäft der Geiselnehmer: Bericht über das Geiseldrama von zwei kolumbianischen Politikern, die sich mehr als ein Jahr in der Gewalt der Farc befanden. Bei einem Versuch der Armee, die Entführten zu befreien, fand ein blutiges Gemetzel statt. Präsident Uribe hat die Friedensgespräche abgebrochen und setzt auf militärische Gewalt. Dabei wird er von amerikanischen Drogenbossen unterstützt.	0:38	6:30	Konflikt/ neg.	Kolumbien

auslandsjournal vom 24. Juli 2003 (ZDF)

Beitragstitel und -inhalt	Moderation in Sek.	Beitragslänge in Min.	Themenzuordnung	Land
Wie wird das Wetter? Deutsche Forscher suchen nach Antworten in Grönlands ewigem Eis: In 3000 Meter Höhe haben sie sich ein internationales Camp zur Untersuchung des Klimawandels eingerichtet. Das „North Greenland Ice Core Project“ will ein umfassendes Klima-Archiv erstellen.	0:50	6:14	Umwelt	Grönland
Wer kümmert sich um Wombats? Ein Österreicher liebt Australiens heimliches Wappentier: Mit seiner Frau Helen widmet sich Manfred seit über 30 Jahren dem nagetierähnlichen Beuteltier. Tierschutzorganisationen und Nationalparks bringen ihm immer wieder pflegebedürftige Tiere aus allen Teilen des Kontinents.	0:50	6:36	Tier/Natur	Australien
Beverly-Hills in Bagdad: teure Mieten für Luxusvillen. Bauunternehmer und Immobilienhändler im Nachkriegsirak profitieren vom Bau-Boom. Auf der Konsummeile floriert der illegale Handel mit Elektrogeräten und Luxusautos.	63	5:51	Wirtschaft	Irak
Tour des Todes - Bolivienurlaub am Rande des Abgrundes: Reportage über eine Touristengruppe auf ihrer rasanten Mountainbike-Tour auf dem „camino de la muerte“ durch das bolivianische Bergland. Die Passstraße zwischen La Paz und Coroico gilt als die gefährlichste Straße der Welt.	0:33	6:34	Sonstiges	Bolivien

auslandsjournal vom 31. Juli 2003 (ZDF)

Beitragstitel und -inhalt	Moderation in Sek.	Beitragslänge in Min.	Themenzuordnung	Land
Feuer in Frankreich – Brandstifter an der Côte d'Azur: Frankreich erlebt zur Zeit eine seiner schlimmsten Hitze- und Trockenwellen. Man spricht von einer „ökologischen Katastrophe". Bericht vom Kampf um ein Ferienparadies in der Provence, das zur Flammenhölle geworden ist.	0:58	6:38	Konflikt/ neg.	Frankreich
Turm von Taiwan – Taipei protzt mit dem höchsten Haus der Welt: Mitten in einem Gebiet, in dem Taifune und Erdbeben an der Tagesordnung sind, wächst das höchste Hochhaus „Taipei 101" mit 508 Metern in den Himmel. Die Welt soll den wirtschaftlichen und technologischen Aufschwung des kleinen Landes registrieren. Der Nation, die keine sein darf, geht es um mehr als Investition und Attraktivität: dem Erzrivalen China am anderen Ufer ein Zeichen setzen.	0:30	6:08	Wirtschaft	Taiwan
Den Tod vor Augen – Das riskante Leben der Türsteher von Tel Aviv: Reportage über Avi Tabib, der als Türsteher von „Mike's Place" einen Selbstmordattentäter gestoppt hat und sich dabei schwere Verletzungen zugezogen hat.	0:42	6:35	Konflikt/ neg./ Human Interest	Israel
Strand der Superreichen – der Kampf um Kaliforniens Küste: Reiche Grundbesitzer und Firmen haben ihre Villen zu nah am Meer gebaut und Teile des Strandes für sich abgesperrt. Diese Verstöße zu ahnden, ist Aufgabe der Kalifornischen Küstenschutzkommission, aber der mangelt es an Geld. Nun gibt es privaten Küstenschutz in Form des Umweltaktivisten Ken Adelmann. Doch der ist mit seinem Engagement so manchem Hausbesitzer ein Dorn im Auge.	0:47	6:13	Umwelt	USA

auslandsjournal vom 07. August 2003 (ZDF)

Beitragstitel und -inhalt	Moderation in Sek.	Beitragslänge in Min.	Themenzuordnung	Land
Kühe statt Küste – Arbeitsurlaub in den Schweizer Alpen: Eine Reportage über die Sehnsucht nach einfachem, naturnahen Leben und harte Arbeit. Der junge Agraringenieur Thilo und seine Freundin Daniele arbeiten in diesem Sommer als Senner auf der „Alphütte". Ohne die deutschen Aushilfsbauern müssten viele Schweizer Alphütten aufgegeben werden, denn immer weniger Schweizer sind bereit, für den kargen Löhne als Senner zu arbeiten.	0:50	7:11	Sonstiges	Schweiz
Spuren im Sand – Das Geiseldrama in der Wüste von Mali: Bericht einer anstrengenden Reise durch das rechtsfreie Niemandsland der Nomaden und den harten Lebensbedingungen, in denen sich die Geiseln wahrscheinlich gerade befinden, die vor über fünf Monaten in Algerien entführt worden waren.	0:47	5:51	Konflikt neg./ Kultur	Mali
Sex und die City – Online-Partnersuche in New York: Bericht über New Yorker Singles und auf ihrer Suche nach der großen Liebe zwischen Cyberspace und Speed-Dating. Ein Leben auf der Überholspur, auch bei der Partnerwahl. In einer Generation ohne Zeit bietet das World Wide Web Internet-Dating.	0:42	6:25	Human Interest	USA
Im Land der Tschutschuken. Das vergessene Fischervolk in Nordsibirien ist vom Aussterben bedroht.	0:45	6:13	Kultur	Russland

auslandsjournal vom 14. August 2003 (ZDF)

Beitragstitel und -inhalt	Moderation in Sek.	Beitragslänge in Min.	Themenzuordnung	Land
Karriere im Kommunismus – Die Tänzerinnen des Cuba „Tropicana“: Mit Selbstdisziplin und Leidenschaft trainieren die Tänzerinnen, um jedes Wochenende im „Tropicana“ auftreten zu können, der Traumberuf vieler junger Mädchen auf Kuba. Dadurch verdienen sie ein bisschen besser als die meisten Kubanerinnen im realsozialistischen Alltag.	0:55	6:45	Human Interest/ Kultur	Kuba
Hort der Hoffnung – Das Affen-Waisenhaus am Mont Cameroon: Aktivisten der Organisation „Pro Wildlife“ kämpfen in den Regenwäldern der Region für den Artenschutz. Buschfleischjäger versuchen durch Handel mit dem Affenfleisch ihre Hungerlöhne aufzubessern; dabei schlachten sie auf brutale Weise ganze Herden nieder.	0:58	6:38	Tier/Natur	Kamerun
Helden mit Heimweh – Bagdads Befreier wollen nach Hause: Reportage über die US-Soldaten aus Friedberg, die im Irak täglich um ihr Leben bangen. Nervosität und Aggressivität steigern sich täglich und verleitet zu unkontrollierten Gefühlsausbrüchen und Handlungen. Sie fühlen sich von der Politik im Stich gelassen und wollen nur noch eins: nach Hause.	0:37	6:19	Konflikt/ neg./ Human Interest/ Politik	Irak
Die letzten Ureinwohner Sachalins: Im äußersten Osten Russlands trifft man auf das kleine Volk der Niphjen. Deren Lebensraum wird durch die Ölriesen dieser Welt bedroht, denn hier befinden sich die größten Erdölvorkommen des fernen Ostens. Die Bohrplattform von Shell z. B., ist nicht immer dicht. Nach einer Havarie im vorletzten Jahr wurden 50.000 Tonnen toter Hering angeschwemmt. Stirbt der Fisch, wird auch das Volk sterben.	0:42	7:30	Kultur	Russland

auslandsjournal vom 21. August 2003 (ZDF)

Beitragstitel und -inhalt	Moderation in Sek.	Beitragslängen in Min.	Themenzuordnung	Land
Mysteriöse Morde – Amerikas Angst vor dem Serienkiller: Bericht über die neuen Morde in Charleston, Virginia. Die Angst geht um; die Ermittlungen gestalten sich schwierig.	65	5:20	Konflikt/ neg.	USA
Tor der Tanker - Risikofahrt durch das Nadelöhr Bosporus: Alle 10 Minuten passieren riesige Tanker die schmale Meerenge bei der Metropole Istanbuls. Voll beladen mit Öl sind sie schwer manövrierbar und erweisen sich als schwimmende Zeitbomben. Jedes Jahr kommt es etwa zu zehn Unglücken, bei denen Chemikalien und Öl ins Meer fließen. Unfallursache ist oft der Geiz der Reeder, die an Kapitänen und Lotsen sparen.	0:38	8:40	Sonstiges	Türkei
UN-Friedensmission in Abchasien – ein Land, das es eigentlich gar nicht gibt: Im ehemaligen Bürgerkriegsgebiet an der Grenze zu Georgien wird für die Unabhängigkeit gekämpft. Die internationale Militärbeobachtung vor Ort erreicht kaum eine Annäherung der Konfliktparteien.	0:44	5:49	Konflikt / neg./ Politik	Abchasien
Bodyguard für Bären – Unterwegs mit den Pandaschützern von Sichuan: Reportage über die Arbeit der Tierschützer im Wolong Nationalpark, wo es immer wieder illegale Panda-Jäger gibt. Auf der Flucht vor immer neuen Siedlungen ziehen sich die Pandabären in immer höher gelegene Bergregionen zurück, um Futter zu finden.	0:50	5:52	Tierschutz	China

auslandsjournal vom 04. September 2003 (ZDF)

Beitragstitel und -inhalt	Moderation in Sek.	Beitragslänge in Min.	Themenzuordnung	Land
Tödlicher Tanz: Thailands kleine Schlangenbeschwörer: Reportage über einen siebenjährigen Jungen, der am liebsten mit giftigen Nattern „tanzt". Der Kampf mit der Königskobra hat im Nordosten Thailands eine jahrhundertealte Tradition.	0:59	7:08	Kultur	Thailand
Polnische Soldaten im Nachkriegsirak: Die polnischen Soldaten sind im Irak unter US-Kommando haben aber das Kommando über Truppen aus Spanien oder Thailand. Polen gilt als bester Freund Amerikas in Europa.	0:58	6:02	Politik	Irak
Schatzsuche in Opal-City – Die Glücksjäger von Coober Pedy: Reportage über die Opaljäger in ihrem täglichen Kampf mit Hitze und Gestein auf der Suche nach dem Schatz.	0:46	6:39	Human Interest	Australien
Sizilianische Sünde - Schwarzbauten im Tal der Tempel: Bericht aus Agrigent, einer kleinen idyllischen Stadt, erwachsen umgeben von jahrtausendealten Tempeln und Säulen. Vor allem die Mafia hat mit Villen und Luxushotels die schönste Natur und Kulturstätten verschandelt. Der italienische Staat will die nun der Schwarzbauerei den Kampf ansagen.	0:47	5:53	Kultur/ Konflikt/ neg.	Italien

auslandsjournal vom 11. September 2003 (ZDF)

Beitragstitel und -inhalt	Moderation in Sek.	Beitragslänge in Min.	Themenzuordnung	Land
Attentat auf Anna Lindh: Schwedens Außenministerin verzichtete auf Personenschutz. Dies galt bisher immer als Zeichen einer offenen Gesellschaft und Nähe zu den Bürgern.	0:55	6:08	Konflikt/ neg./ Politik	Schweden
Albtraum 11. September – Was wussten die Geheimdienste? Bericht über die Gedenkfeiern in New York zwei Jahre nach der Tragödie und dem Beginn des Anti-Terror-Krieges.	0:42	7:30	Sonstiges	USA
Kochduell in Kabul - der Siegszug des deutschen Schnitzels: zwei ehemalige Bundeswehr-Soldaten bieten mit ihrem „Deutschen Hof" in Kabul deutsche Qualität und Gemütlichkeit: vom saftigen Schnitzel bis zum kühlen Pils. Auch Madame Lalita weiß, wie sie mit ihrem Thai-Restaurant Geschäfte macht. Mitten im Elendsgebiet fehlt es an nichts. Zumindest denjenigen, die es sich leisten können.	0:52	6:02	Human Interest	Afghanistan
Gedenktag in New York: Opfer und Angehörige am 2. Jahrestag des 11. September	0:35	6:25	Human Interest	USA

auslandsjournal vom 02. Oktober 2003 (ZDF)

Beitragstitel und -inhalt	Moderation in Sek.	Beitragslänge in Min.	Themenzuordnung	Land
Ein Jubiläumsbeitrag vom „Vater der Auslandsreportage" – Peter Scholl-Latour im Interview mit Großayatollah Scheikh Yusef Saani und Vize-Präsidenten Mohammed Ali Abtahi. Ein Bericht über das Dilemma der Mullahs, die einerseits ins Visier der USA geraten, doch zugleich sich dem Westen weiter öffnen wollen. Die Menschen verlieren mehr und mehr den Respekt vor den strengen Religionsführern; die Studenten wagen seit Wochen den Aufstand.	1:27	7:28	Konflikt/ neutral/pos./ Kultur	Iran
Lizenz zum Lenken – Der Autoboom in China und die Folgen für das fahrende Volk: Seitdem in China die Autos erschwinglich geworden sind, gibt es einen Sturmlauf auf Fahrschulen. Chinesen wollen billige und schicke Autos. Radfahrer sind zum zweitschwächsten Glied der Verkehrs-Hierarchie abgestiegen, sie gelten den Motorisierten als Hindernis. Kehrseite der Entwicklung: Die Ausmaße der Umweltverschmutzung.	0:53	6:13	Wirtschaft/ Konflikt/ neutr./positiv	China
Saddams Doppelgänger: Wdh. vom 26.9.02	0:58	5:60	Human Interest	Irak
Ein Stück Fernsehgeschichte feiert Geburtstag: Was die Welt bewegte – Ein Rückblick auf 30 Jahre Auslandsjournal	0:43	5:30	Sonstiges	Sonstige

auslandsjournal vom 02. Oktober 2003 (ZDF)

Beitragstitel und -inhalt	Moderation in Sek.	Beitragslänge	Themenzuordnung	Land
Auf Leben und Tod - Notfallmedizin in Jerusalem: Reportage über den fast alltäglichen Wahnsinn, dem Notärzte und Rettungssanitäter im Schaare-Zedek-Unfallkrankenhaus in Jerusalem ausgesetzt sind: Sie versorgen die Opfer von Terroranschlägen.	95	7:38	Konflikt/ neg.	Israel
„Haschta la Vista" – Jagd auf die mexikanische Drogenmafia in Kaliforniens Nationalparks: Reportage über die Ranger im Sequoia-Nationalpark bei ihrer gefährlichen Jagd auf die Marihuana-Pflanzer.	83	7:12	Konflikt/ neg.	USA
Wölfe der Nacht – Russlands berüchtigste Motorradgang: Reportage über die Motorradrocker „Night Wolves" bei ihren nächtlichen Streifzügen durch Moskau. Das Klischee von wild, frei und rebellisch à la „Easy Rider" bestätigt sich nur auf den ersten Blick. Protest gegen das sowjetische System und illegale Rockkonzerte kennzeichneten die Anfangsjahre Ende der 80er. Inzwischen ist aus den „Nachtwölfen" ein exklusiver Club mit harten Regeln geworden: Frauen, Alkoholiker und Schwule haben keine Chance, 5000 US-Dollar Beitrittsgebühr. Moskaus etablierte Edelrocker pflegen gute Beziehungen zur Stadtregierung, unterstützen Präsidenten Putin und kontrollieren den größten Teil des Motorradhandels.	70	7:56	Human Interest	Russland

auslandsjournal vom 23. Oktober 2003 (ZDF)

Beitragstitel und -inhalt	Moderation in Sek.	Beitragslänge in Min.	Themenzuordnung	Land
Im Urwald von Indonesien kümmert sich eine Orang-Utan-Expertin um den Schutz der Menschenaffen	62	6:40	Tier/Natur	Indonesien
Das Geheimnis der Kindgöttin – Aufstieg und Fall der Kindgöttinnen von Nepal: Bericht über Legende und Zeremonien hinduistischen Kumari-Kults. Die auserwählte Göttin „Kumari" hat große Macht über den Gemütszustand der Nation; ihr werden hellseherische Fähigkeiten zugesprochen. Mit der Pubertät allerdings werden die Mädchen auf einmal zu „Normalsterblichen" und müssen ihren Platz für Jüngere freimachen. Für die Integration in den Alltag außerhalb des Tempels sind sie absolut unvorbereitet.	0:42	6:11	Kultur	Nepal
Die Wahrheit steht im Gesicht geschrieben – die Gesichtsleser von Taipeh: Wahrsager haben in Taiwan seit jeher Hochkonjunktur. Keine wichtige Entscheidung wird getroffen, ohne vorher den Handleser, Sternendeuter oder Namensanalysten aufzusuchen. Ein Gang zum Gesichtsleser ist normal; die Taiwanesen sind fest überzeugt, dass das Gesicht der Spiegel des Lebens und des Körpers ist. Reportage über die wundersame Welt der Wahrsager in Taiwans Hauptstadt.	0:53	5:19	Kuriosa	Taiwan
Das weiße Gold der Wüste – Unterwegs mit den Tuareg zu den Salzoasen der Sahara: Seit Jahrhunderten ziehen die Tuareg auf den gleichen Handelsrouten durch die Sahara, um in den Salinen im Norden Nigers Salz gegen Schafe zu tauschen. Bericht über eine Salzkarawane auf ihrem Weg von Agadez nach Bilma.	0:43	6:41	Kultur	Niger

auslandsjournal vom 06. November 2003 (ZDF)

Beitragstitel und -inhalt	Moderation in Sek.	Beitragslänge	Themenzuordnung	Land
Verlobung mit dem Volk - Eine Bürgerliche erobert Spaniens Kronprinzen: Die Nachricht über die Verlobung der beliebten spanischen Moderatorin Leticia Ortiz mit dem spanischen Thronfolger Felipe war eine Sensation.	0:45	6:45	Human Interest	Spanien
Schweinische Spürnasen – Israels Geheimkampf im Anti-Terrorkampf: dressierte Schweine zum aufschnüffeln von Minen und Sprengstoff.	78	7:48	Kuriosa	Israel
Brot und Beton – Wahlgeschenke auf japanisch: Masazumi Gotoda zieht über die Lande, um für seine liberaldemokratische Partei, die regierende LPD, zu werben. Dabei verspricht er der armen Landbevölkerung öffentliche Aufträge, denn von der Landwirtschaft können sie sich kaum ernähren. Das Ergebnis dieser unnötigen Investitionen sind zubetonierte und verbaute Inseln. Ministerpräsident Koizumi will nun gegen die Betonköpfe seiner eigenen Partei vorgehen, doch seine Reformpolitik ist umstritten.	93	7:52	Politik	Japan

III Sendeprotokoll *Weltspiegel* 26. Oktober 2003

Die Rache der Amis (ARD-Korrespondent Thomas Aders)

Anmoderation (Albrecht Reinhardt in Vertretung von Tina Hassel)
Frieden – der ja genau fehlt im Irak. Dort steigen die Spannungen. Keine Befreier, sondern Besatzer seien die US-amerikanischen Soldaten. So sehen es immer mehr Iraker. Und eben diese Besatzer bringen nahezu ungestraft Iraker um, auch Zivilisten. Alles Propaganda fanatischer Saddam Hussein Anhänger? Nein. Es sind US-amerikanische Menschenrechtler, die das eigene Militär anklagen. Allein in Bagdad hätten die GIs 20 Zivilisten getötet, erklärt die angesehene Organisation „Human Rights Watch". Andere Quellen sprechen sogar von fast 100 Tötungen. Doch während jeder Anschlag auf die US-Soldaten akribisch untersucht wird, glauben diese, auch das sagt „Human Rights Watch", jederzeit abdrücken zu können. Allein das steht in krassem Gegensatz zu einem erklärten Kriegsziel: Nämlich dem Aufbau der Demokratie im Irak.

Zeit	Bild/Einstellung	Kamera	Originalton (O-Ton)	Kommentarton (K-Ton)
0:00:01	ein Mann und eine Frau mit Schwarzem Umhang gehen eine Straße entlang, parkendes, kaputtes Auto, Kinder beide betreten ein Zimmer	Unterperspektive HT Amerikanische (A)		David und Kathleen, amerikanische Christen in Bagdad. Ihre Mission: denen zu helfen, um die sich sonst niemand kümmert: den Opfern willkürlicher US-Gewalt, und sie wissen gar nicht, wo sie anfangen sollen. Weltweit kämpfen die ökumenischen Peacemaker-Teams für die Schwächsten der Schwachen.
0:00:18	aus einer Glaskaraffe wird Wasser in ein Glas gescheckt... ...und an den Mann gereicht. Andere Männer sitzen auf Stühlen in dem Zimmer auf der gegenüberliegenden Seite sitzen Frauen mit Kopftüchern	Großaufnahme (G) A A A		Nun auch im Irak. Besuch bei einer Familie im Abu Hammyfee District. Am 14. Mai brachen um zwei Uhr nachts zwei Dutzend US-Soldaten die Haustüre auf, verwüsteten die Wohnung und nahmen den Vater mit. Vorwurf: Er sei Mitglied der Feddejin-Saddam und habe chemische Waffen entwickelt.
0:00:32	Mädchen mit Kopftuch in einer Zimmerecke „Tanzin Abdul Rahman – Tochter" Frau mit Kopftuch und gequältem Gesichtsausdruck Mädchen mit Kopftuch und Tränen in den Augen Frau mit Kopftuch wischt sich Tränen aus den Augen	Naheinstellung (N) G G G	„Wir sind sehr stolz auf unseren Vater, der schon so lange im Gefängnis sitzt. Ich bitte Gotte, dass er meinen heldenhaften Vater und allen seinen Mitgefangenen den Mut und die Zuversicht schenkt durchzuhalten. Und, dass sich ihre Beschuldigungen als Lügen erweisen.	

	Wohnzimmer mit den beiden sich gegenübersitzenden Personengruppen	HT		Der 51-Jährige ging jeden Morgen um acht Uhr zur Arbeit, als Religionslehrer.
0:00:58	Frau mit weißem Kopftuch „Sajidah Abdul Rahman – Mutter“	G	„Er stand barfuss im Nachthemd auf der Straße. Sie hatten nicht einmal eine Pistole bei uns gefunden, ich fragte, warum wird er abgeführt. Sie sagten, wenn dir das Leben deiner Familie lieb ist, hör auf zu fragen. Ich wollte noch schnell Kleidung holen, aber sie sagten, dein Mann braucht jetzt nichts mehr. Sie schlugen die Türe zu, und seit dem habe ich ihn nicht mehr gesehen, seit über fünf Monaten“	
0:01:21	die Frauen und Mädchen auf der einen Seite des Zimmers die Seite mit den Männern und den beiden Gästen des Peacemaker Teams hören zu Mädchen, traurig guckend	A A G		Seit dem lebt die achtköpfige Familie von milden Gaben ihrer Verwandten. Nur durch Zufall über einen Bekannten hat die Familie erfahren, dass ihr Vater im Gefängnis im Südirak sitzt. Die US-Verwaltung hat es bisher nicht für nötig befunden, sie zu informieren.
0:01:27	Mann „David Milne – Christian Peacemaker Teams”	G	„Hier sind tiefe Gefühle des Zorns entstanden und viel Wut. Aber was den größten Eindruck auf mich gemacht hat, ist ihre Zivilisiertheit und Menschlichkeit. Selbst wenn wir hier hereinplatzen und sie uns ihre traurige Geschichte erzählen, behandeln sie uns sehr zuvorkommend. Das macht Hoffnung und es ist einfach bewundernswert.“	
0:02:02	Foto einer Familie die Mutter und die Frau des Peacemaker-Teams nebeneinander auf dem Sofa, Fotos anschauend und freundlich mit einander sprechend und sich umarmend	G HN		Religionslehrer Abdulhak ist seit fünf Monaten im Gefängnis. Keine Anklage, kein Verfahren, kein Schuldspruch und nicht einmal eine Mitteilung.
0:02:16	Nachtaufnahmen: Panzer, wie er eine Hauswand platt macht. Soldaten, wie sie in ein Haus eindringen Soldat kramt in einer Kommode, während ein Kind daneben im Bett schläft verschreckte Kindergesichter	HT HN A G		Immer wieder gehen den Amerikanern bei ihren Nachtrazzien auch Terroristen ins Netz. Keine Frage. Doch die martialische Art, wie sie sich Zugang zu den Häusern verschaffen, Möbel zertrümmern, Frauen in Nachthemden keine Zeit zum unverzichtbaren Verhüllen geben, Kinder oft traumatisieren und Väter vor aller Augen

	Kinder und Frau verschreckt auf dem Boden kauernd Mann in Nachthemd wird von Soldat auf den Boden niedergedrückt	A A		demütigen, das macht ganze Sippen zu ihren Feinden.
0:02:38	ein Raum, wo sich mehrere Personen gegenübersitzen, Kinder, Frauen, die zwei vom Peacemaker-Team Frau vom Peacemaker-Team und kleiner Junge	HT HN		Eine weitere Familie: die Frau ist Witwe. Die Militärs nahmen ihr in einer Nacht-und-Nebel-Aktion ihre drei Söhne fort. Wo sie sind, die Mutter hat keine Ahnung.
0:02:48	Frau mit gequältem Ausdruck wütend sprechend „Sakir Omar – Mutter“ zerstörte Häuserwand zerstörter Spiegel, in dem zwei Kinder zu sehen sind	N G G	„Möge der Himmel sie bestrafen. Mögen die Raketen, die sie gegen andere einsetzten auf sie selbst fallen. Möge Gott sie bestrafen.“	
0:02:59	zwei Kleine Jungs die Mutter gestikulierend die Peacemakers sich Notizen machend, andere Familienmitglieder sitzen daneben Hausflur mit Kindern heruntergekommenes Gebäude und Straße	G G HN A HT		Nur zwei Schicksale von Hunderten. Kolateralschäden einer unfriedlichen Besatzung. Den standhaften Peacemakern gelingt es manchmal den Aufenthaltsort der Angehörigen auszumachen. Freigelassen wurde freilich bisher keiner.
0:03:16	Frau „Kathleen Kampmann-Namphy – Christian Peacemaker Teams”	N	„Ich bin Amerikanerin. Und ich finde es besonders beschämend, dass solche Dinge passieren. Sie sind Teil eines Militärprojektes meines eigenen Landes.“	
0:03:27	Landstraße mit Vegetation am Rande, Blick auf Palmen und Hütten Obersicht auf Ackerfurchen mit Radspuren, entwurzelte Palmen Mädchen bei der Landarbeit Männer bei Aufräumen der umgeknickten Bäume	Totale vom Fahrzeug aus N N		Die Landstraße bei Doloya, einem kleinen Dorf in der Nähe von Saddams Heimat Tikrit. Ende September wird eine US-Kolonne von dieser Plantage aus mit Raketen beschossen. Die Antwort der Amerikaner: brutale Vergeltung. Die Militärs ordern drei Schaufelradbagger und walzen die fruchtbaren Felder nieder. Gerade ernterei-fe Limonen, pralle Zucchini-Äcker, Hunderte von uralten ertragreichen Dattelpalmen. Die Attentäter wurden nie gefasst, doch die Amerikaner bestraften das Dorf pauschal: unter den Opfern könnte es ja auch Sympathisanten gegeben haben.

0:04:02	Hände mit je drei Limonen Mann Männer, die tote Bäume wegtragen am Boden liegende Palmen wieder der Mann	G G A HT G	„Zitrusfrüchte, Datteln und Granatäpfel, alles haben sie sinnlos zerstört. Und warum? Ist das die Freiheit, die die Amerikaner gemeint haben? Von diesem Feld haben viele Familien seit fünf Generationen gelebt, Hunderte Menschen. Jetzt ist unsere gemeinsame Existenzgrundlage vernichtet. Wovon sollen wir jetzt leben? Unsere Palmen waren schon über hundert Jahre alt, jetzt liegen sie tot am Boden. Warum haben die Soldaten sie zerstört? Wie kann man so etwas nur machen!“	
0:04:32	Mann, der um sich blickend über die verwüsteten Felder deutet Mann, von Kindern umringt, Granatäpfel von einem umgestürzten Baum nimmt, hilf- und fassungslose Armbewegung	HN A	„Die Amerikaner haben uns unsere Zukunft genommen. Jetzt fahren sie vorbei an unseren zerstörten Feldern. Ist das etwa die Demokratie, die sie uns beibringen wollen?“	
0:04:48	Schwenk über das verwüstete Feld	T		70 Familien haben von diesem Feld gelebt. Mehr als 400 Menschen.
0:04:57	viele Schuhe vor einem Raum Männer auf dem Boden sitzend der Raum mit den am Rande sitzenden Männern Dokument Mann	N HN HT G HN		Der Clan hat sich versammelt. Familienhäupter, die nach der amerikanischen Strafrodungen vor dem Nichts stehen. Viele hier im Einzugsgebiet von Tikrit, wollten mit den Besatzern kooperieren – bis die Bagger kamen. Diesen Brief hatten sie gemeinsam verfasst, auf arabisch und englisch, und der Stammeschef Abdel Ahmed hatte ihn den Amerikanern vorgelesen. Die 70 Familien bestehen auf eine angemessene Entschädigung. Die Reaktion der Militärs: kurz und knapp.
0:05:27	Mann „Abdel Ahmed – Stammeschef“	N	„Der amerikanische Oberst hat den Empfang der Petition bestätigt, aber sofort jede Entschädigung kategorisch abgelehnt.“	
0:05:32	Bilder von Planierraupen, die Felder platt walzen	HT		Doloya, 20. September 2003. Der amerikanische Rachefeldzug mit Planierraupen, einer der Augenzeugen hat die Szene heimlich gefilmt. Wie schwer es für die christlichen Peacemaker Teams sein muss, ihre

				Fälle zu Gehör zu bringen, wird uns klar, als wir nach einem US-Statement zu dieser hier dokumentierten Vernichtungsaktion fragen.
0:05:56	Mann im Anzug vor einem Rednerpult der Saal mit mehreren Menschen, Blick auf die Bühne „Paul Bremer – US-Verwaltungschef" wird eingeblendet	N HT N	Man hört eine Frage auf englisch formuliert, die offensichtlich aus dem Saal kommt. „Ich habe keine Ahnung. Sie müssen die Militärbehörden fragen, ich höre das jetzt zum ersten Mal."	Versuch eins: Chefverwalter Paul Bremer direkt angesprochen auf den Fall.
0:06:10	Mann im Anzug, dem ein ARD-Mikro hingehalten wird „Charles Heathley – Koalitionssprecher" wird eingeblendet	N	„Ich weiß über diesen speziellen Fall nichts. Ich kann mich nicht dazu äußern."	Versuch zwei: Koalitionssprecher Charles Heathley
0:06:17	Person, die auf ein von Militär bewachtes Gebäude zugeht Soldat, der in ein Funkgerät spricht	A HN aus Froschperspektive		Dritter und letzter Versuch: Die riesige US-Basis beim Flughafen von Doloya. Quasi die Höhle des Löwen, die Militärs sind zuständig für die ganze Gegend. Die Antwort per Walkie Talkie: „Keiner da, der verantwortlich ist."
0:06:32	Blick über Straße auf Moschee die beiden Peacemaker und andere Personen vor einem Eingang, gehen rein	HT A A		Zurück in Bagdad. Der Stadtteil Attamir ist benannt nach dieser Moschee. Jeder sunnitische Moslem kennt sie. Noch einmal begleiten wir David und Kathleen, die Friedensmacher in einem Land des Hasses. Sie suchen den Imam auf, der ihnen bei einigen ihrer Fälle helfen soll und müssen feststellen, dass auch er ein Opfer ist.
0:06:51	Iraker „Sheik Imam Mozayyed – Al-aadham Moschee" wird eingeblendet	N	„Von allen Beleidigungen, die wir nie vergessen werden, sind zwei die Schlimmsten: Sie haben in Schuhen und Waffen unsere Moschee durchsucht und dadurch entweiht. Und: sie haben den berühmten Uhrenturm bombardiert. Einen der Schätze des Irak. Grundlos und dazu noch an unserem heiligen Feiertag."	
0:07:15	Die beiden Peacemaker gehen an der Moschee entlang, man sieht den zerstörten Uhrenturm	HT Zoom auf Uhrenturm		Die Amerikaner haben das Land von einer brutalen Diktatur befreit. Doch der Kampf um die Herzen der Bevölkerungsmehrheit geht mit jedem zerstörtem Palmenhain, jedem sinnlos verhafteten Familienvater

				und jeder entweihten Moschee ein Stück mehr verloren.

Abmoderation: Der russische Präsident Putin hat die USA vor kurzem warnend an die bittere russische Lehre in Afghanistan erinnert. Dabei brauchen die Amerikaner eigentlich gar keine Ratschläge. Sie haben ja selbst einen großen Kolonialkrieg, den Krieg gegen Vietnam, verloren. Damals brachte Washington eine gewaltige und moderne Militärmaschine in Stellung, denn der Gegner war diszipliniert....(Überleitung zum nächsten Beitrag über Vietnam)

III Sendeprotokoll *Weltspiegel* 03. August 2003

Sterbende Dörfer (ARD-Korrespondent Udo Lilischkies)

Anmoderation (Andreas Cichowicz, NDR)
Menschen, die im Schnitt nur 59 Jahre alt werden, da würden wir doch sagen, das ist ein Land irgendwo in Afrika. Falsch geraten. So lautet die neueste Statistik aus Russland. In Russland wird man nicht alt, und das liegt nicht an der Mafia. Viele Russen leben in unglaublich armen Verhältnissen. Vor allem in Sibirien. Fünfzigtausend Dörfer sind wie ausgestorben. Anders als zu Sowjetzeiten gibt es kein Geld mehr, keine Unterstützung. Udo Lilischkies und sein Kameramann Maxim Tarassuggin reisten in eine gottverlassene Gegend in der Region Komi. Sie wurden angestaunt, als kämen sie von einem anderen Stern - und aufgenommen wie Freunde.

Zeit	Bild/Einstellung	Kamera	Originalton (O-Ton)	Kommentarton (K-Ton)
0:00:01	Flussausblick von kleinem Holzboot aus, auf beiden Seiten mit Wald gesäumt. Blick auf Mann, der mit einem Behälter Wasser aus dem Boot schöpft. Im Hintergrund der Fluss und die Wälder. Blick auf anderes Boot, mit zwei Männern drinnen	HT (Halbtotale) HT HT		Über 50 Kilometer fahren wir schon auf dem Fluss Whol. Er ist die einzige Verbindung zu unserem Zielort. Matoli, der Chefarzt, besucht einsame Dörfer, um zu helfen.
0:00:16	Mann im Boot mit Fellmütze	HN (Halbnah)	„Hier im Norden sind die Lebensbedingungen so hart. Ohne gegenseitige Unterstützung können die Menschen hier nicht überleben. Wir sind einfach zur Nachbarschaftshilfe gezwungen."	
0:00:27	Boot legt am Flussufer an, kleine Siedlung im Hintergrund aus der Untersicht geht eine Person über Wiese zu einer Holzhütte, eine Kuh kommt entgegen Man mit Säcken geht auf Wiesenpfad in Richtung Holzhäuser	HT HT HT		Nach über sechs Stunden sind wir endlich im Dorf Jugytydor. Eine Kuh übernimmt die Begrüßung. Menschen sind keine zu sehen. Aber 38 Bewohner sollen hier irgendwo noch ausharren, fernab der Zivilisation. Arzt Matoli macht sich auf die Suche.

	Schwenk über halbzerfallene Holzhäuser Blick auf einige Männer an einem Holzhaus Untersicht von einem Mann, der eine Leiter an einer Holzwand hochklettert Hände stopfen Moos zwischen Holzbalken	HT HT HT Großaufnahme (G)		Die meisten Häuser stehen längst leer. Der letzte Holzbetrieb wurde vor acht Jahren geschlossen, seit dem gibt es hier nichts mehr zu tun. Und dann, entdecken wir doch ein paar Männer, die aus ein paar Baumstämmen einen kleinen Kuhstall gebaut haben. Mit Moos werden die Ritzen isoliert.
0:01:05	Männer auf dem einem Holzdach und Moos in Ritzen stopfend zwei Männer bei der Arbeit, der eine redet in freundlicher Mimik in Richtung Korrespondent (nicht im Bild)	HT HN	„Was kann man hier noch machen?“ -„Nun, Kühe halten, auf die Jagd gehen, was bleibt schon, man muss sich ja ernähren.“ „Und was ist, wenn Sie Geld brauchen, um irgendwas zu kaufen?“ -„Unsere Eltern sind doch Rentner, von deren Pensionen leben wir.“	fragen wir.
0:01:26	Jemand arbeitet mit einer Motorsäge	A		Ihre Eltern wollen nicht mehr weg, erklären die Männer, darum bleiben auch sie. Wie sollten die Alten auch sonst überleben.
0:01:34	ältere Frau auf einem Sofa, bekommt Blutdruck gemessen Arzt neben ihr	A A		Hoher Blutdruck, Herzschmerzen und wahrscheinlich hat sie auch Gallensteine, meint Manatoli nach der Untersuchung.
0:01:42	älterer Mann	G	„Im Winter gibt es keine Straße, der Fluss ist gefroren, und wenn du dann ernsthaft krank wirst, bist du einfach tot.“	
0:01:50	Kamera fährt von unten nach oben an der älteren Frau hoch, die sich lächelnd die Jacke zuknöpft	G		Sie hat 30 Jahre lang im Forstbetrieb geschuftet.
0:01:57	Kamera schenkt zu dem älteren Mann, der lächelnd auf dem Sofa neben der Frau sitzt.	G	„Alle Pensionäre hier sind doch krank“, „die ganzen alten, die hier leben.“	meint Iljanit,
0:02:04	das ältere Pärchen auf dem Sofa, daneben der Arzt an einem Tisch, der etwas aufschreibt	A HN		Nur einmal kamen zwei Krankenschwestern, erzählt er, und verteilten Aspirin im Dorf. Das aber war vor der Bürgermeisterwahl. Jetzt hoffen sie auf Manatoli, der ihnen mit einem Boot Kräuter und Medikamente schicken will.
0:02:15	weites Feld mit Hütte und Wald im Hintergrund eine Art Holzmarkierung auf Wiese	Weit HT		 Und dann zeigt uns Iljanit den Flughafen

	Mann mit dem Korrespondenten im Gespräch vor einem alten Holzgebäude, mit der verblichenen Aufschrift „Flughafen“ auf russisch.			des Dorfes. Alle zwei Tage landete hier früher eine kleine Maschine für die Holzarbeiter und Iljanit war der Flughafendirektor.
0:02:31	Mann vor dem „Flughafengebäude“	N	„Ich habe hier als Kassierer gearbeitet, als Funker, als Meteorologe, ich habe hier Tickets verkauft, ich habe hier einfach alles gemacht.“	
0:02:41	Korrespondent und Mann rütteln an einer alten Tür bis sie aufgeht und gehen hinein	HN		Den Schlüssel hat er noch, zu seinem alten Arbeitsplatz, aber er war schon lange nicht mehr hier.
0:02:57	im innern des halbzerfallenen Gebäudes, Finger zeigen auf eine Karte an der Wand Schenk von der kaputten Decke über die Wand nach unten auf alte Matratzen Mann mit einem alten Telefonhörer in der Hand und erzählend Einstellung geht über in...	A G N HN		Fast 30 Jahre lange hat Iljanit hier für Aeroflot gearbeitet, verantwortungsvoll. Ihren kleinen Flughafen mussten sie damals selbst auf der Karte eintragen. Iljanit weiß, das sein Dorf nur eines von Zehntausenden ist, die nach und nach aussterben, aber es tut darum nicht weniger weh. Stolz zeigt er uns sein Funkgerät. Damals war er der wichtigste Mann im Dorf.
0:03:30	...Archiv-Fotobilder in braun-weiß: junger Mann am Telefon und beim Funken alte Maschine junger Mann mit Mütze vor Gebäude Krankentransport zum Flugzeug		Musik: Klavier-Moll-Töne	Aus der Bezirkshauptstadt kamen damals solch kleinen Flugzeuge. Für zwei Rubel verkaufte der junge Iljanit die Flugtickets. Das war damals der Preis einer halben Flasche Wodka. Und sogar Rettungsflüge für Kranke waren kein Problem
0:03:44	ein paar Leute am Zaun gelehnt, hinter dem ein Pferd grast	HT	Atmo: Stimmengemurmel auf russisch	Heute sind sie froh, wenn der Dorfladen geöffnet ist. Strom, haben sie längst keinen mehr, der Generator steht seit Jahren.
0:03:52	Mann geht in eine Holzhütte Frau holt Zigarettenschachteln aus einem Karton und bringt sie zur Theke Frau, im Hintergrund Regale mit Produkten Mann hinter der Theke	HT HN N N		Ivan braucht Zigaretten. Für umgerechnet zwei Euro verkauft ihm Soja, die einzige jüngere Frau im Dorf, zehn Päckchen. Die Waren bringt ein Großhändler mit Booten her, meint Ivan, zwei, dreimal pro Jahr etwa. Aber der Wodka ist alle.
0:04:19	Frau Mann	G HN	„Ja, sie haben alles schon ausgetrunken.“ „Das liegt daran, dass sie zuwenig anliefern,“ „zwei Kästen, alle drei, vier Monate, das ist schnell weg, und dann liegen wie auf dem Trockenen.“	beschwert sich Ivan

0:04:26	Der Korrespondent im Gespräch geht mit der Frau über eine Wiese auf ein altes Holzhaus zu	A	„Im Winter ist es furchtbar langweilig,“ „Im Sommer aber gehe ich fischen oder Beeren sammeln.“	meint Soja.
0:04:30	Sie schließt eine alte Tür auf Im Innern viel Gerümpel, alte Bilder, Schwenk zu zusammengestürztem Buchregal, Korrespondent und Mann davor Alte Portraits werden zusammengetragen	HN HT HN A A		Soja hat als einzige einen Schlüssel für das ehemalige Kulturhaus. Filme wurden hier früher gezeigt, Partys gefeiert und eine Bibliothek gab es auch. Aber das war vor allem solch ideologischer Kram, nichts Vernünftiges, meint Alek. Auf Politiker und Ideologen sind hier alle ziemlich schlecht zu sprechen. Große Worte, denen auch damals meist keine Taten folgen.
0:05:02	Mann wegzoomend auf den Mann, der hinter drei großen Portraits von ehemals russischen Staatsoberhäuptern steht	G HT	„Da, was für ne schöne Sippschaft, und was gibt es für uns schon für einen Unterschied zwischen denen und Putin. Gar keinen. Und wer nach Putin kommt, ist für uns auch egal.“	
0:05:17	Blick auf Fluss mit der Siedlung vier Männer sitzen auf einer Bank vor einem Holzhaus Mann in einem Boot, der ein Netz auswirft	HT HT HT		Im Sommer ist der Fluss für das Dorf besonders wichtig. Zum Jagen ist es noch zu früh, geschlachtet wird erst im Herbst. Fische müssen den Speiseplan bestreiten.
0:05:24	ein zappelnder Fisch im Netz der Mann holt in raus und wirft ihn ins Boot	N HN		Alek ist besonders arm. Er hat nicht mal Geld für Benzin, um flussaufwärts zu fahren. Hier beim Dorf aber ist die Ausbeute mickrig. Das viele geflößte Holz hat den Fluss hier vergiftet.
0:05:40	der Fischer in seinem Boot	HN	„Vor vier Jahren im Frühling, da war hier alles weiß in dieser Flussbiegung, so viel tote Fische schwammen hier herum.“	
0:05:50	Dorf und Fluss	HT		Trotzdem nimmt das Dorf sein Trinkwasser aus dem Fluss.
0:05:53	drei kleine Fische an einem Band der alte Fischer auf seinem Boot sitzend, mit seinem Fang in der Hand	Detail HT	„Das ist doch kein Leben bei uns. Wir existieren hier nur noch, ihr seht doch selbst.“	sagt der 55-jährige
0:06:03	Die Kamera blickt dem Fischer hinterher, während er sich auf einem Pfad entfernt	HT		Aber weg aus dem Dorf will auch Alek nicht. Womit denn soll ich ein neues Leben anfangen, meint er. „Und außerdem liebe ich die Taiga. Ich will hier sterben.“

IV Sendeprotokoll *auslandsjournal* 14. August 2003

Helden mit Heimweh – Bagdads Befreier wollen nach Hause (ZDF-Korrespondent Luc Walport)

Anmoderation: (Dietmar Ossenberg)
„Ich mag die Menschen nicht, ich mag dieses Land nicht, ich will nur noch nach Hause", das sagt ein amerikanischer Soldat im Irak, und sie werden gleich verstehen warum. Amerika hat sich militärisch übernommen, weil es auf den Frieden nicht vorbereitet ist. Unser Korrespondent Luc Walport war mit den amerikanischen Soldaten in Bagdad unterwegs, einer Stadt, in der sie sich niemals heimisch fühlen können.

Zeit	Bild/Einstellung	Kamera	Originalton (O-Ton)	Kommentarton (K-Ton)
0:00:01	Soldaten bei Liegestützen, in einer Halle. Soldat auf dem Boden Sit-ups machend, neben sich ein Maschinengewehr. Soldat beim Säubern einer Waffe Soldat neben Kampgeräten Soldat hinter wehender amerikanischer Flagge zwei schwer ausgerüstete Geländewagen, mit wartendenden Soldaten Soldat geht an Panzern vorbei	Halbtotale (HT) Halbnah (HN) Nah (N) HN N HT HT	amerikanischer Befehlston zählt im Hintergrund, im mehrstimmigen Chor wird geantwortet	06:30 Uhr am Martyrerdenkmal in Bagdad. Sie haben sich da einquartiert, wo Saddam einst den 100.000den Toten des Iran-Krieges gedenken ließ. Saddam ist auf der Flucht, der Irak befreit, aber nach feiern ist den Grenadieren des Panzer-Regiments nicht zumute. Vor vier Monaten haben sie ihre Kaserne im hessischen Friedberg verlassen, zogen erfolgreich in die Schlacht, doch was dann kam, stand nicht im Lehrbuch. Tag und Nacht sind sie jetzt unterwegs, um das Chaos da draußen einzudämmen.
0:00:31	Captain in die Runde von Soldaten sprechend „Captain John Moore – US-Armee" wird eingeblendet	HN	„Seid auf der Hut..." „Keine Kinder am Panzer, und einer gibt dem anderen Feuerschutz. Wenn ihr pinkeln müsst, bewacht ein anderer den Busch, sonst geht ihr dabei drauf."	schärft Captain Moore seinen Soldaten ein
0:00:48	Soldat winkt Panzer aus einer Einfahrt raus Soldat mit Maschinengewehr auf dem fahrenden Panzer fahrende Panzer auf einer lehmigen Straße, Palmen im Hintergrund	HT N HT		Außerhalb des sicheren Quartiers lauert ein Risiko, das niemand mehr einschätzen kann. Es ist eine Schlacht gegen einen unsichtbaren Gegner. Den Frieden wollten sie in den Irak bringen, doch nun fühlen sich die Soldaten selbst gejagt. Von einem Einsatz nach Plan spricht niemand mehr.
0:01:12	Soldat, dem ZDF-Mikro hingehalten wird, im Hintergrund ein Panzer	N	„Normalerweise muss ich sagen, dass es ziemlich gefährlich ist. Also, meine Kompanie hat 85	

			Männer, und die drei Züge die ich habe, alle drei von denen sind schon im Gefecht gewesen. Man kann es Gefecht nennen oder Feuergefecht, sie sind zumindest unter Beschuss gewesen.“	
0:01:25	Gruppe von zivilen Irakern an einem Bus irakischer Mann und Kinder auf einem staubigen Parkplatz, wo Geländefahrzeuge parken und Soldaten patrouillieren Soldat schüttelt einem kleinen irakischen Kind die Hand, im Hintergrund zwei andere Soldaten und Kind Soldat mit einer Gruppe irakischer Männer im Gespräch	HT HT HN HN	Schüsse ertönen	Dass der Diktator gestürzt wurde zählt kaum noch. Sie sind Amerikaner, die das irakische Volk einst mit Sanktionen belegten und nun als Besatzer keine Ordnung zu schaffen wissen, da helfen auch keine Kaugummis oder Lutscher für die Kinder. Ihr Einsatz stößt auf eine Wand aus Misstrauen und Ablehnung. Und kommt doch einmal ein Gespräch zustande, dann ertönen schon wieder Schüsse auf der Strasse.
0:01:46	Soldaten springen in den Wagen und brausen auf einer staubigen Teerstraße davon Soldat am Straßenrand, der sich umblickt rennender Soldat auf Feldweg, Panzer im Hintergrund Panzer biegt von einem Weg auf staubige Teerstraße ein	HT N HT HT		Zurück in Gefechtsstellung, dem Wagen hinterher, aus dem die Schüsse auf die Soldaten abgefeuert wurden, angespanntes Absichern der Lage. Niemand wurde verletzt, also sammeln und zurück in den 70 Grad heißen Panzer.
0:02:03	Soldat, der sich den Kopf rasiert Soldat hinter einer Bretterwand im Freien duschend, im Hintergrund ein Quartier Tablett, auf das Essen aufgefüllt wird Gesicht eines Irakers mehrere Soldaten mit Tabletts in einer Reihe stehend Pistolengriff, Zeitungsausschnitt, Hand Soldaten an Tischen sitzend und essend	Großaufnahme (G) HN wegzoomend auf HT G G Amerikanische (A) Detail (D) HN		Jeder hat seine eigenen Mittel, um mit der Hitze hier fertig zu werden. Das Quartier des Panzer-Bataillons aus Friedberg gehört noch zu den luxuriöseren in Bagdad. Es gibt eine Dusche. Gegessen wird ohnehin nur noch im Quartier. Gerne würde sie auch mal in die Stadt orientalische Sharma probieren, aber das lässt die Sicherheitslage gar nicht zu. Der Krieg ist vorbei, nur nach Hause dürfen sie nicht. Acht Monate dauert der Einsatz noch mindestens, die Stimmung ist am Boden, Berufsrisiko meint der Kommandant.
0:02:32	Captain wird ZDF-Mikro hingehalten „Captain John Moore – US-Armee“		„Sie haben es ziemlich gut akzeptiert würde ich sagen. Ah, es ist ganz schwer zu sehen und zu schätzen, wie die Familien reagieren zu Hause.	

	wird eingeblendet		Jeder würde natürlich lieber zu Hause zu sein. Aber wir haben genügend Kontakt mit zu Hause mit den Familien. Ich würde auch lieber in Hessen, in Friedberg mit meiner Verlobten sein. Aber die Jungs müssen verstehen, dass sie hier bleiben müssen.“	
0:02:53	Soldat mit einer aufgeschlagenen amerikanischen Zeitung, ein anderer schaut ihm über die Schulter ein Soldat hängt Kleidung auf einer Wäscheleine im Freien auf	HN Amerikanische (A)		Doch die Frage nach dem „warum“ wird immer lauter. „Wenn die Iraker unsere Hilfe nicht wollen, sollten wir hier raus“, sagt uns ein Soldat. Fast täglich kommen neue Nachrichten von getöteten Kameraden.
0:03:04	Soldat, dem ZDF-Mikro hingehalten wird, im Hintergrund eine Landkarte „Omid Zethab – US-Soldat” wird eingeblendet	N	„Dann denkst du, wie würdest du dich fühlen, wenn sie dir diese Nachricht überbringen, wenn es einen Freund oder Verwandten träfe. Und vor allem, wie sinnlos dieses töten ist. Der Krieg ist vorbei, die Zukunft des Iraks steht fest, ein freies und reiches Land. Wozu diese jungen Männer und Frauen töten?	
0:03:26	Iraker mit jubelnd erhobenen Armen auf einem zerstörten Panzer stehend brennende Reifen eine Hand, die verbunden wird Soldat mit blutüberströmtem Gesicht auf der Straße toter Soldat am Straßenrand herumlaufende Soldaten, man sieht etwas, was wie ein Stück Fleisch aussieht in einer Plastiktüte Patrouille-Wagen im Straßenverkehr	HT G G HN HT Amerikanische HT		Weil für die andere Seite der Krieg noch lange nicht zu Ende ist. Die Schmach der Niederlage nach Rache schreit. Dutzende US-Soldaten wurden seit Kriegsende verletzt, mehr als 50 starben bei brutalen Angriffen aus dem Hinterhalt. Sie werden aus Gewehren beschossen, mit Granaten beworfen und unter Raketenbeschuss genommen. Es ist ein blutiger Guerillakrieg.
0:03:49	Soldat blickt mit Nachtsichtgerät in die Dunkelheit Iraker kommen im Scheinwerferkegel mit erhobenen Händen heran, Soldaten gehen ihnen mit Gewehren entgegen Iraker wird von zwei Soldaten verhört Soldat mit angelegtem Gewehr in Lichtkegel	G HT N HT		Auf Nacht-Patrouille mit den Panzer-Grenadieren in Ost-Bagdad. Nach elf herrscht eigentlich Ausgangssperre, doch diese Verordnung der Besatzer interessiert kaum einen Iraker. Der Kontrollpunkt könnte ein leichtes Ziel sein. Trotz der Nachtsichtgeräte und höchster Vorsicht bleibt die Angst.

0:04:06	angestrahlter Soldat im Dunkeln „Sergeant Michael Kelly – US Armee“ wird eingeblendet		„Du weißt nie, was dich erwartet, wenn du so einen Wagen untersuchst. Wir holen die Fahrer raus und schauen nach und dann fühlst du, wie dein Herz anfängt zu hämmern und das Adrenalin hochschießt.“	
0:04:22	Soldat auf einem durch die Dunkelheit fahrendem Panzer mit Irakern besetzter Wagen wird von einer US-Patrouille angehalten mit Hände erhobene Iraker, von Soldaten umringt Soldat, der das Innere eines Autos examiniert zwei an den Händen gefesselte Iraker steigen in einen Wagen ein, ein Soldat schiebt die Tür zu	N HT A HN A		Hinter jedem Busch kann ein Angreifer versteckt sein. Mit einer Panzerfaust, die den ganzen LKW wegsprengen würde. Den Gedanken daran müssen sie verdrängen, aber die ständigen Angriffe hinterlassen Spuren. Wer ist hier noch unbescholtener Bürger, wer schon potentieller Feind? Und Infanteriepatrouillen wie diese, mussten die Soldaten erst üben. Da Truppen fehlen ist Improvisation gefragt. Panzer-Grenadiere als Militärpolizei, aber kein Panzer da, der sie schützt.
0:04:53	Blick aus Hubschrauber über Bagdad Soldaten im Quartier	Totale (T) HT	Atmo: Hubschraubergeräusche	Sie haben das Zweistromland erobert, doch der Frieden will sich nicht einstellen. Warnende Stimmen gab es genug. Im Marschbefehl kamen sie nicht vor. Nun beschleicht auch die Soldaten die böse Ahnung, dass sie an Saddams Martyrer-Denkmal enden könnten.
0:05:15	Soldat, dem ZDF-Mikro hingehalten wird „Eric Albertson, US-Soldat“ wird eingeblendet	N	„Es gibt Iraker, die uns mögen. Andere allerdings mögen uns nicht. Da wird man bitter enttäuscht. Sie winken dir freundlich zu, und im nächsten Moment feuern sie mit der Kalaschnikow auf dich.“	
0:05:28	Soldat mit gerunzelter Stirn... auf ein Schachbrett blickend... macht einen Zug	G N N		Dass die Truppe erschöpft ist, lässt sich nicht verbergen. Viele fühlen sich von der Politik im Stich gelassen.
0:05:38	Soldat mit ZDF-Mikro „Wheeler Osborne – US-Soldat” wird eingeblendet		„Also, ich habe die Nase gestrichen voll. Ich hasse es hier zu sein. Ich habe diese Leute satt, ich habe das Land satt, ich will nach Hause. Ich kenne eine Menge andere, die genauso denken. Ich will nur eins, ich will hier raus.“	
05:05:58	eine Reihe von Soldaten mit der Hand an der Schläfe drei Soldaten von hinten vor der amerikanischen Flagge, den militäri-	HN HT		Bis März wird er aber noch hier bleiben müssen. Im Dienst für Vaterland und Freiheit.

	schen Gruß machend			

Abmoderation:
Und vielleicht müssen sie noch länger bleiben, weil der Iran das nächste Angriffsziel ist. Undenkbar, ist das nicht, denn viele Top-Terroristen der Al Quaida haben nach ZDF-Informationen im Reich der Mullahs Unterschlupf gefunden. Mehr dazu gleich im *heute-journal.*

IV Sendeprotokoll *auslandsjournal* (14. August 2003)

Die letzten Ureinwohner Sachalins (Dietmar Schumann)

Anmoderation: (Dietmar Ossenberg)
Die Insel Sachalin ist wie ein wildes Tier. Die Bäume sind wie Haare, und die Menschen sind nur die Läuse in diesen Haaren. So voller Furcht beschreiben die Niwchen, die Ureinwohner Sachalins, ihre Insel am Ende der Welt. Sachalin war bis 1945 zweigeteilt, der Norden russisch, der Süden japanisch. Heute weht auf der ganzen Insel wieder die russische Flagge. Unser Korrespondent Dietmar Schumann ist nach Sachalin gereist zu jenen Niwchen, die die Insel als wildes Tier beschreiben.

Zeit	Bild/Einstellung	Kamera	Originalton (O-Ton)	Kommentarton (K-Ton)
0:00:01	Reifen auf Schienen zwei Wagen auf einer Eisenbahnbrücke überqueren einen Fluss	Großeinstellung (G) A (Amerikanische) HAT (Halbtotale)		Die Rallye Paris – Dakar, ein Kinderspiel gegenüber dem Autofahren auf der Insel Sachalin. Auch eine stillgelegte Eisenbahnbrücke müssen wir überqueren, auf den Weg zu den Niwchen.
0:00:21	Strand, Meer und Himmel Holzboote am Strand ältere Frau, wie sie sich in einer kleinen, spartanischen, aber ordentlichen Hütte bewegt	T (Totale) HT HT		Irgendwo hier, am Ufer des Ochotskischen Meeres, leben die letzten Ureinwohner Sachalins. Nach Stunden, einige Boote am Strand, Hütten und – eine freundliche Großmutter.
0:00:36	ältere Frau in einer Hütte „Swetlana Lawgun“ wird eingeblendet	A	„Wir leben hier sehr gesund. Die Luft ist sauber, ringsum wachsen Beeren. Es gibt einen kleinen Fluss und das Meer. Ich war noch nie krank, bin 63 Jahre und kerngesund.“	
0:00:55	Halbzerfallene Holzhütten Männer beim aufwickeln eines Fischernetzes Mann beim Rudern auf einem Fluss Männer beim Einholen des Netzes am Strand ein Sack mit Fischen	HT HT A HN (Halbnah) HT G		Die Siedlung, bis auf Großmutter Swetlana, menschenleer. Die Niwchen und einige eingeheiratete Russen sind beim Fischen am nahen Fluss. Von den Fängen des Sommers hängt ab, ob sie im Winter zu essen haben oder Kohldampf schieben. Sie fischen nach der Art ihrer Vorväter. Ein Ende des Netzes wird mit einem Ruderkahn durch den Fluss

				geschleppt, das andere Ende bleibt am Ufer. Das Ergebnis dieses Fischzuges: Es ist mager.
	Großmutter mit Fisch in der Hand kramt in dem Beutel mit dem Fischfang und holt einen großen Fisch hervor	A A	„Ein Rotbarsch. Schmeckt gut. Aber hat viele Gräten und Schuppen.“ „Und was gibt es noch?“ „Einige Heringe haben sie gefangen. Und das ist ein Mytschok, aus dem mache ich eine wohlschmeckende Fischsuppe.“	
0:01:45				In den letzten fünf Jahren sind die Fangerträge der Niwchen um über die Hälfte zurückgegangen. Besonders katastrophal diese Saison.
	Fischer neben seinem Boot	HN	„Die Fische ziehen nicht mehr hierher.“ - „Hat das auch mit den Bohrinseln zu tun, die vor der Küste stehen?“ „Natürlich und wie. Überall wo Erdöl gefördert wird, kommt es zu einer Verschmutzung des Wassers. Wir registrieren eine erhebliche Zunahme der Schadstoffe, das ökologische Gleichgewicht wird zerstört, und wir Fischer haben den Schaden. Die Fische ziehen in andere Regionen, oder sie krepieren hier.“	
0:02:41	Vogelperspektive aus dem Hubschrauber auf die Insel Bohrplattform aus Obersicht	Totale HT		Die Ostküste Sachalins. Der Lebensraum des kleinen Volkes der Niwchen. Nach dieser Küste strecken derzeit die Ölriesen der Welt ihre Finger aus: Exxon, Marathon Oil, die britisch-holländische Shell, denn vor Sachalin wurden die größten Erdölvorkommen des Fernen Ostens entdeckt. Molipack, die erste Bohrplattform, sie gehört Shell und ist nicht immer ganz dicht.
0:03:08	Mengen von totem, anstrandendem Fisch Mann, der mit einer Leine im Wasser steht und fischt	N HT		Nach einer Havarie vorletztes Jahr, 50.000 Tonnen Hering tot angeschwemmt an Sachalins Küste. Leidtragende: die Niwchen, ihnen gehen die Fische aus, vor allem in der Nähe des Ufers. Viktor Pak fischt im Meer mit einem Stellnetz.
0:03:33	Mann am Strand „Viktor Pak“ wird eingeblendet	HN	„Nicht ein Fisch heute.“ „Wieso nicht?“ „Die ziehen nicht mehr hierher.“	

			„Wie lange versuchen Sie es denn schon?“ „Seit zehn Tagen und nicht ein Fisch habe ich bisher gefangen.“ „Und wie lange wollen Sie noch hier bleiben?“ „Wahrscheinlich bis September.“	
0:04:01	Großmutter geht in einen kleinen Holzverschlag von einem Holzbalken hängender geräucherter Fisch	A N		Großmutter Swetlana zeigt uns die Räucherkammer. Buckellacks, eine Delikatesse auf den Fischmärkten der Welt, die Haupteinnahmequellen der Niwchen.
0:04:18	Großmutter in ihrer Hütte Fischstücken an der Decke	HN N	„Was hier hängt, das reicht gerade mal für uns. Wir fangen so wenig, dass wir nichts mehr zum verkaufen haben.“	
0:04:31	Fisch wird zerschnitten Großmutter beim Zerlegen des Fisches vor der Hütte im innern der Hütte mehrere Personen, bei der Vorbereitung des Essens Pfosten mit Aufschrift Küste	G A HAT G HT		Stirbt der Fisch, wird auch das Volk der Niwchen sterben, meint Swetlana. Denn wovon sollen sie sich ernähren, an der Ostküste Sachalins. Noch schätzt man, leben zwei- bis dreitausend dieser Ureinwohner am äußersten Osten von Russland. Verdrängt das Erdöl aber den Fisch, fürchten sie, wird es ihre Siedlung in wenigen Jahren vielleicht nicht mehr geben. Nichts wird dann noch an die Niwchen erinnern, außer dieser Pfosten am Strand. Auf dem haben sie sich verewigt für alle Zeiten, an der Küste des ochotzkischen Meeres.

<u>Abmoderation:</u>
Mehr von diesen faszinierenden Bildern heute um 22:15 in Dietmar Schuhmanns Reportage „Durch Feuer und Eis“, der zweite Teil unserer Reihe „Russlands Küsten, Russlands Sehnsucht“, und ich wünsche Ihnen noch einen guten Abend.“

INTERNATIONALE UND INTERKULTURELLE KOMMUNIKATION

Herausgegeben von Prof. Dr. Kai Hafez, Universität Erfurt
und Dr. Anne Grüne, Universität Erfurt

Band 1 Denise Busch: Das Bild Griechenlands zwischen Fremd- und Selbstwahrnehmung. Eine Untersuchung der deutschen und griechischen Presseberichterstattung über die Vorbereitung für die Olympischen Spiele 2004 in Athen. 204 Seiten. ISBN 978-386596-039-9

Band 2 Sylvia Breckl: Auslandsberichterstattung im deutschen Fernsehen. Die Dritte Welt in Weltspiegel und auslandsjournal. 214 Seiten. ISBN 978-386596-025-2

Band 3 Christoph Hantel: Journalistenausbildung in Mosambik. 428 Seiten. ISBN 978-3-86596-056-6

Band 4 Karin Keding/Anika Struppert: Ethno-Comedy im deutschen Fernsehen. Inhaltsanalyse und Rezipientenbefragung zu „Was guckst du?!". 208 Seiten. ISBN 978-3-86596-084-9

Band 5 Martin Ritter: Medien und Demokratisierung in Kambodscha. 406 Seiten. ISBN 978-3-86596-178-5

Band 6 Julia Hahn, Larissa Haida, Kathrin Mok, Sheila Kusuma, Michaela Schmid, Kerstin Schulz, Nicolas Schwendemann, Michael Szep: Europa als Gegenstand politischer Kommunikation. Eine Fallstudie zur deutschen EU-Ratspräsidentschaft. 226 Seiten. ISBN 978-3-86596-186-0

Band 7 Lukas Peuckmann: "One World – One Dream"? Das Bild Chinas in der Olympia-Berichterstattung. 260 Seiten. ISBN 978-3-86596-311-6

Frank & Timme

Verlag für wissenschaftliche Literatur